U0018123

圖解西藏生死書

認識《中陰聞教救度大法》

作者●張宏實

橡樹林

佛陀的弟子絕大多數是不識字的

佛陀說法時用的是弟子能懂的語言，而非貴族或知識份子語言

佛陀鼓勵弟子為他人說法時也要用普通話

佛陀宏法時不在乎使用何種形式，有效則用之

圖解佛教系列希望靈活運用圖繪、表解與文字的方式

重新詮釋與佛法有關的知識或概念

因為圖繪比純文字敘述更能清楚表達「金剛杵」的長相

因為表列可以比文字更能說明比較「五方佛」的方位、持物與顏色

而「輪迴」這個概念如果用圖繪來傳達，豈不更立體與清楚

文字的線性特質，往往限制了讀者的思考的脈絡與順序

圖解書給了編輯更多元的工具去傳播知識

也給了讀者新的閱讀經驗與思考方式

佛陀用八萬四千法門幫助眾生成佛

圖解佛教系列也將嘗試用更多立體的方式轉述佛陀的法義

【出版序】

一種平易近人的佛教閱讀

《圖解西藏生死書》這部書的完成並不是偶然,而是在編輯與作者多年探索和期許下誕生的。

橡樹林編輯和作者張宏實先生固定在每星期有一個讀書會,探討各種佛法知識,諸如深奧的佛教名相、隱晦的宗教語彙、唐卡圖像的象徵意義等等。面對浩瀚的佛法知識,我們最大的困惑往往不是如何記住這些艱澀的知識,而是:**佛法知識是否可以用更貼近生活的語言和方法來傳遞?有沒有可能幫助自己也幫助讀者,解決宗教語彙的限制與障礙,領略語彙背後的意義?**

張宏實先生多年研究藏傳佛教與唐卡藝術的基礎,主要是建立在擅長運用電腦繪圖軟體,整理分析大量佛教知識。透過他所整理出來的一張張圖解與表格,不僅能準確而快速地閱讀到知識重點,並能啟發思考與討論。這是一種全新的「學習」經驗,而也就是這種學習經驗,啟發了我們製作「圖解書」的想法。

以「圖解」做為新的編輯工具,是一個令人興奮和極具挑戰的工作。作者與編者的視角一起**從線性的文字方式進入一個三度的立體空間**,彷彿戴上了3D立體眼鏡,可以看見更寬闊明晰的世界。而選擇《西藏生死書》來做為圖解系列的第一部書,是最恰當不過的了。對於這部過程龐雜、描述隱晦的經典,「圖解」恰好給了它最好的表達與詮釋工具。

這部傳自八世紀的《西藏生死書》,更貼切的經名是「中陰聞教救度大法」,所謂「中陰」,是古老西藏用來描述死亡歷程的特殊狀態。此經詳細記載人死亡的所有歷程與遭遇,透過唸誦與聆聽的方式,幫助死者從容面對死亡,提升生命的未來方向。古代的西藏喇嘛是以口授背誦的方式傳下來,並無文字的記載,直到近幾世紀才被寫成經書,二十世紀初,再由藏文譯成英文流傳到全世界。

歸納本書之所以複雜深奧，應該是在於下面幾點：

• 時空轉換的複雜：從臨終到死亡有三種時空情境的轉換。
• 生命現象的複雜：生命會經歷肉體、淨幻身、意識體等現象轉換。
• 對應人物的複雜：這部經的讀誦對象有亡者、上師以及活著的親友。
• 對應事物的複雜：亡者會經歷各種光芒、聲響、神祇以及險境幻相。
• 神祇數量與名字的龐雜：112 位神祇顯現而來，令人眼花撩亂。
• 神祇、方位與顏色對應的複雜：這在藏傳佛教有極嚴格的體系，不容錯置。

這些脈絡層層交錯，再加上隱晦的敘述，經常讓讀者彷彿走入迷宮一般地迷失方向。透過圖解，能將句句經文抽絲剝繭，重新釐清脈絡，我們的原則在於：

一個**圖像**可以看清楚的事物，不須用五百字來說明。
一個**流程圖**可以釐清的繁瑣過程，不要使用冗長的文字。
一個**表格**可以清晰比較的概念，勝過綿密繁瑣的文字敘述。

這個共識幫助作者與編者(包括文字、繪圖、製表編輯)能在一個共同的軌跡上運作，以至於呈現出眼前這樣的面貌。我們期待：這樣一個平易近人的編輯工具，能有效正確地傳達知識，啟發讀者的理解與思考。

最後，要特別說明的是：在本書附錄，編輯部採用了1945年趙宏鑄先生所譯《中有聞教得度密法》，作為讀者對照閱讀原經的中文參考譯本。此譯本以四字偈語寫成，易於讀誦，是我們公認最好的中文譯本之一。但由於此譯本年代久遠，已過了著作權追溯期，同時兩岸之間也沒有著作權保護方法，因此希望趙先生的後人能與我們聯繫，讓我們有表達謝意的機會。

目錄

part 1 ....基本認識

part 2 .... 臨終中陰

part 3 .... 實相中陰

part **4** .... 投生中陰

附錄

這本書是這樣產生的……

為了避免讓讀者閱讀我那冗長又囉唆的敘述，
我決定以「流程圖解」來告訴讀者。

> 關於這本書的產生，
> 是來自於我個人對生死問題的好奇，好奇是始於接觸藏傳佛教……

1 好奇的開始
因為接觸藏傳佛教藝術

參與三次重要西藏藝術展覽，讓我有機會深入了解藏傳佛教。

慈悲與智慧：藏傳佛教藝術大展(1998)
主持這次展覽專輯的翻譯事宜

清宮秘藏：承德避暑山莊藏傳佛教文物展(1999)
負責圖錄撰寫

秘境寶藏：達賴喇嘛珍藏文物展(2002)
負責圖錄撰寫

2 好奇的對象
藏傳佛教裡有兩位與死亡有關的神祇最讓我好奇

閻摩天(Yama)—死神
閻曼德迦(Yamataka)—死亡終結者
引發我對於生死、輪迴、涅槃的思考。

疑惑：
為何藏傳佛教這麼強調死亡的教導？

3 開始尋找答案

重新閱讀兩本藏傳佛教有關生死的重要書籍

The Tibetan Book of the Dead
(1927)
達瓦桑杜喇嘛譯，伊文思編
(中文譯為：西藏度亡經)

→ 此書是藏傳佛教生死觀首次被介紹到西方世界。

The Tibetan Book of the Dead
(1975)
邱揚・創巴仁波切譯
(尚未有中文譯本)

→ 以流暢的現代語彙書寫，是本可靠的英文譯版。

4 困惑與障礙

儘管這已不是第一次閱讀，但仍存在許多困惑與障礙

我的五大困惑

1 死亡過程中，亡者所處的心識狀態變化極多，常會迷失，當下該如何對應？

2 在死亡歷程出現上百尊神祇，他們的形象與名號讓人眼花撩亂，經過翻譯更是錯誤與混亂。

3 亡靈所處的時間與空間不斷變化，製造很多困惑，無法理解。

4 在死亡過程中的三種中陰(即臨終階段、實相階段、投生階段) 應採何種對應方式，無法澈底明白。

5 對藏傳佛教的宗教語彙不夠清楚理解，導致理解困難。例如：遷識(破瓦)、中陰(中有)、淨幻身、死亡明光等等。

11

5 使用電腦工具解決問題

針對版本與翻譯的錯誤與混亂

工具1
心智地圖軟體
Mind Mapping
死亡過程的記錄（死亡與再生的流程圖）

→ 可解決過程中文字敘述的混亂

工具2
視覺影像流程軟體
Visio
「比較」與「分析」的重要工具

→ 解決不同版本間的差異

工具3
建立資料庫軟體
Excel
適合諸神方位、顏色、出現的天數的整理

→ 幫助記住龐大而混雜的訊息

6 整理比對的結果

驚訝發現版本與翻譯的錯誤與混亂

整理分析完成之後的感想
1. 對西藏度亡經也有了「較完整」的認識。
2. 發現許多是翻譯(英譯中)的錯誤。
3. 有的則是原始版本就已經發生的錯誤(藏譯英)。
4. 如果是「藏譯英」、「英譯中」兩個翻譯連續的錯誤，將衍生更多的問題。

7 坊間出版品的錯誤

「過去存在」的錯誤，在這些相關書籍仍然存在

有些錯誤非常明顯。
有的是錯誤版本的沿用，
有的是翻譯的錯誤。
版本的選定很重要！

最常見的錯誤是：
● 五大五蘊的次序
● 諸多神祇的方位與顏色種種矛盾
● 空行母與諸忿怒獸首女神的稱謂的誤植

8 建立更大的
資料庫比對

目的在比較更多
版本,進行更詳
細的資料比對,
建立完整而正確
的解說

再次利用建立心智
地圖(Mind Map-
ping),分析更多的
版本。

這個過程原本是辛
苦的,但是透由電
腦輔助,產生極優
的效率。

主要分析的版本:

1 The Tibetan Book of the
Dead (**1927**)
西藏學者達瓦桑杜格西喇嘛
翻譯
(Lama Kazi Dawa-samdup)
這是印藏地區以外,首度公開
發表。

2 The Tibetan Book of the
Dead (**1975**)
邱揚・創巴仁波切翻譯
(Chogyam Trungpa, Rinpoche)
解決舊譯版本的誤謬,將艱
澀難懂的「佛教語彙」轉變成
心理學的「閱讀文體」。

3 The Tibetan Book of
Living and Dying (**1992**)
索甲仁波切著
(Sogyal Rinpoche)
透由死亡議題成功聯繫「西
藏佛教」與「現代醫學」的
理解與實踐。

4 中有大聞解脫 (**2000**)
許明銀譯
正確的藏文直接翻譯中文的
版本,降低語言多層轉換而
流失語意的問題。(相關的
死亡書籍過去一直是:藏譯
英,再由英譯中。)

作者序　這本書是這樣產生的

9

繪製中陰流程圖解

將整部西藏生死書的內容製作成圖解

運用
視覺影像流程軟體 Visio
依篇章拆解內容，製作近百張圖解與表格。

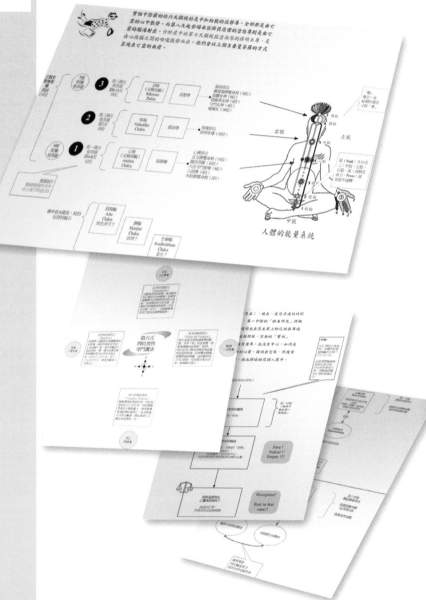

人體的能量系統

10 交給出版社製作

以更平易近人的方式重新出版

文字編輯
選擇更精確的關鍵語彙

插畫編輯
將抽象概念盡量以具體插畫表現

美術編輯
轉化文字流程為圖表流程

產生的結果

1 有效正確地「傳達知識」，並啟發閱讀人的「理解與思考」。

2 許多「艱澀的宗教語彙」透由圖解方式產生「靈光乍現」般的體驗。

3 許多長久以來「似懂非懂的概念」可以達到「恍然大悟」的效果。

4 大量的佛菩薩護法，雖有複雜的空間方位與形體外貌，藉由圖解卻能清晰無比。

11 本書的特質

1 以「插畫＋圖表＋影像」輔助複雜艱深的文字語彙閱讀。

2 透由圖解的傳達能力，試圖解決「生活語彙」與「宗教語彙」之間的限制與障礙。

就像現在我這篇序，用圖解的方式把很囉唆的話交代清楚！

十一個常見的生死書中英文版本

年代	書名	譯者
1927	《The Tibetan Book of the Dead》 （西藏度亡經）註	西藏學者達瓦桑杜格西喇嘛 （Lama Kazi Dawa-samdup）
1945	《中有聞教得度密法》	趙洪鑄
1975	《The Tibetan Book of the Dead》 （無中文譯本）	邱揚·創巴仁波切 （Chogyam Trungpa, Rinpoche）
1982	《Bardo Teachings: The Way of Death and 　　Rebirth》 （中陰教授：死亡與轉生之道）	羅德喇嘛（Lama Lodroe）
1992	《The Tibetan Book of Living and Dying》 （西藏生死書）	索甲仁波切 （Sogyal Rinpoche）
1993	《The Tibetan Book of the Dead》 （大轉世──西藏度亡經）	河邑厚德、林由香里
1995	《生命之不可思議──揭開輪迴之謎》	達賴喇嘛十四世著 大谷幸三構成
1997	《The Profound Dharma of Natural Libera- tion through Contemplating the Peaceful and the Wrathful》（密宗大解脫）	嘉初仁波切（Gyatrul Rinpoche）
2000	《中有大聞解脫》	許明銀
2002	《西藏度亡經：生死輪迴大揭祕》	伊凡
2003	《白話本西藏中陰度亡經： 中陰聽聞救度教誡即得大解脫祕法》	蔡東照

註：括弧內的說明是該書的中文譯名

編者	介紹
美國學者伊文思‧溫慈博士 （Dr. W.Y. Evans Wentz）	1.神祕的西藏經典在西方世界首度公開 2.為西方世界的生死觀帶來極大影響 3.不正確譯法與擅自更改經文的現象於書中層出不窮 4.編者有長篇導論與詳盡註釋 ★★★★★ 1.四字偈體，易於唸誦。（全文請見本書附錄） 2.是相當早期的中譯版，由 1927 年英譯版轉譯成中文。 3.台灣地區在 1980 年由新文豐出版公司出版
法蘭西斯‧費曼托 （Francesca Fremantle）	1.紮實可靠的翻譯功夫，以流暢的現代語彙書寫，是本可靠 的英文譯版。★★★★★ 2.將艱澀難懂的「佛教語彙」轉變成心理學的「閱讀文體」 1.精要簡版，閱讀時間短、較輕鬆。 2.中文譯版由林慧卿翻譯 3.圓明出版社出版
派翠克葛夫尼 (Patrick Gaffney) 安德魯哈維 (Andrew Harvey)	1.將死亡議題成功聯繫「西藏佛教」與「現代醫學」的理解 與實踐。 2.以小說文體的描述方法讓讀者輕鬆閱讀，在不知不覺中接 觸艱澀的宗教思想。★★★★★ 3.中文譯版由鄭振煌老師完成，銷售量驚人，為國內佛教出 版品罕見之事。 1.中文譯者：李毓昭 2.方智出版
江支地	1.中文譯者：陳怡如 2.立緒出版 1.是英譯中最好的一本 ★★★★★ 2.中文版由楊弦、丁乃筠共譯，圓神出版
談錫永	1.中文譯本當中最完整正確的版本 ★★★★★ 2.直接由藏文譯為中文。不同於過去由藏譯英，再英譯中。 過程中減少翻譯時意義流失與誤解的問題。 1.白話文的書寫方式 2.調理分明的描述方式 3.曼尼文化出版 1.白話文的書寫方式 2.維持作者豐富的插圖的風格 3.曼尼文化出版

五個重要版本的介紹與比較

《西藏生死書》自1927年在西方發行第一本英譯本以來到今日，近八十年以來，出版的版本不下三十種，在這諸多版本中，筆者將特別說明以下這五個重要版本：

一、1927 年發行的《The Tibetan Book of the Dead》

首先必須討論的是 1927 年發行的《The Tibetan Book of the Dead》。這本書是由西藏學者**達瓦桑杜格西喇嘛**（Lama Kazi Dawa-samdup）完成藏文英譯的工作。其中還有一位與他合作的英文編輯**美國學者伊文思‧溫慈博士**（Dr. W.Y. Evans Wentz），由他成功地促成這部神祕的西藏經典在西方世界公開。台灣也有中文譯版，書名是《西藏度亡經》，由徐進夫先生所翻譯。

這本書當時在歐美一出版就有極驚人的印量，並且持續地發行與再版。光是英文譯版本就超過十種版本，印量至少有五十萬冊（尚不包括歐洲文字、日文、中文的譯版），對西方世界的生死觀產生極大的影響，看過這本書的西方人士甚至比起西藏人還更多！

在分析諸多版本的過程中，我們發現這本書中最大的優點是在於編輯的功力。伊文思‧溫慈博士壓抑自己的觀點，即使他知道地非常多，但依然謹守一位編輯該有的分寸。對於達瓦桑杜格西喇嘛的譯稿所有的諸多疑點（其實根本就翻譯錯誤了），編者並未擅自改正，這些部分，伊文思透由長篇的導論與詳盡的註釋來補救。令人讚嘆的是這些精細的註解，成功地協助對於西藏思想感到陌生的西方讀者可以順利獲得了解。說真的，其價值反而是超過達瓦桑杜的正文翻譯。

伊文思為了做好編輯的工作，他還邀約了世界級學者對此書進行長篇的序論。例如，邀請**印度教學者 John Woodroffe** 就「死亡科學」議題闡述印度自古以來類似的秘密教法。伊文思還取得世界大師的詮釋——**德裔的印度喇嘛高文達**（Lama Angarika Govinda）的著文。高文達喇嘛

的歷史地位是非常重要的，他被視為是二十世紀「佛教界最偉大的解釋者、思想家、禪定大師之一」。此外，重要的**瑞士心理學家榮格**（Carl Gustav Jung,1875-1961）的推崇與讚美，對這本書的推波助瀾亦產生關鍵性的影響。他並且對此書進行心理學的詮釋與評論。榮格對於此書最後的結論是結合他自己的分析模型，他認為「實相中陰諸佛與菩薩的世界，事實上是自我內部的集體無意識」。

其實，這本書也有許多的問題，當時達瓦桑杜曾經多次自行增減原始經文的內容。不正確譯法與擅自更改的情形在書中層出不窮。特別是五大五蘊的次序、方位與顏色的對應、諸神的稱謂都留下了許多的爭論。事實上，編者伊文思‧溫慈博士當時早已發現這些問題，但是他以開放的角度保留譯者的文章，再透由註解的方式提出身為編輯的不同看法。遺憾的是直至現在，國內諸多譯版大多是根據這個舊譯版本，自然也無法避開因為達瓦桑杜而一再重複的錯誤。

二、1975 年發行的《The Tibetan Book of the Dead》

經過了四十八年之後，修正上述錯誤的新譯版於 1975 年終於與世人見面了。這次的藏文譯者是**邱揚‧創巴仁波切**（Chogyam Trungpa, Rinpoche）。邱揚‧創巴仁波切年輕時在西藏完成基礎學業，後流亡至印度。1963 年進入英國牛津大學深造。1967 年開始一連串在歐美地區傳法，並且主持一家香巴拉的出版社。新譯版本合作的編者是**法蘭西斯‧費曼托**（Francesca Fremantle）。這本書有紮實可靠的翻譯功夫，以流暢的現代語彙書寫，是可靠的英譯版，可惜目前尚無中譯版本。

最值得一提的是譯者將艱澀難懂的「佛教語彙」轉變成心理學的「閱讀文體」。例如他將六道輪迴描述成「本能的六種形式」(different types of instinct)，認為冰冷的地獄界是「完全拒絕溝通的侵襲」(the aggression which refuses to communicate at all)，還說畜生界的特徵是「缺乏幽默

感」（characterized by the absence of humor）。不過由銷售量與普及程度來看，這本正確度極高的譯版似乎並不如舊譯版本一般，受到世人的重視。

三、1992 年發行的《The Tibetan Book of Living and Dying》

接著在 1992 年，西方世界出版《The Tibetan Book of Living and Dying》，此書在西方引起了巨大影響，中譯書名是《西藏生死書》。作者是一位熟悉西方文化的西藏人**索甲仁波切**（Sogyal Rinpoche）。由文中的描述得以知道，這本書不是為了藏族同胞而寫，而是站在西方讀者的角度出發。最突出的表現是索甲仁波切觸及了西方醫療體系盛行的「臨終關懷」，透過這個角度很成功地將「西藏生死書」的層級定位成為一本「世界人類共同的生死書」。這本書英文本的銷售量驚人，在美國出版後的首五年就已經超過三十萬本。而中文譯本的狂刷更是台灣佛教界的一大盛事，不到十年之內銷售量至少已經超過了五十萬冊。

索甲仁波切這本書最大的貢獻是透由死亡議題成功聯繫「西藏佛教」與「現代醫學」的理解與實踐。他以「小說文體」的描述方法讓讀者輕鬆閱讀，在不知不覺中接觸艱澀的宗教思想。書中處處可見索甲仁波切神來之筆，他巧妙融合了「西藏古老文化」與「西方現代生活」看似無關的語彙。例如：當提及「天界」，他以加州藍天碧海的沖浪活動與瑜伽韻律引領讀者去聯想。好鬥勇戰的「阿修羅界」，在文中被描述成華爾街的金融競爭，以及華盛頓白宮的辦公走廊的急促腳步聲。還有龐大企業機器公司的貪婪無饜，作為「餓鬼道」的說明。這些描述輕易地觸動西方讀者的內心，是很了不起的一本書。

四、2000 年發行的中譯版本《中有大聞解脫》

以上所述都是來自於歐美的英文出版品。2000年，香港發行了一本中

文版的《中有大聞解脫》，譯者是**許明銀**先生。此書在目前所有的中文譯本當中，可說是最完整正確的版本。這是因為許明銀先生直接由藏文譯為中文，減少翻譯過程中意義流失與誤解的可能，這不同於過去由藏文譯成英文，再由英文譯成中文的模式。他的成就真令人讚嘆與尊敬。其中的一篇附錄〈幻想與現實：西藏死亡書在西方世界〉是由沈衛榮完整記錄與分析近代生死學說的演進過程，是非常精彩的一篇文章。這本精確的譯本適合熟悉藏傳佛教語彙的讀者，特別是寧瑪派的讀者千萬不可錯過。

五、2001 年發行的中譯版本《中有大聞解脫》

最後尚有一本中譯版值得推薦不可遺漏的，是由**楊弦、丁乃筠**共譯的《The Profound Dharma of Natural Liberation through Contemplating the Peaceful and the Wrathful》，中文譯版書名是《密宗大解脫》，台灣地區在 2001 年出版（英文版原書於 1997 年出版）。不同於許明銀先生的中譯本，它是由藏譯英版本再轉譯成的中文版。淺顯的「白話文」與清楚明瞭的描述「修習程序」是這本書最令人稱賞之處，對於特殊的佛教語彙，這兩位譯者試圖避開坊間較古的譯法，頗為適合現代人的閱讀。

六個版本建議給不同需求的人

坊間關於西藏生死議題的書籍相當多，至少可以找到三十種以上的版本。筆者在本書撰寫期間，曾經挑選數個較具代表性的版本，將資料建檔，運用電腦進行資料比對分析，最後以筆者個人觀點，挑選出六個版本，推薦給讀者作為延伸閱讀。這六本書是針對不同需求的讀者而提出的，並標示適合的對象與推薦的原因。

1 初次觸及西藏生死議題的讀者

《The Profound Dharma of Natural Liberation through Contemplating the Peaceful and the Wrathful》

嘉初仁波切（Gyatrul Rinpoche）著，1997

中文譯版書名：《密宗大解脫》

楊弦、丁乃筠共譯，圓神出版，2001

→推薦原因：提供完整的生死概念，使用流暢的白話譯文，避開佛教艱澀的古譯文體，
　　　　　適合現代人的閱讀。

2 熟悉英文閱讀的讀者

《The Tibetan Book of Living and Dying》

索甲仁波切（Sogyal Rinpoche）著，1992

中文譯版書名：《西藏生死書》

鄭振煌譯，張老師文化出版，1996

→推薦原因：以小說文體的方式撰寫，生動活潑，並融入西方的生活語彙。如果語文能
　　　　　力不錯的話，建議直接閱讀原文版本，肯定會有相當大的收穫與認識。

3 想深入研究生死議題，卻因舊譯版本錯誤而產生困惑的讀者

《The Tibetan Book of the Dead》

邱揚・創巴仁波切（Chogyam Trungpa, Rinpoche）譯，1975
法蘭西斯・費曼托（Francesca Fremantle）編。
尚未有中文譯版。

→推薦原因：由藏文譯成英文，文體流暢，並解決舊譯版本的錯誤，是正確可靠的英
文譯版。

4 想直接閱讀中文，深入研究生死議題的讀者

《中有大聞解脫》

許明銀譯，談錫永主編，香港密乘佛學會，2000
→推薦原因：直接由藏文譯成中文，並解決舊譯版本的錯誤，是正確可靠的中文譯版。

5 時間有限的讀者

《Bardo Teachings: The Way of Death and Rebirth》

羅德喇嘛（Lama Lodroe）著，1982
中文譯版書名：《中陰教授──死亡與轉生之道》
林慧卿譯，圓明出版，1996
→推薦原因：濃縮精華，調理分明，適合忙碌的現代人。

6 初次閱讀者，但須留意正文部分的錯誤

《The Tibetan Book of the Dead》

達瓦桑杜格西喇嘛（Lama Kazi Dawa-samdup）譯，伊文思・溫慈博士（Dr. W.Y.
Evans Wentz）編，1927
中文譯版書名：《西藏度亡經》（中文譯本相當多，書名亦無統一，但以這本最常見）
徐進夫譯，天華出版，1995
→推薦原因：雖然錯誤不少，但編者伊文思有長篇導論與詳盡註釋，閱讀價值頗高。

死亡歷程的指引地圖

有生自然有死,生死輪迴如同車輪般轉動不息。八世紀的古老經典《西藏生死書》詳盡記錄了死亡歷程所遭遇的種種景象,並不斷向亡者提示脫離輪迴獲得解脫的方法,過程龐雜,描述隱晦。透過這六頁的指引地圖,讀者可以清楚掌握死亡歷程的結構。死亡歷程分為三種階段,分別是:臨終中陰、實相中陰以及投生中陰。

▋臨終中陰

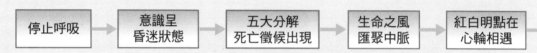

停止呼吸 → 意識呈昏迷狀態 → 五大分解死亡徵候出現 → 生命之風匯聚中脈 → 紅白明點在心輪相遇

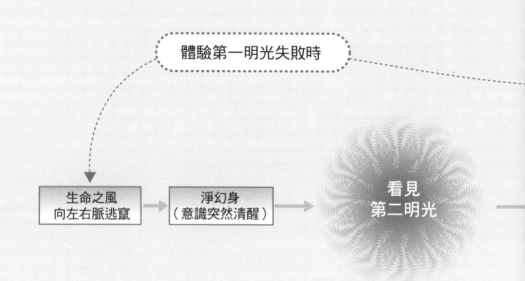

體驗第一明光失敗時

生命之風向左右脈逃竄 → 淨幻身(意識突然清醒) → 看見第二明光

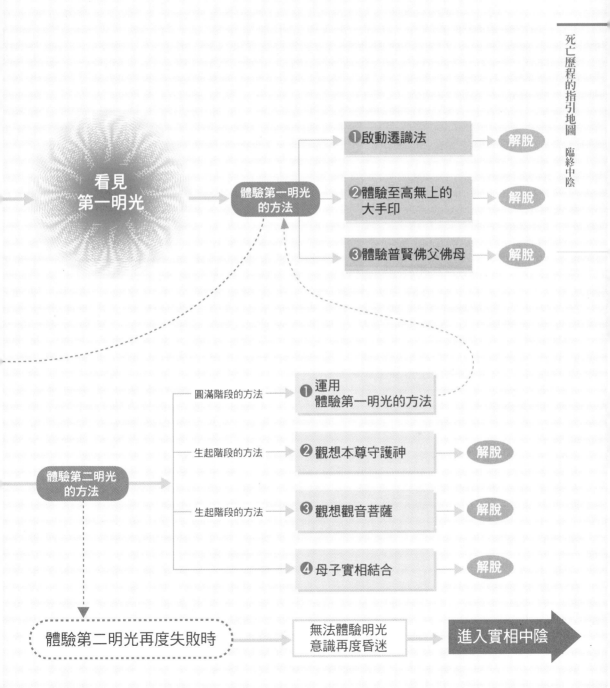

看見
第一明光

體驗第一明光
的方法

❶ 啟動遷識法 → 解脫

❷ 體驗至高無上的
大手印 → 解脫

❸ 體驗普賢佛父佛母 → 解脫

圓滿階段的方法 ── ❶ 運用
體驗第一明光的方法

生起階段的方法 ── ❷ 觀想本尊守護神 → 解脫

體驗第二明光
的方法

生起階段的方法 ── ❸ 觀想觀音菩薩 → 解脫

❹ 母子實相結合 → 解脫

體驗第二明光再度失敗時 → 無法體驗明光
意識再度昏迷 → 進入實相中陰

實相中陰

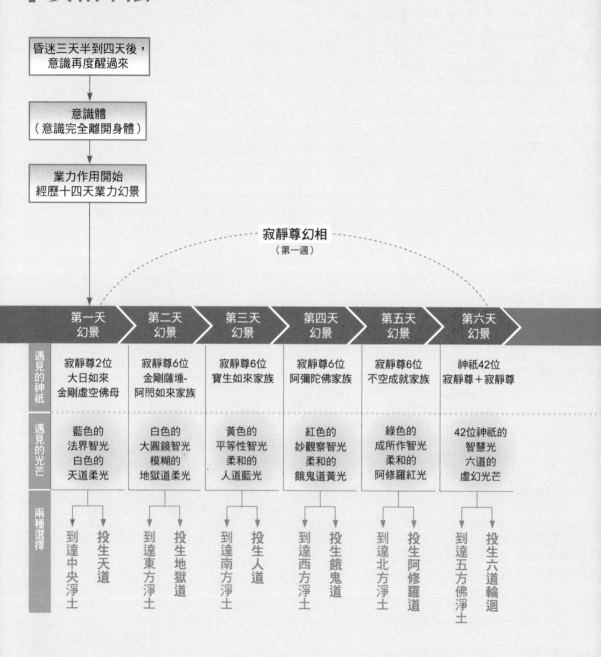

昏迷三天半到四天後，
意識再度醒過來

↓

意識體
（意識完全離開身體）

↓

業力作用開始
經歷十四天業力幻景

寂靜尊幻相
（第一週）

	第一天 幻景	第二天 幻景	第三天 幻景	第四天 幻景	第五天 幻景	第六天 幻景
遇見的神祇	寂靜尊2位 大日如來 金剛虛空佛母	寂靜尊6位 金剛薩埵- 阿閦如來家族	寂靜尊6位 寶生如來家族	寂靜尊6位 阿彌陀佛家族	寂靜尊6位 不空成就家族	神祇42位 寂靜尊+寂靜尊
遇見的光芒	藍色的 法界智光 白色的 天道柔光	白色的 大圓鏡智光 模糊的 地獄道柔光	黃色的 平等性智光 柔和的 人道藍光	紅色的 妙觀察智光 柔和的 餓鬼道黃光	綠色的 成所作智光 柔和的 阿修羅紅光	42位神祇的 智慧光芒 六道的 虛幻光芒
兩種選擇	到達中央淨土 / 投生天道	到達東方淨土 / 投生地獄道	到達南方淨土 / 投生人道	到達西方淨土 / 投生餓鬼道	到達北方淨土 / 投生阿修羅道	到達五方佛淨土 / 投生六道輪迴

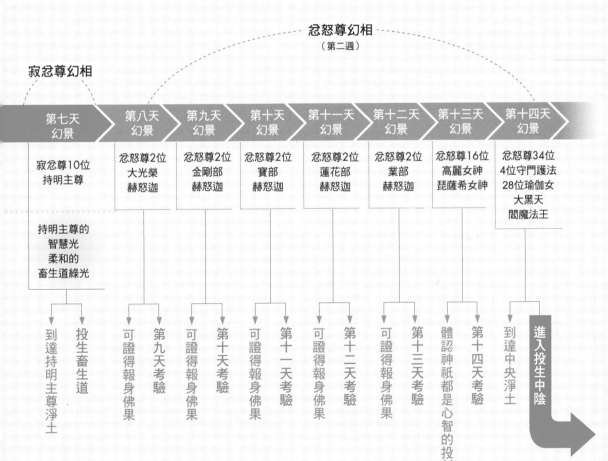

忿怒尊幻相
（第二週）

寂忿尊幻相

第七天幻景	第八天幻景	第九天幻景	第十天幻景	第十一天幻景	第十二天幻景	第十三天幻景	第十四天幻景
寂忿尊10位持明主尊	忿怒尊2位大光榮赫怒迦	忿怒尊2位金剛部赫怒迦	忿怒尊2位寶部赫怒迦	忿怒尊2位蓮花部赫怒迦	忿怒尊2位業部赫怒迦	忿怒尊16位高麗女神琵薩希女神	忿怒尊34位4位守門護法28位瑜伽女大黑天閻魔法王
持明主尊的智慧光柔和的畜生道綠光							

| 到達持明主尊淨土 | 投生畜生道 | 可證得報身佛果 | 第九天考驗 | 可證得報身佛果 | 第十天考驗 | 可證得報身佛果 | 第十一天考驗 | 可證得報身佛果 | 第十二天考驗 | 可證得報身佛果 | 第十三天考驗 | 體認神祇都是心智的投射 | 第十四天考驗 | 到達中央淨土 | 進入投生中陰 |

▌投生中陰

意識體再度昏迷
五天半後醒來

↓

擁有身軀以及
完備的感官意識

七種考驗

① 擁有神通力
可到達任何地方
　　　對策❶　　　　　對策❷
　　　不要貪念執著　　祈求上師庇護

▼

② 遭遇七種情境
　　　❶看見親人哭泣　❷亡靈如羽毛般
　　　　得不到回應　　　隨業風飄零

▼

③ 冥界審判
　　　❶司善與司惡　　❷閻羅法王持
　　　　之神的審判　　　業鏡審判

▼

④ 觀看自己葬禮
生瞋恨心
　　　❶以動物為　　　❷看見遺產被
　　　　祭祀品　　　　　分配

▼

⑤ 六道業力前來
誘惑亡靈去投胎轉世
　　　六道光芒誘惑　　阻止走向胎門
　　　投胎

▼

⑥ 索命惡鬼前來復仇
　　　對策❶　　　　　對策❷
　　　觀想諸聖尊　　　大手印法

▼

⑦ 遷識往生或投胎人道
　　　遷識成功可　　　遷識失敗可選
　　　去三類淨土　　　擇投胎人道

對策❸
觀想觀音菩薩

| ❸猛烈業風與黑暗吼聲 | ❹被追捕的幻境 | ❺快樂幸福的感受與無樂無痛的感受 | ❻飄零的意識體承受片刻都無法休息的痛苦 | ❼想要尋求一個軀體 |

❸ 察覺誦法不當

| 五種閉胎法 | 關閉胎門失敗投生景象現前 | 選擇正確胎門的方法 |

| 對策❸觀修如幻不實 | 對策❹觀想觀音或本尊守護神 | 對策❺觀修馬頭明王 |

投生人道的方法

如何閱讀本書

● **篇名與序號**
本書內容分為五大篇，分別採用五個色塊，以利讀者尋找辨識。
序號是提示該文在所屬大篇下的排列序號。

● **相關經文**
閱讀該文可參見的經典原文。見附錄《中有聞教救度大法》。
例如：「頁303，行02-21」的意思是「第303頁的第2-21行」。

● **關鍵文字**
掌握關鍵文字就可以掌握該文的精髓。

● **主題大標**
本文所要探討的主題。

投生中陰

11

相關經文
• 頁303, 行02-21

如何避免投胎轉世
關閉胎門

生前缺乏修持與禪定修習不熟練的亡靈，無法抗拒六道業力的誘惑，將繼續迷離而來到子宮的入口，即胎門之處。因此，關閉胎門是此刻非常重要的事。

● **轉世國度的景象顯現在亡靈面前**
在這時候，由於業力的牽引，亡靈會感覺自己不是正在上升就是正在下降，或者是沿著水平的方向前進。此刻，應該觀想觀世音菩薩，千萬要記住這點。亡靈將會體驗旋風、暴風雪與電暴，還會有被黑暗包圍與被人追逐的景象，只好不斷地逃跑。沒有累積功德的人，會逃入感到痛苦的地方。反之，累積善業的人會來到快樂的地方。接著所有將要轉世國度的景象會一一顯現在面前，所以請亡靈要仔細聽以下指導，心識千萬不可迷離。即使無法了悟前述的法門，到了這個時候，**就算修行很不努力的人，亦可體認這種真相**。

● **避免投胎的兩個重要法門**
所以請仔細的聽著。各種閉胎法的運用，非常的重要。簡單說來，避免亡靈投胎的方法可分成兩種：第一，是阻止亡靈走向胎門。第二，關閉可能進入的胎門。

● **阻止亡靈走進胎門的方法**
清楚地觀想出自己的本尊守護神，在心中浮現祂的形象，沒有實際的形體，如同水中月，如同虛幻的形象。如果沒有個人的本尊守護神，那就觀想觀世音菩薩。
觀想本尊守護神的形象，由「外」向「內」逐漸化空。再以不含任何對象的方式去觀想明光與空性（meditate on luminosity-emptiness without any object of thought，此處許明銀翻譯的《中有大聞解脫》，譯成「**觀修不可得明空**」）。這是非常奧妙的法門，依法修習，即可避免入胎。

236

●圖解大標
針對內文所探討的重點圖解
分析，幫助讀者深入領略。

●好奇小博士
「慈悲」與「智慧」是本書
裡兩個好奇小博士：

我是好奇小博士
「慈悲」，專門幫大
家提問題。

我是好奇小博士
「智慧」，我最愛解
答問題。

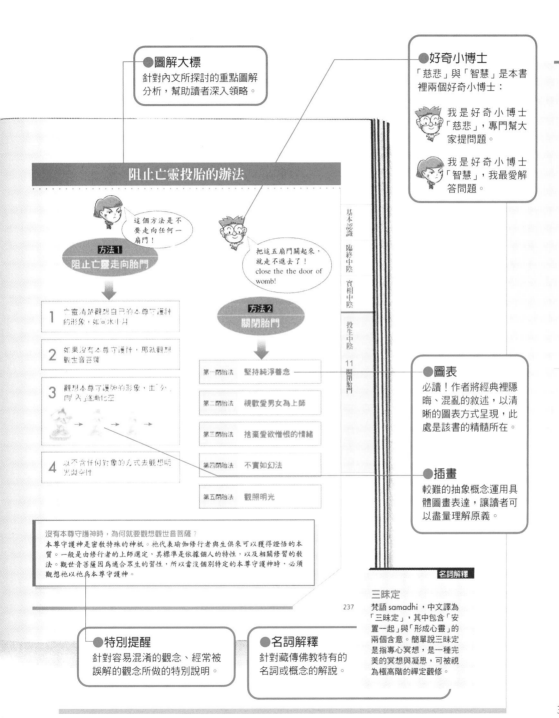

阻止亡靈投胎的辦法

這個方法是不
要走向任何一
扇門！

把這五扇門關起來，
就走不進去了！
close the the door of
womb!

方法1
阻止亡靈走向胎門

1 亡靈清楚觀想自己的本尊守護神
的形象，如日水月片

2 如果沒有本尊守護神，那就觀想
觀世音菩薩

3 觀想本尊守護神的形象，由多入
少，再入於遍滿虛空

4 以不帶有任何對象的方式去觀想明
光的空性

方法2
關閉胎門

第一閉胎法　堅持純淨善念

第二閉胎法　視歡愛男女為上師

第三閉胎法　捨棄愛欲憎恨的情緒

第四閉胎法　不實如幻法

第五閉胎法　觀照明光

沒有本尊守護神時，為何就要觀想觀世音菩薩？
本尊守護神是密教特殊的神祇。祂代表瑜伽修行者與生俱來可以獲得證悟的本
質。一般是由修行者的上師選定，其標準是依據個人的特性，以及相關修習的教
法。觀世音菩薩因為適合眾生的智性，所以當沒個別特定的本尊守護神時，必須
觀想祂以祂為本尊守護神。

基本認識　臨終中陰　實相中陰　投生中陰　11 關閉胎門

237

●圖表
必讀！作者將經典裡隱
晦、混亂的敘述，以清
晰的圖表方式呈現，此
處是該書的精髓所在。

●插畫
較難的抽象概念運用具
體圖畫表達，讓讀者可
以盡量理解原義。

名詞解釋

三昧定
梵語 samadhi，中文譯為
「三昧定」，其中包含「安
置一起」與「形成心靈」的
兩個含意。簡單說三昧定
是指專心冥想，是一種完
美的冥想與凝思，可被視
為極高階的禪定觀修。

●特別提醒
針對容易混淆的觀念、經常被
誤解的觀念所做的特別說明。

●名詞解釋
針對藏傳佛教特有的
名詞或概念的解說。

part **1**

基本認識

死亡歷程的行前須知

關鍵字 ➲ 中陰、聆聽
此經目的 ➲ 獲得解脫，脫離輪迴
關鍵人物 ➲ 蓮花生大師、卡瑪林巴
死亡旅程的主角 ➲ 意識
死亡旅程的影響力 ➲ 業力
死亡旅程的景色 ➲ 神祇、光芒、聲響

死亡旅程的指南
西藏生死書

《西藏生死書》是一本來自西藏談論生死的經典。書中詳盡描述了「死亡世界」與「轉生時期」的種種景象，是「另一個世界」的旅行指南，而旅行者是沒有肉身的意識體。

這本書是譯自於The Tibetan Book of the Dead,Lodon:Oxford University Press, 1927。不過當由英文譯成中文時，譯名繁多如，例如：西藏度亡經、西藏中陰度亡經、中有聞教得度密法與中陰救度密法等等。

在這之中，以「中陰（中有）聞教救度大法」最能還原藏文 bardo thotrol 的原本意思，但是一般人看了這個書名恐怕是望文生畏，無法了解其義。反而是「西藏生死書」顯得淺顯易懂，一看就知道這是談論「死亡」與「再生」的一本書。於是我們選擇「西藏生死書」作為本書的書名，而把較符合藏文經名原義的「中陰聞教救度大法」保留做為副書名。

這本書最重要的目的是引導以及協助臨終與死亡的人，以及憂心守護在旁的家屬們。這是透過誦讀的方式協助亡靈寧靜安穩走向死亡過程，安然度過肉體崩解的恐怖境相。讀誦此經**最佳狀態**是讓垂死或剛死的人因為聽聞的提示得以見到明光，超越生死輪迴，進入涅槃解脫的圓滿境相。或是**至少**達到安穩死亡與從容重生的目的。

這本書是西藏生死議題首度出現在西方世界的書，在近代宗教與心裡學具有極重要的地位。十九世紀下半葉，西方科學的諸多成就使得人們開始對宗教（特別是基督宗教）失去信仰與信心。失去了宗教慰藉的人們心中感到空虛與不安。隨之靈智學、神祕學興起，有的人便轉而向**東方世界**尋求精神的解脫，西藏生死書就是其中最重要的一本。特別是在人類經歷了第一次世界大戰，興起了精神心靈層面的追求，加上對於死亡與再生問題的關注，讓原本默默無聞的一本書成為舉世聞名的心靈指導教法，並連帶地影響歐美關注西藏宗教議題。此書後來由歐美轉譯成中文版出版，隨後加上索甲仁波切所著的《西藏生死書》中文版（The Tibetan Book of Living and Dying）的引介，也掀起了國人對生死問題與臨終關懷的熱潮。

書名的解釋

《中陰聞教救度大法》的意思是在死亡過程中透過聽聞獲得解脫的偉大教法。
我們可以這樣還原字義：

西藏生死書
（The Tibet Book of the Dead）

中陰聞教救度大法
藏文經名 bardo thotrol

中陰 - 聞教 - 救度 - 大法
❶　　❷　　❸　　❹

在死亡過程中透過聽聞獲得解脫的偉大教法
The profound dharma of liberation through hearing on the after death plane

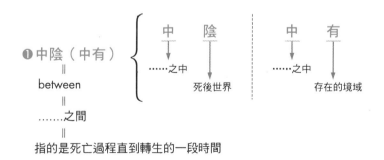

❶ 中陰（中有）
‖
between
‖
……之間
‖
指的是死亡過程直到轉生的一段時間

中	陰		中	有
……之中	死後世界		……之中	存在的境域

❷ 聞教 = hearing = 以聽聞的方式教導臨終者

❸ 救度 = liberation = 解脫 = 協助臨終者獲得解脫

❹ 大法 = profound dharma = 偉大的教法 = 甚深的教法

2

西藏生死書的作者
蓮花生大師

《西藏生死書》是蓮花生大師流傳給世人廣大教法的一部分，是死後境界的旅行指南，要由上師或善知識者對一個人在臨終時或死後讀誦。

● 西元第八世紀印度高僧蓮華生大師

依照西藏人的傳說，為了保存《西藏生死書》，於是將這本書秘密埋藏，等到時機成熟時，才能公諸於世，這是蓮華生大師的著作之一。蓮華生大師是密宗名僧，大約是西元第八世紀時的印度人，原是烏萇（彳）國的王子。烏萇國（Uddiyana）在許多佛教典籍被譯為烏底衍那，地點位於**巴基斯坦**印度河上游及其支流史瓦特河（Swat）一帶。如同釋迦牟尼，蓮華生大師放棄王子的身份出家為僧，在西藏人們尊稱蓮華生為烏萇大德或烏萇大師。

提起藏傳佛教中的密法就一定離不開蓮華生，在密教歷史的記載他是一位大成就者，傳說神通與法力無邊。藏人相信祂是文殊、金剛手、觀音三尊合一的化身，有的佛經也稱蓮華生為第二位佛，指的是**繼釋迦牟尼之後，於人世間出現的第二位佛陀**。

● 等待後人發掘

許多聲稱蓮華生大師所留下非常殊勝的密法遺跡，至今在西藏各地仍隨處可見，在當時就是被埋藏在岩石、山洞，目的是為了防止破壞，這種形式的寶典稱為**伏藏**（藏語gter ma，意思是埋伏的寶藏）。依據蓮花生大師以及一些藏密的大成就者認為，受法眾生的根器會因時局的不同而將有程度上的差異。所以必須將密宗經典埋藏起來等待後人發掘。其目的是要使合宜的法門在合宜的世代被發掘傳遞。暫且不管這種說法的真實性，西元九世紀初朗達瑪滅佛時期，西藏佛教初期無數的經書為了防止破壞而被埋藏，這是確切的史實。

蓮花生大師是第二佛

蓮花生大師是藏傳佛教的開宗祖師，擁有神通法力。藏人相信他的無邊法力是來自文殊菩薩、觀音菩薩與金剛手三尊合一的化身。

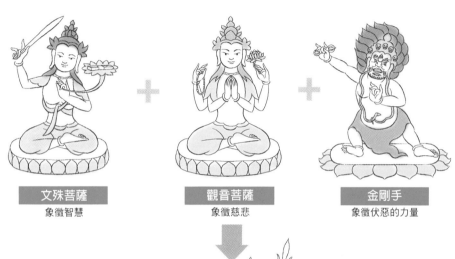

文殊菩薩
象徵智慧

觀音菩薩
象徵慈悲

金剛手
象徵伏惡的力量

---名詞解釋---

伏藏（藏語gter ma）
蓮花生大師曾在世間埋藏了無數殊勝的密法遺蹟，以免遭受破壞，稱為「伏藏」，等待適當時間來臨，這些埋藏的密法便會被後世發掘傳遞。

蓮花生大師
三尊合一的化身，
慈悲、智慧與伏惡三合一

蓮花生大師的傳奇
從烏萇國王子到藏傳佛教教主

喜馬拉雅山地區一般通稱蓮花生大師為咕嚕仁波切（珍寶上師的意思）。他是藏傳佛教各教派的共同始祖，由於他在西藏、尼泊爾、不丹所做的種種努力，使得當時在雪域（指西藏）山區蓬勃發展的佛法能流傳至今。

● 在蓮花中誕生的王子

蓮花生大師的名字就字面上的意思是從蓮花中所生之大師，名字說明了神奇的誕生過程。他誕生的地方是烏萇國，位於現今巴基斯坦東北部史瓦特谷地，靠近與阿富汗相鄰的邊界（Uddiyana）。據說烏萇國的因札菩提國王在花園中散步時，無意中在湖邊發現一名嬰孩，嬰孩躺在蓮花舖成的墊上。國王收養這個嬰孩，並將他當成親生子撫養。於是這個傳說後來演變成蓮花生大師是由蓮花中出生的。

● 從巴基斯坦到雪域西藏

這位王子在青少年時即捨俗出家，並在中印度著名的那瀾陀佛學院完成傳統佛學教育，但他覺得自己的個性不適合寺院的生活方式，於是還戒。後來他在**今日的緬甸與阿富汗之間四處遊歷**，跟隨許多當時的大師學習，最後證悟而成為印度最重要的聖者之一。

八世紀中葉，藏王赤松德贊想要興建西藏境內第一座密教寺院，但遭苯教祭司強烈反對，施術阻擋，使得赤松德贊面臨許多障礙。**印度大師寂護**建議**赤松德贊國王**從印度迎請蓮花生大師，以除去所有障礙。

在由巴基斯坦到西藏的路上，五位來自珠穆朗瑪峰的雪山女神，還有十二位隱居在西藏山林的地母神，施法阻礙蓮師的到來。這些原本是藏地土生土長的精靈魔怪最後被蓮師運用密咒法威力一一儞伏。最後蓮師終於來到了拉薩，再度以其神通威力驚天動地摧服苯教的巫術，並監督完成桑耶寺的興建。

藏傳佛教的第一傳奇

蓮花生大師一生充滿了傳奇性，從王室繼承人、旅行家、宗教大師、神奇的魔法師到藏傳佛教教主，他所遊歷的地方包括了西起阿富汗邊境，東到緬甸的山區，最後跨越高聳的喜馬拉雅山脈，到達西藏拉薩。

1 王室繼承人
誕生在烏萇國（Uddiyana），位於現今巴基斯坦東北部史瓦特谷地，靠近與阿富汗相鄰的邊界。
依據藏傳佛教的描述，烏萇國位於須彌山南方南瞻部洲六區域的南方區域，這裡被視為偉大持明尊者和空行母修持的淨土。現今達賴喇嘛十四世傳法的達蘭沙拉亦屬於這個範圍。

5 喜馬拉雅山區的精神導師
由於他在西藏、尼泊爾、不丹所做的種種努力，使得當時在雪域(西藏)山區蓬勃發展的佛法，能流傳至今。

4 神奇的魔法師，入藏顯神通
八世紀中葉，應藏王赤松德贊之邀入藏，在由巴基斯坦到西藏的路上，以密咒威力攝伏五位來自珠穆朗瑪峰的雪山女神，還有十二位隱居在西藏山林的地母神。最後他來到了拉薩，再度以其神通威力摧服苯教的巫術，並監督完成桑耶寺的興建。

2 畢業於那瀾陀佛學院，並遊歷諸國尋找上師
在中印度那瀾陀佛學院完成傳統佛學教育，後來在今日的緬甸與阿富汗之間四處遊歷，跟隨許多大師學習，最後證悟而成為印度最重要的聖者之一。

3 巴基斯坦到西藏的旅行家與宗教大師
由地圖的左上角一直到最右邊，是蓮師到西藏的艱苦路徑，經過喀什米爾、拉達克、拉霍爾、凱拉薩山（印度教與藏傳佛教的聖山）。這條路上有千年以上的喇嘛廟與無數聳立山巔的寺院，許多都是蓮花生大師影響下的所建立。

（地圖繪製：王佩娟）

4

西藏生死書的發現者
西藏掘藏師卡瑪林巴

西元十四世紀時，西藏著名的掘藏師卡瑪林巴發現了《西藏生死書》，從此，這部經開始流傳於西藏地區直到今日。

在蓮華生大師之後的幾個世紀內，有不少人發掘被埋藏的密教寶物，發現這些精神寶物並且發揚其教義的人就被稱為「掘藏師」，意思就是指「**發掘寶藏的人**」。許多西藏密教典籍曾經一再失傳，一再被發現，以致奇蹟式的保留到現在，這些都必須感謝歷代的掘藏師。而在這些當中，最出名的掘藏師就是十四世紀時發現《西藏生死書》的卡瑪林巴（Karma Lingpa）。

● 掘藏師卡瑪林巴發現了《西藏生死書》

傳說掘藏師有相當大的神通力量，他們被描述成具備**徒手攀岩、入石取物、長時間的閉氣潛水**等神奇技藝。掘藏師卡瑪林巴是最著名的一位，他誕生於十四世紀（西元1350年）。依據他的自傳，出生在西藏的東南方，父親也是非常出名，是西藏當時非常偉大的密教修行者聶達桑耶（Nyida Sangye）。

身為長子的卡瑪林巴自幼就從事密教的修行，並獲得無數的瑜伽神力。當十五歲的時候，卡瑪林巴在一座名為岡波達（Gampodar）的山上發現許多被埋藏的文獻珍寶，包括一份名為「**寂靜與忿怒諸尊自然顯現於覺悟之中**」（The Self-Emergence of the Peaceful and Wrathful Deities from Enlightened Awareness）的集冊。著名的《中陰聞教救度大法》就在其中。

掘藏師發掘寶藏的來源

掘藏師

在藏傳佛教，具有廣大神通能取得被埋藏的密教寶藏者，便被稱作「掘藏師」。

著名的掘藏師卡瑪林巴就是西藏生死書的發現者。

掘藏師發掘寶藏的來源

從大自然環境取得	禪定觀想中獲得	佛與菩薩的顯現傳授

例如岩洞、山湖等，這是實體形式。

大成就者在禪觀過程中獲得，這是來自於心意的無形模式。

由佛與菩薩等本尊直接現前傳授，屬於無形模式。

名詞解釋

掘藏師

掘藏師依據特殊的法門傳授給弟子，在傳承上大都是屬於舊譯派密法，即寧瑪的傳承教法，只有「九面十八臂忿怒蓮師伏藏法」，是隸屬於薩迦派持有的伏藏法門，由密法名稱可知，這又是一本《中陰聞教救度大法》之外，與蓮師密切關連的一本「伏藏」（意即：埋伏的寶藏）。

使用這部經的目的
從容面對死亡

使用這部經的目的是要讓每個人能夠從容地面對死亡。

人類的本能欲望是要活著,而且繼續活下去,但終將會面臨死亡,結束我們所熟悉的一切。絕大多數的人在死亡來到時,會墜入一無所知的深淵裡。死後的亡靈將面臨一片迷惘的世界,處在極端陌生的環境裡,心情受到百般焦慮煎熬。亡靈在神秘的中陰世界,**沒有朋友,沒有親人**,只有不停地逃亡,不停地閃躲恐怖景象的威脅。這時亡靈極需要他人的協助,在遺體旁讀誦,提供安穩走過死亡歷程的協助。

這部經典原本是應用於臨終的人,由上師在亡靈的遺體近處讀誦,透由清晰而且正確的發音讀誦,叮嚀亡靈臨終時必須注意的事項,藉此獲得解脫,離開輪迴。不過,生前的修行者亦可透由此書學習在人生旅途終點時,可以從容不迫地面對死亡。

● 生前適用

這部經在一開始,就提醒人們要把握機會學習人世間的解脫法。西藏人相信生前修習「**密教指導法**」,有獲得解脫的機會。人可以在生命旅程結束時,不必經過死後恐怖的實相中陰,即可獲得解脫。也就是說,在仍然擁有今生的肉身之下,獲得解脫,無須再承受輪迴之苦,就是藏傳佛教「即身成佛」的概念。

● 臨終適用

人在臨終時,身體的肌肉、體力、體熱、呼吸和身體氣色等生命現象將會逐一崩解。這是死亡時刻的來臨,臨終者必須把握機會,適時啟動「**遷識法**」,遷移意識到美好的淨土。此時只要能憶念出遷識法,就算沒有他人的幫助,亦能獲得自發性的解脫。如果自己無法使用遷識法的話,也可藉由他人在身邊讀誦指導,來提升解脫的機會。

● 死後適用

如果在生前或臨終前都無法獲得解脫,則必須啟動第三個方式「中陰聞教救度大法」,幫助亡靈度過恐怖的中陰險境。

用得上這部經的人

這部經典適用於活著的人、臨終的人和死亡的人，目的都是獲得解脫，脫離輪迴。

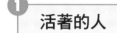 **活著的人**

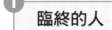 **臨終的人**

 **死亡的人**

自助解脫

自助解脫
或他助解脫

他助解脫

可以提醒自己在世要
把握機會學習密教解
脫法，在生前或臨終
時有機會獲得解脫。

臨死的人可以藉由中
陰教法的指導，來提
升解脫的機會。

亡靈透過聆聽中陰教
法的方式，可以化解
中陰險境的苦難，仍
有機會解脫，或得到
較好的轉世輪迴。

兩位重要的翻譯者
從達瓦桑杜到邱揚・創巴

1927年牛津大學發行了《西藏生死書》首部英譯版本，編者是美國學者伊文思・溫慈博士，他在因緣際會之下，認識了達瓦桑杜格西喇嘛，完成了世界上第一本英譯版本。

● 1927 年，達瓦桑杜格西喇嘛完成第一本英譯版本

其實，中陰教法非常古老，見於《大圓滿密續》（Dzogchen Tantras）。出乎意料之外，在西方發行數百萬本，同樣也廣泛流傳於我們國內。直至現在，國內主要的中文譯版仍然是取自這本**牛津大學耶穌學院 1927 年的首譯版**。當時的譯者是西藏學者達瓦桑杜格西喇嘛（Lama Kazi Dawa-samdup），一位不丹隱世的苦行僧。書中的內容是依據達瓦桑杜格西喇嘛的上師以耳口方式秘密傳授的解釋。負責編輯此書是美國學者伊文思・溫慈博士（Dr. W.Y. Evans Wentz），曾在印度與冰天雪地的喜馬拉雅山高原參拜聖地，與尋求東方智者。當時，在大吉嶺警察局局長的推薦信下，認識了達瓦桑杜格西喇嘛，因而完成了**世界上第一本英譯**的《西藏生死書》，此書中文版譯為《西藏度亡經》。

● 1971 年，檢視首譯版本

1971年夏天，一個位於美國佛蒙特州藏傳佛學機構舉辦西藏度亡經的研討會，由邱揚・創巴仁波切(Chogyam Trungpa, Rinpoche)講解，會中並提出他的個人評論。這個研究西藏宗教的機構原名「佛蒙特州虎尾坐禪中心」（Tail of the Tiger Contemplative Community in Vermont），目前更名為Karme-Choling。在演講的當時，邱揚・創巴仁波切採用的是藏文版的《中陰聞教救度大法》。而聽眾則參考伊文思・溫慈博士所編譯的《西藏度亡經》。在這次研討會中針對內容的翻譯和表達方式有許多精彩討論，這使得邱揚・創巴仁波切有了更新英譯版本的想法和準備。

舊譯版和新譯版的差別

舊譯版本 1927年

譯者：達瓦桑杜格西喇嘛
（Lama Kazi Dawa-samdup）

編輯：伊文思‧溫慈博士
（Dr. W.Y. Evans Wentz）

內容
1 更改原始文章的用語，未忠於原文！
2 翻譯與表達有許多不一致和矛盾的地方。

參考版本
1個手本與1個木刻版

手本：採用桂木皮漿製成的紙張。
伊文思‧溫慈博士在1911年由不丹一位寧瑪派的青年喇嘛取得。

木刻版

新譯版本 1975年

譯者：邱揚‧創巴仁波切
（Chogyam Trungpa, Rinpoche）

編者：法蘭西斯‧費曼托
（Francesca Fremantle）

內容
1 在基本要點上一致，無矛盾之處。
2 較貼近原意。
3 翻譯文字著重能直接、清楚傳遞訊息為原則。

參考版本
1個印刷版本與3個木刻版

印刷版：瓦拉那西（Varanasi）在西元1969年由E. Kalsang所發行的版本。

木刻版

木刻版

木刻版

● **1975 年，邱揚・創巴仁波切進行詳盡正確的翻譯**

1975年，香巴拉（Shambhala）出版社出版了由不同的譯者邱揚・創巴仁波切與編者法蘭西斯（Francesca Fremantle）所主持推出的更新英文版《西藏度亡經》。

● **相差近五十年的新舊譯本有何不同?**

❶ 新舊兩個英譯本的出版時間相差了將近半個世紀。許多在藏傳佛教修行成就更高的喇嘛來到西方，提供比半世紀前更完備精確的佛學資料，因此，新譯版本提供更接近原意，與更貼切的譯法。(很可惜的是台灣仍一直使用 1927 年的舊譯英文版。)

❷ 藏傳佛教已經引起西方更多的注意，也**由先前學術界的研究轉為民間心靈與信仰的根基上**。這是兩個譯版最不同的地方。

❸ 在西方，藏傳佛學的研究已經**由文字的**探討提升為**實際應用**，並注重傳遞直接與充滿活力的翻譯方針。

● **新譯版本所採用的版本資料**

❶ 新譯版本採用的原始藏文版本主要是依據印度瓦拉那西（Varanasi）在西元1969年由 E. Kalsang出版社所發行的版本，同時還參考三種不同的刻版（block printing）。

❷ 依據四個版本，使得少數省略之處與誤謬均予以更正。

❸ 編者法蘭西斯檢視這四個版本，發現這四個版本在基本要點上的陳述均相當一致，因此，他對先前伊文思・溫慈博士編輯舊譯版時出現諸多明顯的不一致與矛盾之處感到驚訝。他甚至認為即使未觸及深處，許多明顯的差異必須特別提出說明。

邱揚・創巴仁波切與新譯版的關係

❶1971年，在美國佛蒙特州，一場西藏度亡經的研討會上，邱揚・創巴仁波切針對達瓦桑杜的舊譯版本提出許多評論與質疑。

❷ 他非常震驚地表示：好多地方有差異和矛盾，這是怎麼回事？

❸為了給大家正確的認識，他決定準備重新翻譯西藏度亡經！

❹ 1975年，邱揚・創巴仁波切和法蘭西斯二人，根據了四個藏文版本，合作編譯了西藏度亡經的新譯本，距離舊譯本已過了四十八餘年。

47

7

探索藏文字義
中陰

> 簡單地說，「中陰」是「間隔」或「過渡」的意思；它可以是時間的間隔、空間的間隔，也可以是內心所產生的意識與意識的間隔。

索甲仁波切在他的《西藏生死書》中說：中陰在藏文中唸為 Bardo，它是指一個情境的「完成」和另一個情境的「開始」之間的過渡或間隔。其實可以更仔細的拆解 Bardo 這個字詞，Bar 的意思是「在……之間」，do 的意思是「懸空」或「拋開」，用來描述死亡歷程中意識脫離肉體的特殊情境，這種狀態有如**意識「拋開」了身體，「懸空」在外**。這個特殊而且神秘的字詞中陰，也經常被譯為「中有」。

● 間隔可以指空間，也可以指時間

中陰的間隔可以是空間，也可以是時間。比如說，如果有兩棟建築物，建築物之間的空間即是中陰的一種。或者是今生的世界與來生的世界之間也會有中陰，這也是空間概念。日出與日落之間是一段白晝，這段時間也是中陰的一種。就時間的概念而言，中陰可長可短，如果是空間概念，則可廣可狹。

● 內心瞬間所產生的意識之間也有中陰

人類意識的經驗可以說是由無數的間隔所組成，例如在內心瞬間所產生的意識變化，會由一個意識轉到另一個意識。在前一個意識結束與後一個意識開始之間，即使是瞬間發生仍會有間隔。間隔雖然極小，但仍然是每個過程中的一部分。也因此，人類的一切經驗都具有此間隔性。

神祕的中陰

中陰的藏文

Bardo

在......之間　　拋開或懸空

Bardo = 中陰 = 中有 = 情境與情境之間的間隔或過渡狀態

生活中常見的中陰

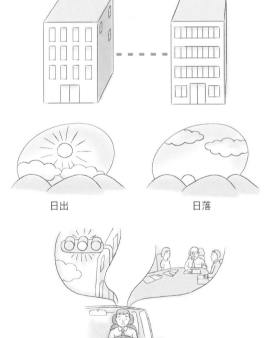

● **空間的中陰**
兩棟建築物之間的空間距離就是
一種中陰。

● **時間的中陰**
日出與日落之間的時間間隔也是
一種中陰。

日出　　　　　　　　　日落

● **意識之間的中陰**
內心瞬間可以產生一個接一個
的意識，此起彼落的意識與意
識之間有極短暫的間隙，就是
一種中陰。

嗯！這麼說來，任何一
個狀態到另一個狀態之間就
是中陰，原來我們的生命是
由無數中陰所組成呢！

沒錯！不過，在本
書，「中陰」用來描述
死亡歷程中靈魂脫離
肉體的特殊情境。

49

8

中陰類型
六種中陰

人的一生從出生到生命結束，進而轉生投胎，一共會經歷六種型式的中陰，而《西藏生死書》主要討論後三種中陰：臨終中陰、實相中陰與投生中陰。

❶ 生處中陰：人活著時候的平常意識境界，人在這一段擁有清楚意識的時間，包含人一生從生到死的所有的善業與惡業。

❷ 夢裡中陰：夢樣的意識境界，這是指從晚上睡著到早上醒來的階段，包含入睡後肉身的所有心靈活動。

❸ 禪定中陰：禪那或出神的意識狀態，瑜伽修行者修禪入定，他的意識會起某種變化，**當修禪完畢出定時，修禪時的意識境界就中止了**。禪定中陰包含無數的禪定經驗，由最低層的領悟到最高層的覺悟得道。

❹ 臨終中陰：人在死亡時會出現短暫的昏迷狀態，是處於一種無意識的境界，延續期間的長短不定，可能很短，也可能很長。傳統的說法是這種暫時無意識的時期大約持續三天半，**如果有極佳的瑜伽修行則可延續更長的時間，甚至超過一個星期**。

❺ 實相中陰：體驗實相的意識狀態。人死後會先進入一段無意識狀態，而後又會恢復意識。由意識的復甦到投胎入六道輪迴前的一段時間稱為實相中陰。在這段期間，死者會感受到心所發出的奇幻異象，並經歷一連串的幻覺。

❻ 投生中陰：這是指即將投胎再生時的意識狀態，死者的意識即將進入母體內的受孕胚胎，直到出生。

六類中陰的探討

活著的時候

❶ 生處中陰

人間的平常意識境界，也就是一個人從生到死的所有意識與行為。

❷ 夢裡中陰

是指人從睡著到醒來之間的肉身與心靈狀態，有修行者會運用這個階段進行睡夢瑜伽。

❸ 禪定中陰

許多大成就者一生都在不斷進行禪定中陰。

禪定中陰包含無數的禪定經驗，由最低層的領悟到最高層的覺悟得道。

死亡的時候

❹ 臨終中陰

人在死亡時會出現短暫的昏迷狀態，是處於一種無意識的境界，延續期間的長短不定，一般說是3天半。

❺ 實相中陰

人真正死亡後會恢復意識，死者會感受到心所發出的奇幻異象與經歷一連串的幻覺。

❻ 投生中陰

即將投入六道輪迴再生時的意識狀態，死者的意識會尋找投生的母體，直到出生。

生前、臨終和死後
藏傳佛教的解脫路徑

脫離輪迴得到解脫是修行者追求的境界，《中陰聞教救度大法》裡提到三條解脫路徑，分別是在生前、臨終以及死後，無論你在任何生命階段，都有相對應的解脫路徑，可以讓你有機會脫離輪迴。

● 生前採用「最高指導法」，在生前自身解脫

這個方法是處於人世間的解脫法，適用於最高根器的瑜伽行者（hightest capacities），透過最高指導法（即「六中有自行解脫導引」）的禪定修持，自然可獲得解脫。這方法必須要有上師的指導與自己的實修。擁有最高根器的人透過這種禪定修持，將了悟生與死皆由心生。

當行者能夠明白生與死兩者都是虛幻不實，都是心念的顯現，就可以獲得解脫。因為心念的本質就是空性。快樂、不快樂、生死、好壞與所有的事物都是空性的一部分，**所有一切只不過是心念的產物**。如果能夠明白這個道理，便能獲得解脫。

● 臨終時進行「觀察死亡徵候的自發性解脫法」

人在死亡的過程中，身體外觀與心靈會呈現許多的死亡徵候，例如肌肉、體力、體熱、呼吸等等逐一崩解。「觀察死亡特徵的自發性解脫法」就是由臨終者或身旁的上師觀察這些徵候的一種解脫法，在適當時機啟動遷識法，以自發性的方式獲得解脫。**它的關鍵在於要能夠「憶念」出遷識法**，那麼就可獲得自發性解脫。這個方式可以透過自助方式或藉由他人在身體邊的指導。

● 死後採用「中陰聞教救度大法」

如果依據「觀察死亡特徵的自發性解脫法」仍然無法獲得解脫，則必須啟動第三個方式「中陰聞教救度大法」。「聞教」的關鍵程序就是以聆聽的方式，聆聽身旁上師所誦讀的中陰聞教救度大法，這是獲得解脫的最後一個方法。

三種解脫路徑

禪定

最高指導法

最高指導法到底是什麼？

透過修習最高指導法，也就是禪定修行，了悟生死皆由心生，獲得解脫。

① 生前

運用人世間的解脫法
適用者：最高根器者

該不會就是無上瑜伽吧？

三種解脫路徑

禪定或聽聞

死亡特徵自發性解脫法

檢視逐一出現的「死亡徵候」，臨終者肌肉、體力、體熱、呼吸和身體氣色等逐一崩解，也就是地、水、火、風、空五大溶解的過程。在此過程即將完成之際，立刻啟動遷識法。

② 臨終

透由自助或他人協助方式獲解脫
適用者：中等根器者

聽聞

中陰聞教救度大法

這個方法是上師在亡者的遺體近處，誦讀中陰聞教救度大法，誦讀時發音要清晰而正確，使亡靈可以清楚聽聞而獲得解脫。

③ 死後

透由他人協助，以聆聽聞方式獲解脫
適用者：普通根器者

解脫要去的美好地方
淨土

《中陰聞教救度大法》提到生命能去的淨土共有三類：❶ 臨終中陰可以到達體認根本明光的淨土。❷ 實相中陰可以到達五位宇宙佛陀的淨土。❸ 實相中陰可以到達持明主尊的虛空淨土。

世間的人，最後面臨的不是生死，就是涅槃。每個人在生命盡頭會有兩條路可走，一條是涅槃路，另一條是輪迴路。走向涅槃路即可獲得解脫，以美好的體驗來到聖潔的淨土。

● 根本明光的淨土

人在死後會出現一段的昏迷狀態，這段期間臨終者是處於無意識的狀況，延續的期間長短不定，可能很短，也可能很長。依據傳統的說法是大約持續三天半。這段時間，第一明光與第二明光將顯現在臨終者的面前，只要能體悟，即可到達根本明光的淨土，這就是涅槃路的一種。

● 五位宇宙佛陀的淨土

當亡靈的意識脫離肉體之後，形成**意識體**(mental body)，便進入了實相中陰，這時才是真正的死亡歷程。在一開始的前五天，來自宇宙五個方位的佛陀將會一一顯現在亡靈面前。五位佛陀都有自己個別的淨土。只有在實相中陰階段取得證悟與獲得解脫的人，才能來到這些淨土。五位佛陀分別是大日如來、阿閦如來、寶生如來、阿彌陀佛與不空成就佛。

● 持明主尊的淨土

實相中陰的第七天，在五位持明主尊的協助下，如果獲得解脫，亦可前往到純淨的虛空淨土（the Pure Realm of Space），同樣可以脫離輪迴之苦。**持明主尊是一群擁有智慧的神祇，是密教特有的聖尊。**

三種淨土

在死亡的中陰階段能去的淨土有三類：

```
臨終中陰階段                    實相中陰階段
     │                    ┌──────┴──────┐
     ▼                    ▼             ▼
```

1 根本明光的淨土

2 五位宇宙佛陀的淨土

3 五位持明本尊的淨土

根本明光顯現在臨終者的面前，是一個如同宇宙般開放、空無的「實相」(dharma)，既沒有邊界也沒有中心，如同光明般空無與純淨赤裸的心靈。

中央：密嚴佛國
the Densely Arrayed

東方：妙樂佛國
Realm of Complete Joy

南方：榮耀佛國
the Glorious Realm

西方：極樂世界
the Blissful Realm

北方：妙行成就佛國
the Realm of Perfected Actions

持明主尊的協助下，可前往到純淨的虛空淨土(the Pure Realm of Space)

```
        北方
   西方  中央  東方
        南方
```

咦？沒有邊界，也沒有中心？

東方淨土是妙樂佛國，西方淨土是極樂世界。這兩種快樂有何不同？

你不會去看英文嗎？

11

死亡歷程的主角
意識

人無論在清醒或是深沉的睡夢中，意識活動都不曾停止。同樣的，當人由臨終到死亡，意識也不會消失，它會離開肉體，進入死後的中陰世界，成為中陰世界的主角。

意識是相續不絕而不會斷裂的。從臨終到完全死亡，意識會經歷四個階段：

● 意識尚未脫離肉身（臨終中陰的第一明光顯現時）

當臨終者進入**彌留**狀態時，生理上的死亡徵候一一顯現，肌肉、體力、體熱、呼吸和身體氣色逐一崩解。隨之進入一種**無意識狀態**(舊譯版本譯為昏迷狀態，也有人提出「無想狀態」的說法）。這時，意識尚未脫離肉體，臨終者可以看見第一明光。根器絕佳的瑜伽修行者可掌握這一時刻，獲得解脫。

● 意識幾乎脫離肉身（臨終中陰的第二明光顯現時）

接下來，臨終者會停止呼吸，不過還未真正死亡，體內的**生命之風**(vital elements)會留在人體的中脈，持續到心臟不再跳動為止。這時亡靈的意識突然變得清楚，能見到身旁哭泣的親友，但並不知道自己已經死了。此時的亡靈稱為「**淨幻身**」(pure illusory body)，只要認出第二明光仍可解脫。

● 意識完全脫離肉身 (實相中陰)

第二明光之後，臨終者會再次突然昏迷，失去意識，進入真正的死亡狀態。在三天半到四天後又會醒來。醒來時的意識已經脫離肉身，肉身開始腐化了。意識完全脫離肉體的狀態稱為**意識體**（ mental body ），這個意識體知道自己已經死亡，飄盪在中陰世界，經歷實相中陰幻景，或再進入更後的投生中陰。

● 意識準備投入新的肉體（投生中陰）

意識一旦進入了投生中陰，極可能無法獲得解脫，將再度承受輪迴之苦。此時意識準備進入另一個新軀體，進行另一回合的生命輪迴。

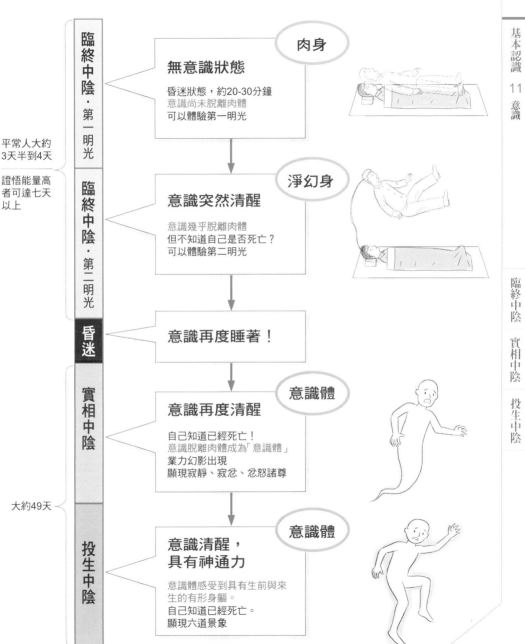

死亡過程裡的意識變化

臨終中陰‧第一明光

肉身

無意識狀態

昏迷狀態，約20-30分鐘
意識尚未脫離肉體
可以體驗第一明光

平常人大約
3天半到4天

證悟能量高
者可達七天
以上

臨終中陰‧第二明光

淨幻身

意識突然清醒

意識幾乎脫離肉體
但不知道自己是否死亡？
可以體驗第二明光

昏迷

意識再度睡著！

實相中陰

意識體

意識再度清醒

自己知道已經死亡！
意識脫離肉體成為「意識體」
業力幻影出現
顯現寂靜、寂忿、忿怒諸尊

大約49天

投生中陰

意識體

意識清醒，
具有神通力

意識體感受到具有生前與來
生的有形身軀。
自己知道已經死亡。
顯現六道景象

死亡境界最大的影響力
業力

好的思想或好的行為叫做善業，壞的思想與壞的行為則為惡業。所有今生累積的業將會形成業的力量，影響生命。

人一生中所有的思想與行為，都叫做業（karma）。善業具有生成樂果的力量，惡業具有生成惡果的力量。善業的力量有助於臨終者前往解脫的路徑，而惡業會阻止解脫成佛。從臨終到完全死亡，業力有四個階段：

● 業力尚未發生作用(臨終中陰的第一明光顯現時)

臨終者剛剛停止呼吸時，短時之間業力還不會發生作用，這使得臨終者有短暫的時間去體認第一明光，獲得解脫。

● 明光與業力相抗衡(臨終中陰之第二明光顯現時)

大約在臨終者呼吸停止後一餐飯的時間，會進入「淨幻身」的純淨狀態，此刻將顯現第二明光。**這道明光將與業力抗衡，相互拔河**，如果明光征服業力，臨終者即可獲得解脫，脫離輪迴之苦。反之明光如果無法克服業力，臨終者將進入死亡的另一個階段實相中陰。

● 業力開始啟動，幻覺顯現(實相中陰)

死後的第三天半或第四天，將進入實相中陰，這時意識已脫離肉身，形成「意識體」（mental body），業力正式開始作用，引發一連串的幻覺。佛菩薩與忿怒諸尊顯現於亡者的面前，祂們試圖接引亡靈前往淨土，不過因為生前累聚的業力會不停地干擾、牽引亡靈。此時出現的幻相，有光芒，還有從實相產生的千雷巨響，並夾雜著忿怒的咒語。

● 業力作用大，產生更多幻覺(投生中陰)

經過實相中陰一連串的幻相之後，接下來是更為恐怖的投生中陰。亡靈會持續看到黑雨、風暴、巨響等不同的怖畏幻影。這一切都是虛妄不實的，全都來自業力的影響。雖然這一切都不是真的，卻會干擾亡靈投生。

死亡過程裡的業力變化

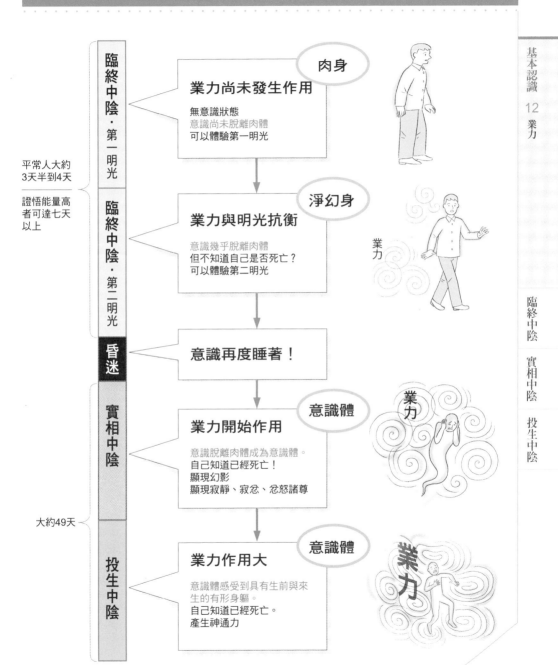

臨終中陰
實相中陰
投生中陰

臨終中陰 · 第一明光

肉身

業力尚未發生作用

無意識狀態
意識尚未脫離肉體
可以體驗第一明光

平常人大約
3天半到4天

證悟能量高
者可達七天
以上

臨終中陰 · 第二明光

淨幻身

業力與明光抗衡

意識幾乎脫離肉體
但不知道自己是否死亡？
可以體驗第二明光

業力

昏迷

意識再度睡著！

實相中陰

意識體

業力開始作用

意識脫離肉體成為意識體。
自己知道已經死亡！
顯現幻影
顯現寂靜、寂忿、忿怒諸尊

業力

大約49天

投生中陰

意識體

業力作用大

意識體感受到具有生前與來
生的有形身軀。
自己知道已經死亡。
產生神通力

業力

死亡歷程的神祇
諸佛菩薩與忿怒尊

在死亡的中陰旅程中顯現的神祇共有112位，依其面相可分成三種神祇：
❶ 寂靜尊 ❷ 寂忿尊 ❸ 忿怒尊。

● 寂靜尊

死亡後進入實相中陰的第一個星期，在亡靈面前顯現的是寧靜平和的寂靜尊。共有 42 尊。

● 忿怒尊

緊接著實相中陰的第八天到第十四天，出現的是與平靜祥和面貌成對比的忿怒相，祂們共有的特徵是火燄濃眉、忿恨皺眉、三眼怒目、捲舌露牙，形貌非常地鮮明與特殊。共有 60 尊。

● 寂忿尊

此外，還有另一種介於寂靜與忿怒之間的面相，稱為寂忿尊，帶著微怒或是生悶氣的表情，祂們的屬性則是介於寂靜尊與忿怒尊之間，出現的時期也是介於寂靜尊與忿怒尊之間的第七天。共有 10 尊。

我們經常可以看見一組描繪中陰神祇的西藏唐卡，漢譯典籍總是稱呼這組唐卡為「中陰文武百尊」，「文」是指平和的寂靜尊，「武」是指恐怖的忿怒尊，說是 42 位寂靜尊加上 58 位忿怒尊。其實，仔細算算，何止 100 尊，**原來是忘了第七天出現的10位持明主尊寂忿尊，以及在第十四天顯現的大黑天、閻摩天（或稱閻魔法王）2 位忿怒尊護法。**

112位中陰神祇

人死亡後會進入實相中陰，在這個階段，亡靈會遇見 112 位神祇。

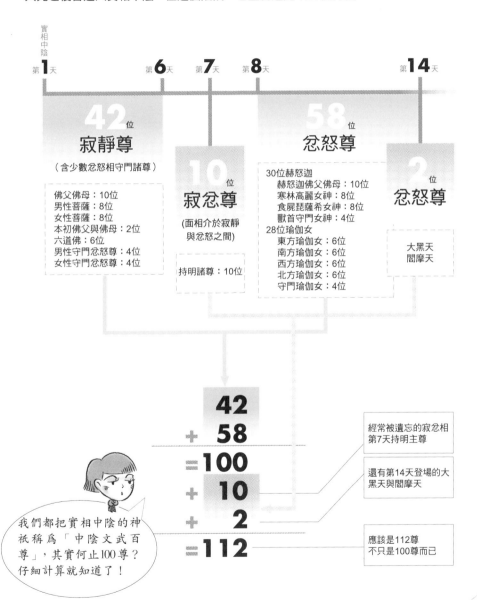

實相中陰

第 **1** 天　　第 **6** 天　第 **7** 天　第 **8** 天　　　　第 **14** 天

42 位
寂靜尊
（含少數忿怒相守門諸尊）

佛父佛母：10位
男性菩薩：8位
女性菩薩：8位
本初佛父與佛母：2位
六道佛：6位
男性守門忿怒尊：4位
女性守門忿怒尊：4位

10 位
寂忿尊
（面相介於寂靜與忿怒之間）

持明諸尊：10位

58 位
忿怒尊

30位赫怒迦
赫怒迦佛父佛母：10位
寒林高麗女神：8位
食屍琵薩希女神：8位
獸首守門女神：4位
28位瑜伽女
東方瑜伽女：6位
南方瑜伽女：6位
西方瑜伽女：6位
北方瑜伽女：6位
守門瑜伽女：4位

2 位
忿怒尊

大黑天
閻摩天

```
    42
  + 58
  = 100
  + 10
  +  2
  = 112
```

經常被遺忘的寂忿相
第7天持明主尊

還有第14天登場的大
黑天與閻摩天

應該是112尊
不只是100尊而已

我們都把實相中陰的神祇稱爲「中陰文武百尊」，其實何止100尊？仔細計算就知道了！

14

死亡境界的變化模式
光線、顏色、聲音

在中陰世界裡會出現智慧光芒，也會出現迷惑亡靈心識的各種光影。光影還伴隨著色彩與明暗變化，甚至出現複雜聲響，欲將亡靈的心識推往更恐怖迷惘的世界，請千萬要認清楚。

● 光線

協助解脫的光線

臨終中陰時，會有第一明光與第二明光顯現在臨終者的面前。臨終者必須保握機會認出它來，然後安住在這個境界即可獲得解脫。接著進入實相中陰這個階段，最初的五天由佛父佛母的心中射出強烈明亮的智慧明光，臨終者要熱愛它，對它祈願請求，並一心觀想它以獲得解脫。

誘惑您墜入輪迴的光線

伴隨智慧光線而來的是另一種柔和的光線。因為惡業的影響，臨終者對強烈明亮的智慧光線感到害怕並想逃脫，而對柔和光線產生喜悅。如果被誘惑而走向它，將迷離落入六道輪迴的漩渦裡。

◐ 必勝絕招：熱愛祈請強烈智慧光芒，拒絕柔和業光的誘惑。

● 光的顏色有不同的變化

每道惡業柔光都會有不同的顏色變化，不同的顏色會牽引亡靈到不同的世界轉生，進入六道輪迴。

● 聲音

實相中陰的第五天與第六天，因為累世惡業的作用，亡靈會害怕聲響與光亮，因而錯失慈悲光芒的牽引而無法前往美好的淨土。實相中陰的第七天，會顯現強烈的五色光芒，亡者必須要體認強光是源自於智慧。同時，**法爾實相（天然的、自然的、不待造作的實相）**也將發出轟雷巨響，並夾雜著忿怒密咒的吶喊聲。這一切都是內心所投射出的景象。緊接著第八天至第十二天，忿怒諸尊顯現，每一位赫怒迦佛父將**發出嘹亮的顎音**，呼嘯如閃電，令亡靈心悸。

◐ 必勝絕招：所有的聲響都是業力作用產生的幻覺，不要理會與恐懼。

死亡歷程裡的聲光色

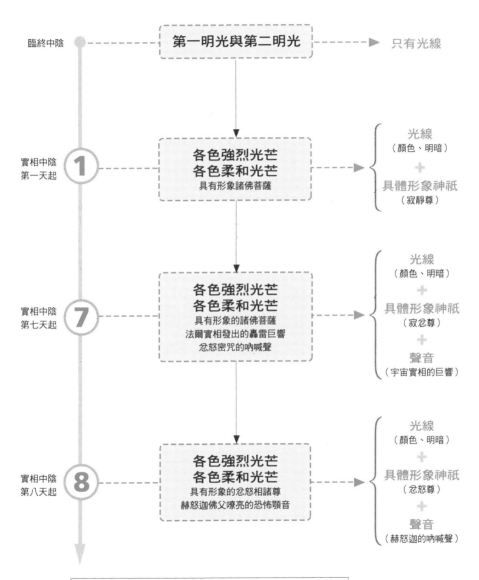

臨終中陰　　━━━ ◦---▶ 第一明光與第二明光 ---▶ 只有光線

實相中陰
第一天起　①---▶ 各色強烈光芒
各色柔和光芒
具有形象諸佛菩薩
---▶ 光線
（顏色、明暗）
＋
具體形象神祇
（寂靜尊）

實相中陰
第七天起　⑦---▶ 各色強烈光芒
各色柔和光芒
具有形象的諸佛菩薩
法爾實相發出的轟雷巨響
忿怒密咒的吶喊聲
---▶ 光線
（顏色、明暗）
＋
具體形象神祇
（寂忿尊）
＋
聲音
（宇宙實相的巨響）

實相中陰
第八天起　⑧---▶ 各色強烈光芒
各色柔和光芒
具有形象的忿怒相諸尊
赫怒迦佛父嘹亮的恐怖顎音
---▶ 光線
（顏色、明暗）
＋
具體形象神祇
（忿怒尊）
＋
聲音
（赫怒迦的吶喊聲）

投生中陰階段有更多的幻相，無法一一於此詳述。

死亡險境的法寶
救命錦囊

《中陰聞教救度大法》提供很多脫離苦海獲得解脫的方法，不過因為亡靈有極大的混亂與恐懼，往往會忘記這些方法。亡靈只要記住三個救命錦囊，就有機會化險為夷，獲得解脫。

在臨終中陰時，如果亡者有個人的本尊守護神，請以觀想的方式祈請祂。如果沒有本尊守護神，可祈請大悲聖尊觀世音菩薩。在投生中陰時，亡靈擁有淨眼的神奇力量，可以在中陰世界見天神世界的眾生，這時不要貪看他們，而要觀想大悲聖尊觀世音菩薩。

● 救命錦囊1：觀想本尊守護神
對於擁有個別本尊守護神的瑜伽行者而言，在臨終中陰的階段最重要的是要能專心一意觀想自己**本尊守護神**（Yidam），切記心神不可迷離。務必要集中精神認真地想祂。在心中必須想像出**沒有實體形象**的本尊守護神，如同月亮倒影在水中，沒有具體的形象。

● 救命錦囊2：觀想觀音菩薩
沒有本尊守護神者，想在中陰世界裡安穩地度過死亡歷程，請隨時隨地祈請觀世音菩薩，這是最好不過的護身符。

● 救命錦囊3：觀想上師
當亡靈擁有中陰之身的特殊狀態，會看到親友，並想上前跟他們交談，可是他們並沒有反應。於是，亡者會感到非常焦慮，這種痛苦在《中陰聞教救度大法》裡被比喻成「出水的魚蝦被投進火爐」。此時，如果有上師，那就祈求上師庇護，是絕佳的應對方式。

能化險爲夷的三個重要角色

1 觀想本尊守護神

本尊守護神是密教修行者依觀想的方式，將他或她的情感、領悟、誓願投射為一種最完美的境界。

務必要集中精神認真地想祂。在心中必須想像出沒有實體形象的本尊守護神，如同月亮倒影在水中，沒有具體的形象。

2 觀想觀世音菩薩

觀音菩薩是慈悲的象徵。傳說居住印度南方之海的普陀洛山，是度亡者的最佳菩薩。

想在中陰世界裡安穩地度過死亡歷程，隨時隨地祈請觀世音菩薩，這是最好的護身符。

3 觀想上師

上師可以在投生中陰過程，協助指導亡靈者度過痛苦的經歷。

在中陰世界，亡者會感到焦慮、痛苦，祈上師庇護，是絕佳的應對方式。

part 2
臨終中陰

即身成佛的關鍵時間

持續時間 ➲ 停止呼吸三天半到四天之間

肉身狀態 ➲ 肉身尚在，但尚未腐壞

意識狀態 ➲ 先是昏迷，再來是突然清醒過來(淨幻身)

業力作用 ➲ 尚未啓動

中陰幻相 ➲ 尚未出現

解脫路徑 ➲ 體悟第一明光或第二明光，就可以即身成佛

臨終者親友須知
中陰聞教救度大法的讀誦方法

在正式進入死亡的中陰歷程之前，我們有必要知道該如何正確地為亡者讀誦《中陰聞教救度大法》，協助亡者安穩地走完生命的最後旅程。最常見的讀誦者是亡者的上師，依亡者的遺體在或不在，方法略有不同。

● **誰可以來讀誦《中陰聞教救度大法》**

❶ 第一優先讀誦者：死者的上師喇嘛。西藏人稱上師為「咕嚕」（guru）。

❷ 第二優先讀誦者：亡者信任喜愛的共修師兄或師姐。

❸ 其他讀誦者：死者敬愛的好友。（新譯版本沒有這一選項）

● **《中陰聞教救度大法》讀誦的方法**

◎**遺體在面前：**

讀誦時要靠近亡者的耳邊，但千萬不觸及遺體，這是非常重要的。一般的西藏人和喇嘛認為，千萬不能觸碰臨終者的身體，這是避免意識離開肉體時受到干擾。一般希望亡靈的意識不受干擾由頭頂的梵穴離開。**如果意識由身體的其他穴道離開，有可能會投入非人世界。**

◎**遺體不在面前：**

❶ 讀誦者必須坐在亡者生前經常坐臥的地方，仔細朗誦《中陰聞教救度大法》，清楚闡述真理的力量，這個程序的目的是為了呼喚亡者的意識。

❷ 讀誦者想像亡者就坐在讀誦者的面前，依據規定閱讀。

❸ 亡者親屬的哭泣聲會產生不良的影響，這是必須禁止的。

讓臨終者得到最好的協助

親友可以做的事

親友可以為臨終者做的事是讀誦《中陰聞教救度大法》。

讀誦者

上師　　師兄師姐　　好朋友

讀誦方法

在亡者耳邊讀誦　　　　　　在亡者生前經常坐臥處讀誦

注意事項

爲什麼不能碰觸身體？

避免意識離開身體時受到干擾，可以順利的從梵穴離開，獲得解脫或投生到較好的地方。

不可碰觸亡者身體　　　　　　不可哭泣

相關經文
• 頁 270, 行 29 至
頁 271, 行 07
• 頁 311, 行 18 至
頁 314, 行 26

讀誦者須知
中陰聞教救度大法的讀誦步驟

讀誦《中陰聞教救度大法》的步驟有三：讀誦者先進行供養三寶的儀式，
接著讀誦四種偈，最後才正式進入讀誦《中陰聞教救度大法》。

● **步驟 1：供養三寶**

❶ 有能力籌辦供養，採實體的供養，盡全力準備三寶。

❷ 如無能力籌辦供養，採部分實體供養，再加上觀想式的供養。也就是先
累聚所有的供養實物，**不足的供養物再盡全力以觀想的方式祈請**。無論是
實體供養或觀想供養，誠心誠意盡全力是關鍵性的要求。

● **步驟 2：讀誦四種偈，每類讀誦七或二十一遍**

「偈」是佛教儀式中的唱頌，《中陰聞教救度大法》包括了四種偈：

❶ **祈請諸佛菩薩加被偈**：祈請諸佛與菩薩來救度亡靈。祈請是一種請求，
是呼喚佛與菩薩的方式。

❷ **祈求護免中陰險難善願偈**：讀誦這種偈的目的是為了護送亡靈在充滿危
險的中陰路上平安度過死亡的歷程。

❸ **六種中陰境界根本警策偈**：六種中陰境相主要的警示。

❹ **祈求護免中陰恐怖善願偈**：恐懼應該是中陰世界亡靈體認最深刻的情
緒，護送亡靈滿於恐懼的偈是非常的重要。

注意事項：讀誦時，咬字清晰且語氣適當。

● **步驟 3：讀誦中陰聞教救度大法，共包括三部分，讀誦七或二十一遍**

❶ **臨終中陰**：臨終時，明光會顯現於亡靈的面前，讀誦此法最重要的目的
是為了協助亡者體認前後顯現兩次的根本明光，把握機會獲得解脫。

❷ **實相中陰**：實相中陰的世界充滿幻相，所有一切景象都是亡靈的內心反
映，讀誦此法，是對亡者提出一連串重要的警示。

❸ **投生中陰**：投生中陰是死亡歷程的最後階段，讀誦此法可以協助亡靈投
生到較好的世界。

活著的人可以為死者做的事

讀誦《中陰聞教救度大法》是活著的人給予死者最大的幫助,有一定的方法與程序。

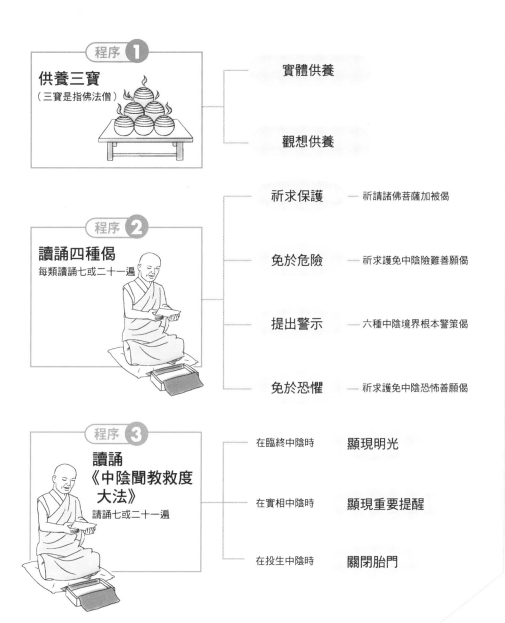

程序 ❶

供養三寶
(三寶是指佛法僧)

—— 實體供養

—— 觀想供養

程序 ❷

讀誦四種偈
每類讀誦七或二十一遍

—— 祈求保護 —— 祈請諸佛菩薩加被偈

—— 免於危險 —— 祈求護免中陰險難善願偈

—— 提出警示 —— 六種中陰境界根本警策偈

—— 免於恐懼 —— 祈求護免中陰恐怖善願偈

程序 ❸

**讀誦
《中陰聞教救度
大法》**
請誦七或二十一遍

—— 在臨終中陰時 **顯現明光**

—— 在實相中陰時 **顯現重要提醒**

—— 在投生中陰時 **關閉胎門**

相關經文
• 頁 270, 行 04-07

帶領臨終者進入臨終中陰
頂禮讀誦「皈敬文」

在《中陰聞教救度大法》一開始，上師先頂禮讀誦「皈敬文」，禮敬三位聖尊，引導臨終者在死前的那一刻，進入臨終中陰。

上師一開始要讀誦的皈敬文是：

稽首法身　不可思議　無量光佛

稽首報身　蓮花安樂　忿怒部尊

稽首應身　護佑有情　淨聖蓮生

在皈敬文裡的三位聖尊分別是「法身」顯現的無量光佛，「報身」顯現的蓮花部寂靜尊與忿怒尊，與「化身」顯現的蓮花生大師。法身、報身和化身，被稱為「三身」，是佛顯現的三種狀態。臨終者在死亡歷程的不同階段中，獲得解脫，將分別獲得法身、報身和化身成就。

● 超越形色的法身──在臨終中陰可以獲得

法身（Dharmakaya）代表常住不滅，人人與生具備的真性，不過絕大多數的人因愚昧無知，所以無法看見法身。法身是只有達到佛陀覺知境界的人才能體悟的狀態，在《中陰聞教救度大法》中對應的是無量光佛，也就是阿彌陀佛，祂是來自西方的宇宙佛陀。

● 菩薩見得到的報身──在實相中陰可以獲得

報身（Sambhogakaya）是由佛陀的智慧功德所成的，是特別為菩薩說法而變現的身形。簡單的說，就是菩薩能看到的形象。在《中陰聞教救度大法》顯現的是蓮花部的寂靜諸尊與忿怒諸尊。

● 顯現在眾生面前的化身──在投生中陰可以獲得

化身（Nirmanakaya）又名應化身，或變化身，是因應眾生的機緣而變化顯現出的佛身，在《中陰聞教救度大法》的形象即是作者蓮花生大師。

佛的三身：法身、報身、化身

佛的存在有三種狀態，稱為三身，分別是法身、報身以及化身：

法身
超越形色的狀態

阿彌陀佛

→ 亡者在臨終中陰，如果獲得解脫，即是獲得法身成就。

報身
菩薩可以見到的妙相。

蓮花部寂靜
與忿怒諸尊

→ 亡靈在實相中陰階段，如果獲得解脫，即是獲得報身成就。

化身
諸佛顯現在世間的形相。

蓮花生大師

→ 亡靈在投生中陰獲得解脫，即是獲得化身成就。

相關經文
• 頁 270, 行 13-19
• 頁 272, 行 21-27

死亡徵候逐一顯現
「五大」分解

人的軀體是依靠肌肉、體力、體熱、呼吸和身體氣色等「五大內在元素」，與地、水、火、風、空等「五大外在元素」相互呼應而存在的。當人瀕死之際，體內的五大元素和體外的五大元素就會逐一崩解，清楚顯現各種死亡徵候。

● 五大分解與死亡徵候

1 地大分解

臨終者全身發生一種壓迫的感覺，這就是所謂「地大」融入「水大」之中。當地大被水吸收，分解的過程即將開始。伴隨而來的內在體驗是一切事物的外觀都變成黃色。一切事物如同在洪水和地震中崩落。緊隨著的是臨終者的體力急速消逝，以致無法站立。

⊃ 處理訣竅

臨終者應該嘗試辨別和觀想所看到的黃色事物與內心合一，追尋毫無單獨存在的狀態。

2 水大分解

全身發生一種又濕又冷的感覺，就好像浸泡在深水一般，而後逐漸變成發燒的感覺，這就是所謂的「水大」溶於「火大」之中。臨終者將感受整個宇宙到處都是洪水，而周圍的人也可感覺到臨終者的臉龐與雙唇正在迅速變乾。

⊃ 處理訣竅

這時候應該堅決安穩地觀想，觀想眼前見到的水都是內心的產物，沒有任何獨立的事物。

生命的定義

生命是一個複合體

生命 = 軀體 + 意識 + 明光 (躲在意識裡)

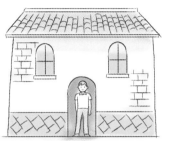

活著的時候
完好的軀體如同一間房子，意識住在裡面。

死亡的時候
軀體先毀壞，意識會離開軀體，解脫到美好淨土，或是進入另一個新生命，繼續投胎輪迴。

軀體是五大聚合

人的軀體是由地、水、火、風、空五種元素聚合而成的，因此有肌肉、體液、體熱、呼吸、身體氣色等外顯現象。當人一旦瀕臨死亡，軀體會先崩解，五大元素將一一分解，稱為「五大分解」。

存活時是五大聚合　　　　　　　　　死亡時是五大分解

3 火大分解

當第三元素「火大」分解而進入「風大」之時,將見到一切事物都呈現紅色的外貌,也將體驗到四周的事物正在燃燒。

⊃ 處理訣竅

此時,如果能夠觀想並體悟無論是內或外的經驗都是內心的產物,無法脫離心念而單獨存在,如此,便能獲得解脫。

4 風大分解

當「風大」將分解進入「空大」時,會感受到一切事物都呈現出綠色的外貌。而宇宙的一切現象都正在被狂風暴雨吹走,好像身體組織全都被吹裂粉碎。

⊃ 處理訣竅

如果能夠觀想沒有事物能夠獨立存在,所有一切的光亮、聲音與顏色都是來自於心念,那便能獲得解脫。

5 空大分解

當「空大」崩解後,肉體便全面崩解,生命即將進入意識層面,會伴隨刺耳的千雷巨響。此刻,將置身於一種極為黑暗,並喪失感官上的知覺。

⊃ 處理訣竅

這時候,要專心觀想和認定你的**意識**與**法界**(Dharma Dhatu)的本性或清淨光明**融合為一**,如此將獲得解脫。

五大分解啓動了死亡

死亡時，生命的崩解是從「五大分解」開始。「五大」指的是地、水、火、風、空，與我們軀體存活的五大現象肌肉、體液、體熱、呼吸和身體氣色是相呼應的。當「五大分解」時，臨終者會產生強烈的外在體驗與內在體驗，這就是死亡徵候。

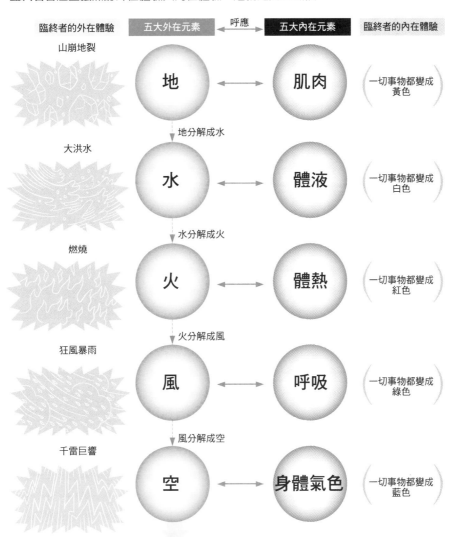

當「空大」崩解後，軀體便全面崩解，生命即將進入意識層面，會伴隨刺耳的千雷巨響。此刻，將置身於一種極爲黑暗，並喪失感官上的知覺。

相關經文
• 頁271, 行20至
頁272, 行20

解脫的第一時刻
看見第一明光

死亡之際，人會停止呼吸，此時，生命不會立刻終止，仍有一絲氣息存留
在體內。在這段時間裡，臨終者可以見到「第一明光」，這是獲得解脫的
大好機會。

● 體認明光是解脫的關鍵

第一明光就是「根本明光」（basic luminosity）第一次顯現的狀態。在整個
死亡歷程中，根本明光會多次顯現，是獲得解脫的關鍵時間。根本明光在
此是第一次出現，因此稱為**第一明光**，又稱「**初期明光**」。

五大分解開始進行，一直到第一明光顯現，這段時間，大約是常人吃一頓
飯所需的時間，這段時間也稱為「第一中陰」。無論任何人，只要把握這
段時間，依據以下步驟，就有機會獲取第一明光，如此便可以避開死後的
中陰道路，直接證悟「**無生法身**」（unoriginated Dharmakaya）。「無生」意
指不生不滅的意思，也就是一般所說「涅槃」的道理。

● 證悟空無純淨赤裸的心靈

呼吸即將停止，臨終者尚未啟動遷識法，請讀誦者讀誦以下誦文：

尊貴的某某（稱呼其名），現在，是您求道的時間了。當您呼吸停止，第
一中陰的根本明光將顯現在您的面前，這道明光在您生前上師已經指導過
您了。這是如同宇宙般開放、空無的「實相」（dharmata）。既沒有邊界，
也沒有中心，如同光明般空無與純淨赤裸的心靈。請認出它來，然後安住
在這個境態。同時，我也將協助您證入其中。

這段經文的適用對象是：❶生前曾經接受最高指導法，但未能領會的人；
❷ 生前雖然已經領會最高指導法，但是因為修習次數不足者。

協助亡者的優先人選，分別是：死者的上師喇嘛、亡者信任喜愛的師兄或
師姐、傳承相同的心靈友人，如無上述者，任何讀誦者必須發音正確、清
晰地大聲讀誦。

無漏之心與根本明光

漏與無漏

^{梵語}
Asrava ＝ 漏 ＝ 煩惱

Asrava-ksaya ＝ 無漏 ＝ 無煩惱 ＝ 清淨

根本明光＝法身無漏之心

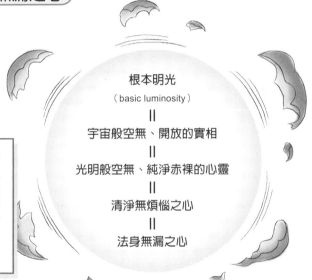

根本明光
（basic luminosity）
＝
宇宙般空無、開放的實相
＝
光明般空無、純淨赤裸的心靈
＝
清淨無煩惱之心
＝
法身無漏之心

注意！根本明光在臨終中陰時會顯現兩次不同狀態，分別稱為第一明光和第二明光。因此，臨終者有兩次機會獲取明光，得到解脫。

臨終者如何面對根本明光？

看見明光 → 認出明光 → 安住明光

相關經文
• 頁271, 行20至
頁272, 行20

關鍵時刻的長短會因人而異
第一明光的時間有多長？

獲取第一明光的關鍵時間雖說只有常人吃一頓飯的工夫，但也有可能更長或更短，就看臨終者的心靈狀態以及生前瑜伽修行的成果。

當亡者吸入最後一口氣，尚未吐出最後一口氣卻停止呼吸的這段時間，就是亡者能看到第一明光的時間。此時，意識並未完全離開肉身，而是處於**無意識狀態**（舊譯版本譯為昏迷狀態），也就是一般所說死前的「**彌留狀態**」。而代表生命力量的「生命之風」將停留在肉身的中脈，體驗第一明光。這個無意識狀態相當寶貴，是獲取第一明光的關鍵時刻，雖說通常只有常人吃一頓飯的時間，但也有可能更長或更短。這主要是要看臨終者的心靈狀態以及生前瑜伽修行的成果。

● 生前有很好的瑜伽訓練，將延續關鍵時間

瑜伽修行者禪定修習次數多，並且能在觀想狀態中抱持寧靜與靈敏的穩定狀態者，獲取明光的關鍵時間可以比常人更久。擁有這種修持的臨終者除了提供自己更充裕的時間體認明光之外，也能讓上師不停地幫助他**將生命之風安住於中脈**，讓獲取第一明光的機會將會大為提升。據說，有些禪定功夫甚深的瑜伽行者，能在死後保持禪定坐姿達七天，甚至更久的時間。有時，身體會有虹光圍繞，並發出香味，有別於常人的腐敗惡臭。在密教本續（Tantra）則說，這種無意識狀態可以延續約三天半。其他經論則說持續四天。

● 生前心靈狀態不佳的亡者，只能有一彈指的時間

反觀，生前思想或行為欠缺純正，與氣脈不健全的人看見明光的時間，可能只有一彈指的時間。上師在這種狀況下，並無足夠的時間協助亡靈的生命之風順利進入中脈，體驗明光。

根本明光出現的時機

明光也會在活的時候出現

根本明光不但會在死亡時顯現，在活著的時候也會有短暫出現，只是我們沒認出來。

修練睡夢瑜伽的修行者，他們就可以在睡夢中認出明光。

		明光出現的時機	明光顯現的狀態
活著時	生處中陰	一個念頭終止後和下一個念頭還沒生起前	明光將顯現但不一定會認出
	夢裡中陰	白天顯相終止後夢境顯相還沒出現前	明光將顯現明光可以被認出
死亡歷程	臨終中陰（生命將結束）	此生顯相消失後實相中陰過程景象出現前	明光將顯現
	投生中陰（生命將開始）	投生中陰顯相即將消失生處中陰過程景象出現前	明光將顯現

看見明光的時間長短會因人而異

❶ 一般人大約是吃一頓飯的時間

❷ 如果生前生活欠缺純正，氣脈不健全的人將是彈指之間的極短時間。

❸ 精進的瑜伽修行者，可以延續到三天半到七天，或者更久。

體悟第一明光的關鍵時刻
生命之風向中脈匯聚

當死者停止呼吸並進行了五大分解之後，在體內流動的生命之風將往中脈集中並在此短暫地匯聚停留。這就是獲取第一明光最關鍵的時刻。

● 中脈吸取生命之風

身體內的中脈，也稱為「**智慧脈輪**」（wisdom dhuti），將吸收體內的生命之風（prana），並讓它短暫地停留在中脈裡。

這種生命之風是流動的生命能量，有時被譯成生命之流，許多典籍認為生命之風就是指瑜伽修行中所說「氣、脈、明點」中的「氣」。無論是譯成生命之風或生命之流，都是在表達「**流動**」**的生命能量**。而生命之風匯聚到中脈則是獲得解脫必經的秘密通道。

● 明光脫離生命體

當中脈吸取生命之風時，第一明光(就是根本明光的第一次顯現)將脫離亡者這個「**複合體**」（complexity），清晰地閃耀在亡者的意識之中。在《中陰聞教救度大法》中所謂的「複合體」，是指意識與肉體的結合體。「明光脫離複合體」即是「意識脫離肉體」，不過這種意識不是人類表層的感官意識，而是最深層的清淨意識，接近唯識論中所說的阿賴耶識。

因此，當生命之風在中脈停留的短暫時間裡，臨終者必須把握機會，體悟這即將脫離肉身的第一明光，如此一來，生命之風便能筆直而上，逸出頭頂的梵穴，獲得解脫或轉世美好淨土。

假如臨終者無法把握這關鍵時刻，讓生命之風逆流，逃竄於肉體的左、右脈，那麼，中陰境相將頓時顯現於前，正式走入死亡歷程。

生命之風的掌握是如此重要，也因此讀誦者必須掌握時間，在生命之風竄入左脈與右脈**之前**，立刻進行讀誦。

生命的氣息

生命的兩種能量

維持生命的運作是需要能量的，其來源可分成外息(體外能量)與內息(體內能量)兩種。外息與內息代表不同形式的流動能量，也可比喻成兩種氣，分別是外在的空氣與體內輪脈中流動的氣。

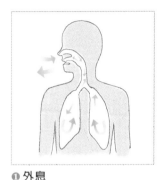

❶ 外息
透過呼吸取得的體外能量

❷ 內息
練氣功或打坐調息時的體內能量

生命之風

生命之風是指在人體脈輪流動的能量，也就是內息。臨終者停止呼吸時，中脈會吸取並會集體內的生命之風來進行最後的生命運作，準備體驗生命的根本明光。

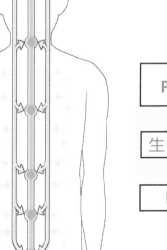

生命之風聚集中脈，就如同城市裡的車子都開往高速公路集合。

梵文 Prana
=
生命之風
=
內息

83

8

相關經文
• 頁 271, 行 20 至
頁 272, 行 20

臨終者意識離開身體的密技
獅子臥姿

為了協助亡者在臨終中陰狀況下體認第一明光，還必須留意頸部動脈震動的現象。動脈振動將導致臨終者進入睡眠的狀態，非常不利於亡者。

● 避免臨終者睡著

臨終的人不但應該在死亡過程完全保持清醒，而且應該清楚意識到整個死亡歷程，因此必須避免睡著。讀誦者必須讓臨終者採獅子臥姿，並按住頸部的兩條動脈。此法除了用來防止臨終者睡著之外，並**可阻止「生命之風」的逆流**，如此，生命之風可順利保持在中脈，成功圓滿地透由梵穴逸出。

❶ 清晰讀誦頌文

上師必須於臨終者的耳邊清楚地、反覆地讀誦多遍，直到氣息停止。將上述頌文（見第78頁）深刻地印入臨終者的心中。

❷ 讓臨終者採獅子臥式

當聽到亡者斷氣時，也就是停止呼吸的關鍵時刻，這時候立即幫亡者採用**身體向右**的「獅子臥式」，這是釋迦牟尼佛涅槃時的臥姿。

❸ 按住臨終者的頸動脈

再由經驗豐富的上師穩穩地按住亡者頸部的兩條動脈，直到動脈的振動停止。特別注意，在旁協助的人如果沒有足夠的經驗，操作不當，反而會阻礙亡者體認明光。

● 請記住脈輪與生命之風的四個重要性

對於脈輪與生命之風的描述，在《中陰聞教救度大法》書中多次提及。如不了解，請仔細記下以下四個要點：

❶ 生命之風是停止呼吸後的體內能量，可以在中脈、右脈、左脈流動。

❷ 我們必須協助生命之風安住在中脈（即智慧脈輪）之上，才會有機會獲得解脫。一旦生命之風流向左、右脈，便會進入後面的中陰境相了。

❸ 保持生命之風流動在中脈的方法之一是按住亡靈頸部的兩條動脈。

❹ 如果生命之風順利停留在中脈，將可由頭頂的梵穴逸出，得到解脫，這是最完美的狀況。

關鍵時刻的處理

上師的關鍵處理

生命之風集中在中脈時,上師的關鍵處理有三:

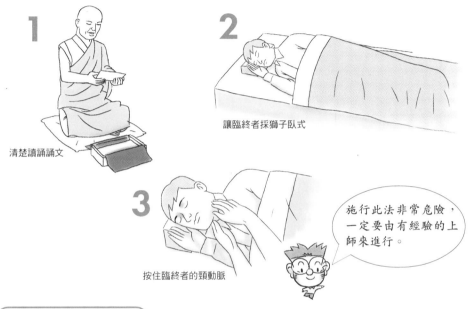

1 清楚讀誦誦文

2 讓臨終者採獅子臥式

3 按住臨終者的頸動脈

施行此法非常危險,一定要由有經驗的上師來進行。

兩種不同的結果

生命之風集中在中脈,或向左、右脈回流,它的結果是不同的。

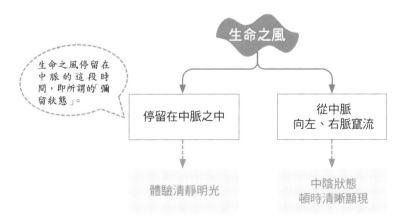

生命之風停留在中脈的這段時間,即所謂的「彌留狀態」。

生命之風

停留在中脈之中 ── 體驗清靜明光

從中脈向左、右脈竄流 ── 中陰狀態頓時清晰顯現

將意識遷移到美好淨土的方法
啟動遷識法

相關經文
• 頁 270, 行 13-19
• 頁 271, 行 20 至
頁 272, 行 20

前面提及臨終時，會先啟動五大分解，此時，臨終者必須能夠診斷出各種
死亡徵候，啟動遷識法，才能把意識遷移到美好的淨土。

● 診斷死亡徵候的自發性解脫

依照「診斷死亡徵候的自發性解脫」(self liberation by observing the character-
istics of the symptoms of death)的指示，臨終者可以自力或依賴他人，逐一
檢視死亡徵候，此時只要能夠**「憶念」**出遷識法（藏文音譯為**「破瓦法」**）
的過程，便可將意識遷移到美好淨土，獲得自發性解脫。

「自發性解脫」(或說自行解脫)，是指自然而然、無須刻意的解脫方式。這
好比「走路」這個動作是不須加以思索的，提起右腳跟，再踏出右腳，每
個人的行動都是那麼的自然，「觀察死亡徵候的自發性解脫」的意思就蠻
接近這種比喻。不過先決條件必須先憶念出（回憶想起）遷識法的過程。

● 自力診斷與他力診斷

亡者是否能自力診斷死亡徵候，與亡者生前的瑜伽修行成果有關。能夠自
力診斷者，請依據經上給予的指示進行。無法自力診斷者，可透由他人協
助進行診斷死亡徵候。這時可以請上師或上師的學生或私交甚密的師兄或
師姐於其身旁，將死亡的徵候依次大聲讀誦。內容如下：

（對象：所有的人）

現在，地溶於水的徵候已經出現了。

接著，水溶於火，火溶於風，風溶於空………。

尊貴的某某，不要讓您的心靈受到迷離。

注意事項：如果是僧侶，則稱呼「敬愛的法師」。

誦文中提及「水溶於火，火溶於風，風溶於空………」。這是用來觀察死
亡顯現的徵候。

臨終時的五種遷識法

《中陰聞教救度大法》整部經所談的就
是如何將亡者的意識遷移到美好淨土，
獲得解脫。因此，運用遷識法是必要的
方法。不同人可採用不同的遷識法。

遷識法：在臨終中陰的關鍵
時刻，臨終者可以讓意識從
肉身一躍而出，去到淨土。

五種遷識法

法身遷識法 子明光遇見母明光	如果成功 ➡	外在之相：天空變成清澈無瑕 內在之相：面色清澈，身體光澤長時間不變 秘密之相：白色種子字、藍色種子字
報身遷識法 觀想根本上師，以報身形式顯現。如：金剛總持、金剛薩埵或觀世音菩薩。	如果成功 ➡	外在之相：天空充滿彩虹與光 內在之相：梵穴出現血液、體液與腫脹現象 秘密之相：出現五種舍利或其一，或本尊相、本尊持物
化身遷識法 祈請一個化身佛顯現。如：釋迦牟尼、藥師佛、彌勒菩薩、蓮花生大師。	如果成功 ➡	外在之相：天空出現如意樹、寶傘的彩雲與彩虹。天降花雨。 內在之相：左鼻孔流出血、淋巴、明點、露珠 秘密之相：火化之後出現小舍利子、頭顱完整不破裂、本尊所持的法器
強力遷識法 突然死亡、瞬間遷識	意識脫離之處 ➡	梵穴(上根器者)：空行母淨土 眼睛(上根器者)：世界掌權者 左鼻孔(上根器者)：純淨人身 右鼻孔(中等根器者)：藥叉 雙耳(中等根器者)：色界之神 肚臍(中等根器者)：欲界之神 尿道(下等根器者)：畜生 生殖器(下等根器者)：餓鬼 肛門(下等根器者)：地獄
尋常遷識法 一般人或未曾接觸佛法者	如果成功 ➡	最起碼可以避免惡道

三種意識狀態
究竟是「誰」看到了明光？

當臨終者進入彌留狀態時，隨即進入一種「無意識狀態」。這個無意識狀態在過去譯成「昏迷狀態」。既然意識進入了昏迷的狀態，那麼，究竟是「誰」看到了明光呢？

● **表層意識、潛意識與最深層意識**

要了解這個問題，就要先來探討意識。我們可以先將意識簡單分成三種狀態：表層意識、潛意識與最深層意識。

當人類活著清醒時，大多數時間是在體驗這個看得到、摸得到的物質世界。這時表層意識大量活動，而潛意識僅僅偶爾活動。表層意識包括**感官意識**（八識中的眼、耳、鼻、舌、身）與**心理意識**（八識中的意）。而潛意識是指潛藏於心理底層隱晦不常出現的意識，例如：憂鬱、嫉妒、似曾相識的念頭或景象，甚至是前世的記憶。至於最深層意識，此刻處於熟睡狀之中，而「它」就是看到明光的主體。

● **體驗明光的意識**

當臨終者進入臨終中陰第一階段，會突然昏迷，進入彌留狀態。表層意識與潛意識暫時都停止作用，最深層意識開始覺醒，臨終者可以開始看見明光並且體驗明光。傳統典籍所譯的**無意識狀態**指的就是「**表層意識與潛意識停止作用**」。當兩種意識停止作用時，最深層意識在沒有任何干擾的狀態下比較有機會認出明光。

接著進入臨終中陰的第二階段。最深層意識仍持續清醒著，依然看得到明光。但是，表層意識與潛意識突然又醒了過來。臨終者又開始看得到物質世界，可看見守候於身旁的親人，甚至也看得到自己。臨終者以最深層意識體驗明光的同時，也以表層意識看見物質世界。只不過在**表層意識與潛意識作用的遮蔽下**，深層意識體驗明光的強度不如前一階段來得明亮。

如不能在前兩個階段體驗明光。實相中陰終將來到，業力將產生強烈幻影形成更大干擾。亡者必須耗費更大力氣才能認出宇宙真理發出的光芒。

意識狀態與明光的關係

	體驗明光	體驗物質世界
❶ 活著時 大多數時間只能體驗物質世界	最深層意識 熟睡中	表層意識 **大量活動** **潛意識** 偶而活動
❷ 臨終中陰第一階段 只有體驗明光	最深層意識 醒過來 看見明光	表層意識 與潛意識 昏迷 進入彌留狀態
❸ 臨終中陰第二階段 同時體驗明光與物質	最深層意識 持續清醒 持續看到明光	表層意識 與潛意識 突然又醒過來
❹ 實相中陰	意識體啟動 業力作用產生幻影 亡者更應努力認出宇宙真理的光線	

意識尚未脫離肉體

淨幻身: pure illusory body
淨: 可以看見明光
幻身: 可以看見虛妄的物質世界

意識幾乎脫離肉體，但尚未完全離開

意識完全脫離肉體

意識體: mental body
可以看見業力作用顯現的虛幻世界

相關經文
• 頁 272, 行 28 至
頁 273, 行 11

體悟明光的方法之一
體驗「大手印」的領悟狀態

當根本明光顯現時，臨終者要能認知根本明光就如同法身，努力達到「大手印」至高無上的領悟狀態。

無論透過自力或他力，只要診斷了死亡的所有徵候，臨終者適時地啟動遷識法，緊接著上師要讀誦下文。誦文的要點是要提醒亡者四件事：❶ 透由死亡的過程，可以追求證悟。 ❷ 體認根本明光就如同法身。 ❸ 所作所為一切是為了利益眾生。 ❹ 到達大手印至高無上的領悟狀態。

● 對臨終者的頌文

尊貴的某某，世間所謂的死亡現在就要到來了。您必須採用這樣的態度：我已經來到死亡的這一刻，現在透由死亡過程來追求證悟的心靈狀態。並以親切與慈悲的態度來獲得完美的智慧，如宇宙般無限量，所有一切都是為了利益有情眾生。以這樣的態度，在特別的時刻，為了有情眾生服務。我將認知「死亡明光」(即根本明光)就如同「法身」，並在這種狀態下獲得體悟至高無上的「大手印」。即使無法達到這樣的境界，我將領悟中陰狀態就是如此。在中陰狀態下體認「不可分割的大手印」。我願意為幫助眾生而努力，如宇宙般無限量，以各種方式幫助他們。

保持這樣的態度不變，您必須牢記並且實踐過去您所接受有關禪定的種種訓練。

注意事項：在稱謂上如果臨終者是師兄或師姐，應該直呼其名。

● 何謂大手印？

大手印（the Great Symbol）是藏傳佛教噶舉派的教義之一，認為世間萬物皆空，連心也是空的。此派修煉方法，先使心專注於一境，不趨散亂，不起分別，達到禪定境界。然後觀察自己那顆安住於一境的心在哪裡。**當哪裡也找不到時，就悟到此心本非實有而是空無**，從而修得「空性」而成佛。

大手印與明光的關係

大手印是一種至高無上的領悟狀態，與體驗根本明光有很重要的關係。生前修習過大手印的瑜伽修行者，在死亡來臨時，有機會可以與明光合而為一。

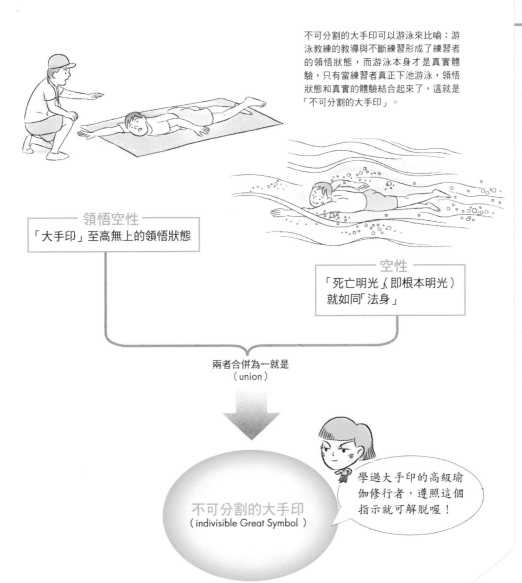

不可分割的大手印可以游泳來比喻：游泳教練的教導與不斷練習形成了練習者的領悟狀態，而游泳本身才是真實體驗，只有當練習者真正下池游泳，領悟狀態和真實的體驗結合起來了，這就是「不可分割的大手印」。

—— 領悟空性 ——
「大手印」至高無上的領悟狀態

—— 空性 ——
「死亡明光」（即根本明光）就如同「法身」

兩者合併為一就是
（union）

不可分割的大手印
（indivisible Great Symbol）

學過大手印的高級瑜伽修行者，遵照這個指示就可解脫喔！

體悟明光的方法之二
體悟普賢佛父佛母

體悟普賢如來王佛父佛母，也是生前有高級瑜伽修練的人可以體驗明光的方法。

當明光顯現在臨終者的面前，體認出它即可獲得解脫，這是脫離輪迴的關鍵時刻，所以要在臨終者身旁提醒他注意事項。臨終者如果是上師或學養較讀誦者高的人，提醒的頌讀內容是如下：「敬愛的上師，現在，根本明光閃耀在您的面前。請領悟它，並安住於此，體驗此種境界……」。

而一般人其頌文較長，其要點是體悟**實相即普賢佛母，心靈即普賢佛父**。

● 頌文1：實相即「普賢佛母」，心靈即「普賢佛父」
尊貴的某某（直呼其名），請聽！現在，純淨的實相明光閃耀於您的面前，您應該加以領悟。尊貴的某某，就在此刻，您的心靈處於自然純淨的空無的狀態中。它並不具備任何型式，沒有實體，也沒有質量與顏色，而是純淨的空無。這種「實相」即是「普賢佛母」（Samantabhadri）。處在這樣的心靈的狀態不是茫然空白的空無，而是無礙、閃耀、純淨並充滿生氣的空無，這樣的「心靈狀態」即是「普賢佛父」（Samantabhadra）。

● 頌文2：「本性空無」與「充滿生氣與光明」，兩者不分離就是法身
您的心，是本性空無而無任何實體。您的心，也是充滿生氣與光明。兩者不可分割，即是覺知的法身。您的心靈是處在不可分離的空無與明光，是以光體聚集的形式呈現，無生無死，即是「無量光佛」。領悟這一切是必須的。當您體悟您內心的純淨本質即是佛性，並透視您自己的內心安在覺知的心靈。

「實相」與「心靈狀態」必須合而為一

對於高級瑜伽修行者來說，體悟實相的「心靈狀態」與「實相」結合為一，就如同普賢如來王佛父與佛母會互相擁抱不可分離一般。

實相（空性）

普賢佛母
Samantabhadri

心靈狀態

普賢佛父
Samantabhadra

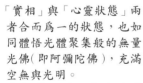

兩者合而為一的狀態
本初佛普賢佛父佛母

「實相」與「心靈狀態」兩者合而為一的狀態，也如同體悟光體聚集般的無量光佛（即阿彌陀佛），充滿空無與光明。
在本單元的臨終中陰階段，普賢佛父佛母、無量光佛僅以無相的形式表達，到了實相中陰會改以具體形式的方式顯現。（可見第 144 頁）

普賢如來王

在藏傳佛教裡，普賢如來王被視為「本初佛」(梵語Adi Buddha)。本初佛是諸佛的原型，代表慈悲與智慧結合的最高修持境界。普賢佛父的梵語Samantabhadra，譯為普賢如來王，或是如意金剛、本初佛普賢、法身普賢等等。普賢佛母的梵語 Samantabhadri。

梵語

Samantabhadra

Samanta代表全部、宇宙　　　bhadra 代表美好

兩者合一即是全部的美好，故譯「普賢」

辨識特徵

1 裸身擁抱
藍膚的佛父裸身擁抱白膚的佛母。佛父(慈悲)與佛母(智慧)擁抱，象徵慈悲與智慧的結合。裸身則象徵空性。

2 坐姿
佛父是禪定印相(跏趺坐並雙手平放於腿)，佛母是蓮華跏趺坐姿(雙腿環扣佛父的腰，跨坐於佛父身上。)

還有一位普賢菩薩，梵語相同，但祂不是本初佛而是八大菩薩之一，將出現實相中陰的第三天，請勿混淆。

本初佛

本初佛有三位，分別是金剛薩埵(Vajrasattva)、金剛總持(Vajradhara)和普賢如來王(Samantabhadra)。透過不同的持物與肢體語言，表達藏傳佛教修持中「慈悲與智慧結合的方式」；也代表開悟境界的三種狀態，即：金剛薩埵→金剛總持→普賢如來王。

❶ 金剛薩埵

手持金剛鈴杵，分別象徵智慧與慈悲，兩手不相交，象徵擁有慈悲與智慧的本質但尚未結合。

金剛杵　　　　　　　金剛鈴

❷ 金剛總持

手持金剛鈴杵，雙手相交，象徵慈悲與智慧已經結合。

❸ 普賢如來王

透由裸身佛父(象徵慈悲)與裸身佛母(象徵智慧)的親密結合，代表慈悲、智慧已經集合起來，並且到達空性境界(身上未著任何衣物的裸身佛父佛母象徵空性)，也就是到達沒有缺失的完美狀態的佛陀。

相關經文
• 頁 273, 行 26 至
頁 274, 行 14

意識幾乎脫離身體
臨終者進入「淨幻身」狀態

如果臨終者領悟第一明光，那他將獲得解脫。如果因為害怕而無法體認第一明光，臨終者的意識將脫離身體，變成「淨幻身」，等待接受下一個考驗：體認出第二明光。

● 淨幻身並不知道自己已經死亡

還記得前面所說生命之風匯集中脈的那個重要時刻嗎？如果臨終者在生命之風匯聚身體的中脈的關鍵時刻，能領悟第一明光，那他將獲得解脫。如果無法體認第一明光，依照臨終者的善業或惡業等因緣，生命之風會流入右脈或者是左脈，再經由任何一個穴道逸出。接著就會有一片純淨的心境短暫地顯現在亡者面前。就在同時，臨終者的意識幾乎脫離身體，成了「淨幻身」（pure illusory body）狀態。臨終者在淨幻身狀態將看見第二明光（這是根本明光的第二次顯現的狀態，又稱「續發明光」），因此這段時間又稱為「第二中陰」。

● 淨幻身有清楚的意識

淨幻身是不再擁有肉體的特殊身，此時的意識將突然變得清楚，但是他並不知道自己是否已經死亡。**淨幻身會在遺體的附近徘徊，不會離開生前活動的範圍**。臨終者將看到自己的親人群聚一起，所看到的一切恍如生前，並聽到他們的哭泣聲。可怕的業力幻影尚未出現，死神閻摩天的恐怖魅影與場景也尚未出現。臨終者可以好好保握這次機會，認真體驗第二明光。請特別留意！臨終中陰的意識狀態是有變化的。當臨終者停止呼吸，等待第一明光顯現的這段期間，臨終者是處於無意識狀態。接著，經過約一頓飯的時間，臨終者進入淨幻身狀態，等待第二明光顯現的這段時間，臨終者的意識會突然清醒過來，看得見自己的遺體以及生前親人的行為，卻不知道自己已經死了。**一般人經歷這段時間大約有三天半到四天的時間。**

淨幻身可以看見第二明光

淨幻身

淨幻身是指臨終者的意識幾乎脫離身體的狀態，能看見第二明光。

臨終者看得見自己的遺體以及生前親人的行為，卻不知道自己已經死了。這段時間大約有三天半到四天的時間。

第二明光的強度不若第一明光

垂死的人在臨終階段會見到明光，前一階段見到的是第一明光，到後一個階段看見的是第二明光。兩者的差異可以皮球擲地做個比喻：

臨終者看見明光強度如同皮球擲地，以第一次反跳最高，第二次反跳就低些了，以後的每一次都會越來越低，直到完全靜止。臨終者會持續見到強度逐漸減弱的明光，直到最後，一片黑暗。亡者的意識終於休息，進入胎門，準備投生，重返人間。

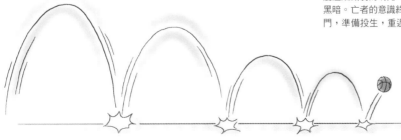

淨幻身的考驗
體認第二明光

當第二明光顯現，有兩種處理方法可以幫助臨終者獲取第二明光，分別是
「圓滿階段」與「生起階段」的處理方法。

在第二明光顯現的這段期間，狂暴而混亂的業力幻影尚未發生，對死神的
恐懼還未出現。在旁協助的讀誦者應依據死者的修行狀況，採取以下兩種
不同的措施：第一種處理方式：**完成的**圓滿階段（perfection stage），第二
種處理方式：**開始的**生起階段（generation stage）。

● **第一種處理方式：圓滿階段**
在「圓滿階段」的處理方式是呼喚亡者的名字三次，並且重複進行前述顯
現第一光明的相關指示。

● **第二種處理方法：生起階段**
「生起階段」的處理方法以觀想為主，分別是：
(1) 觀想本尊守護神如水中月
在「生起階段」的處理方式，如果亡者有個人的本尊守護神，以觀想的方
式請出祂，並讀誦：「尊貴的某某，請觀想您的本尊守護神（Yidam），您
的心神不要迷離。請集中精神認真地觀想祂。在您的心中必須想像出沒有
實體形象的本尊守護神，如同月亮在水中的倒影，沒有具體的形象。」
(2) 觀想觀世音菩薩
如果亡者沒有本尊守護神者，就祈請觀世音菩薩。請對臨終者說：「請觀
想「大悲聖主」（the Lord of Great Compassion，即觀世音菩薩）吧！」
觀想本尊或祈請觀世音菩薩的方式適合以下對象：
❶ 對中陰境相毫無認知的人。❷ 生前曾經接受上師的指導，但是觀想技法
不純熟練，以致無法在中陰狀態獲得明證的人。❸ 雖然觀想技法純熟，但
因**嚴重病症**導致臨終時意識迷亂，無法在中陰狀態下記住的人。❹ 觀想技
法正確且純熟，但是因為違背誓約，或「三昧耶」（samaya）修習變質退
化，導致無法獲得明證的人，更是需要此法。

圓滿階段與生起階段

假如死者生前是瑜伽修行者，無論修習的課程是到達「圓滿階段」，還是尚在「生起階段」，都能在第二明光顯現時有方法體悟明光，得到生前解脫。

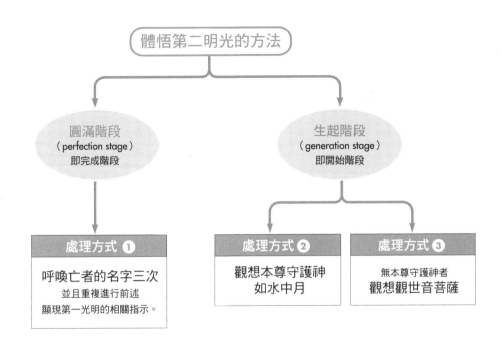

體悟第二明光的方法

圓滿階段
（perfection stage）
即完成階段

生起階段
（generation stage）
即開始階段

處理方式 ❶
呼喚亡者的名字三次
並且重複進行前述
顯現第一光明的相關指示。

處理方式 ❷
觀想本尊守護神
如水中月

處理方式 ❸
無本尊守護神者
觀想觀世音菩薩

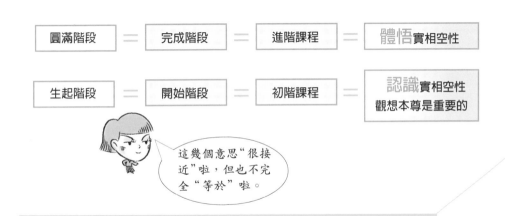

| 圓滿階段 | = | 完成階段 | = | 進階課程 | = | 體悟實相空性 |

| 生起階段 | = | 開始階段 | = | 初階課程 | = | 認識實相空性 觀想本尊是重要的 |

這幾個意思"很接近"啦，但也不完全"等於"啦。

15

相關經文
• 頁 274, 行 27 至
頁 275, 行 07

體悟明光的方法之三
體悟母子實相相遇

在淨幻身狀態，意識幾乎脫離肉體，但臨終者不知道自己死了沒有，可怕業力幻景尚未出現，利用這個空隙，趕緊體認「母實相」與「子實相」的結合，再次把握生前解脫的最後機會。

● 母實相與子實相相會

處於淨幻身的臨終者，面前顯現的是澄淨光明的境相，如果他在此刻能體悟生前的所有教示，那麼母實相（mother dharmata）將與子實相（son dharmata）彼此自動相會，不再受業力的支配。這種情形好比**光明克服黑暗，征服了業力的影響**，走向明光之路獲得解脫。

● 生前體驗子實相，臨終時體驗母實相

「母子實相相會」是很特殊的兩種實相相會，簡單地說，子實相是在世間禪定修習甚深所體驗到的實相，而母實相則是本有或根本實相，只有在死亡時才能夠感受。前者在生前體認，後者在臨終階段體認。更仔細地說，生前觀想空性的心念，稱為子實相，是在世間修行中體悟。而心念本身的本然實相即是母實相，是在臨終中陰階段體悟。禪定甚深的人可以體驗兩者融合的過程，宛如長久失散的母子相遇。**母子相遇就在淨幻身的階段發生。**如果仍無法獲得解脫，實相中陰即將顯現。

母子實相的相遇和融合

母子實相相遇

「子實相」是指生前觀想空性的心念，是在世間的修行體悟。而「母實相」是心念的本然實相，是在臨終中陰階段的體悟。禪定甚深的人可以體驗兩者融合的過程，宛如長久失散的母子相遇。

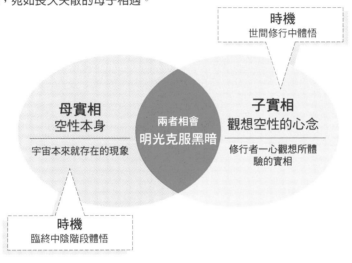

時機
世間修行中體悟

母實相
空性本身
宇宙本來就存在的現象

兩者相會
明光克服黑暗

子實相
觀想空性的心念
修行者一心觀想所體驗的實相

時機
臨終中陰階段體悟

三種體悟明光方法的比較

	不可分割的大手印 時機：第一明光顯現時	體悟普賢佛父佛母 時機：第一明光顯現時	母子實相相遇 時機：第二明光顯現時
領悟空性＝領悟實相	「大手印」 至高無上的領悟狀態	心靈狀態即是普賢佛父 **充滿生氣與光明**	子實相是觀想空性的心念 修行者一心觀想 所體驗的實相 （世間修行中體悟）
空性＝實相	「死亡明光」 就如同「法身」	實相即是普賢佛母 **本性空無 沒有任何實體**	母實相即是空性本身 宇宙本來就存在的現象 （臨終中陰階段體悟）

體悟心念本性的時刻
紅白明點結合

在無上瑜伽修行中有一個特殊的名詞「明點」，是象徵肉身與非肉身的內在能量。臨終中陰時，當「五大」全部分解後，來自額頭的白色明點與來自肚臍的紅色明點，兩者在心輪相遇。

● 顯現自額頭的白色明點下降

當死亡徵候顯現，五大將全部分解，亡者將無法移動身體的任何部份。首先，外在的氣或呼吸即將停止，然後會有一個白色明點出現在**額頭**，代表「男性的菩提心」。這個明點也是方便法門的象徵。當白色小明點下降時，將會看到一切諸法逐漸變成白色。三十三種瞋怒在一剎那間化為烏有。同時將體驗到獲得智慧的喜悅，這喜悅就是「化身」的本質。體悟這樣的喜悅，即可通達金剛薩埵的境界，不會迷失在中陰世界中。

● 顯現自肚臍的紅色明點上升

在這之後會有紅色的小明點，由**肚臍**處緩緩升起代表「女性的菩提心」。當紅色明點升起時，將見到周遭的一切景象都轉變成紅色，所有的四十種貪欲將消逝，即使見到最動人的男女神祇，也不會產生貪欲。在這時候將體驗無上歡喜的智慧，這智慧便是「報身」的本質。如果可體悟這樣的喜悅，即可通達阿彌陀佛的境界，不會迷失在中陰世界中。

● 紅色與白色的明點彼此靠近，男性菩提心與女性菩提心相遇

在這個階段，如果還未能夠獲得解脫與覺悟，將看到紅色與白色的明點彼此靠近，最後會在你的**心**內會合。紅色與白色明點一旦會合，將體驗到一種晦暗的感覺，就如同**上弦月的夜晚所感覺的漆黑**，這使得七種無明與妄見緩緩升起。屆時，你將體驗超越歡喜的無上智慧，化解所有的妄見，達到大日如來的法身境界。

對於禪定修行有極大成就的人來說，在紅白明點相遇的時刻，便能體悟到心念的真實本性。這是一種自然而生的體悟，「**觀想空性的心念**」和「**空性本身**」是完全一樣的，彼此會一眼認出對方。

紅白明點相遇的過程

相遇是自然發生的

紅白明點在心輪相遇是臨終中陰時自然會發生的。

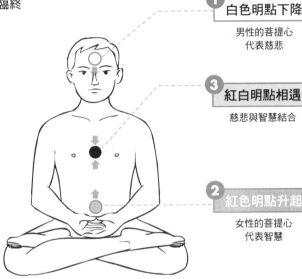

1 白色明點下降

男性的菩提心
代表慈悲

3 紅白明點相遇

慈悲與智慧結合

2 紅色明點升起

女性的菩提心
代表智慧

三種境界的體悟

透過紅白明點相遇過程，可以剋除三毒，體悟三種美好本質。

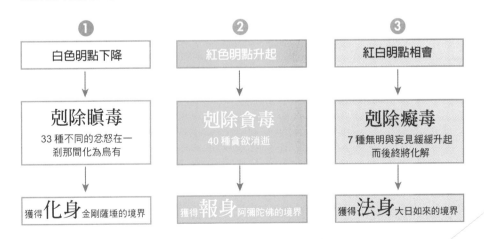

1 白色明點下降	**2** 紅色明點升起	**3** 紅白明點相會
↓	↓	↓
剋除瞋毒 33種不同的忿怒在一剎那間化為烏有	**剋除貪毒** 40種貪欲消逝	**剋除癡毒** 7種無明與妄見緩緩升起而後終將化解
↓	↓	↓
獲得**化身**金剛薩埵的境界	獲得**報身**阿彌陀佛的境界	獲得**法身**大日如來的境界

兩種禪定方法
「有相禪定」與「無相禪定」

人在死亡過程中可透由禪定獲得覺悟，依據禪定方式的不同分成「有相禪定」與「無相禪定」。

● 有相禪定：白明點以男性本尊形象顯現，而紅明點以女性本尊顯現

有相禪定是指瑜伽修行者在進行禪定時，觀想具有形象的本尊守護神。每個人的本尊守護神將會隨生前上師指導的修習而有不同。在有相禪定的過程中，白明點會以男性本尊守護神的形象顯現，而紅明點則以女性本尊守護神顯現。生前受過有相禪定訓練的人，在臨終階段有機會清楚看自己本尊守護神的形體。如果自己的本尊守護神是勝樂金剛，臨終時將體驗白明點以勝樂金剛的佛父形象顯現，而紅明點則形成勝樂金剛的佛母金剛瑜伽女。臨終者在此刻必須安心定慮**將自己的意識融入本尊的心中**，與其融合為一，即可覺悟獲得解脫。

● 無相禪定：禪定功夫甚深的瑜伽修行者直接觀想紅白明點相遇

最高根器的瑜伽行者或德行高超的喇嘛，採用的是無相禪定，在禪定過程中白明點與紅明點一旦相遇，自然就可獲得解脫。擁有最高根器的人，透過無相禪定的修持，可清楚地了悟生與死皆由心生。未受灌頂的平凡人，在死亡過程中也會有紅白明點相遇的過程，不過如果將轉生成人、畜生或餓鬼，白色明點是未來的父親，紅色明點是未來的母親。簡單的說，禪定功夫甚深的瑜伽修行者當紅白明點相遇時，因無相禪定的修習將獲得解脫。**尋常凡人當紅白明點相遇時，將瞥見自己在未來六道中轉世的形體。**

比較有相禪定與無相禪定

紅白明點相遇時，生前有無禪定修行，
對臨終者來說是有差別的。

仔細認識這張表格，弄懂之後將會有很深刻的理解。

對象	白明點	紅明點	當紅白明點相遇時
無相禪定者	無形象	無形象	禪定功夫甚深的瑜伽行者，可立刻獲得解脫。
有相禪定者	男性本尊	女性本尊	將自己的意識融入本尊的心中，與其融合為一，可獲得解脫。
未接受禪定修習者	未來的父親	未來的母親	臨終者將瞥見來生在六道中轉世的形體。

18

臨終中陰
即身成佛的最佳機會

在人世間，最高根器的瑜伽行者平日不斷地修習系列指導法，所有的努力無非是爲了獲得解脫。獲得解脫有三種境界，其中以即身成佛爲最完美的解脫境界。而臨終中陰是即身成佛的最佳機會。

● 以今生的肉體達到完美的解脫境界，這就是即身成佛。

藏傳佛教裡的密乘，被視為天啓乘，說明佛法直接得自於「天」的「啓」示的特質，代表大乘佛教裡的奧祕教法，是一種含有咒術的教法。其核心特質是具有不可抗拒的、立即實現的力量，以及明確清楚的修行技巧。最高根器的瑜伽修行者以持咒的修法，加速成佛之道。他們有許多是生前就已經覺悟，達到大成就者的境界。他們不但具有完美佛身的敏銳神通，在人間也會以慈悲的心懷度化眾生。在頌文中說「現在透由死亡過程來追求證悟的心靈狀態。並以親切與慈悲的態度來獲得完美的智慧，如宇宙般無限量，所有一切都是為了利益有情眾生……」。這種在死亡之時，**以今生的肉體達到完美的解脫境界，這就是即身成佛。**

● 死亡那一刻所顯露的「明光」是即身成佛的大好機會

在死亡那一刻所顯露的明光，是即身成佛最佳時機。不過索甲仁波切則說出了重要的關鍵：「我們必須了解在何種情況下，它（死亡）才能提供這個機會。有些現代的死亡學作家和研究者都低估了這個時刻的深奧性，因為他們閱讀和詮釋了《中陰聞教救度大法》這本書，卻沒有得到**口傳和訓練**來理解它的神聖意義，以致把它看得太簡單，結論也下得太快。」

索甲仁波切又指出：「我們可能都樂得把死亡當作天堂或開悟；但除了一廂情願的希望之外，更重要的是，我們必須知道唯有確實接受了心性或本覺的開示，而且唯有透過禪修建立並穩定心性，將它結合到日常生活中，死亡的那一刻才能提供解脫的真正機會。」

什麼是即身成佛？

即身成佛

在死亡之時，以今生的肉體達到完美的解脫境界，這就是即身成佛。只有在死亡那一刻來臨，也就是臨終中陰時才有可能。

解脫

即身成佛

輪迴

part 3

實相中陰

死亡境界的各種險難與奇異景象

持續時間 ➔ 停止呼吸三天半到四天之後,是眞正死亡
　　　　　的開始,共有 14 天的時間
肉身狀態 ➔ 已經開始腐壞
意識狀態 ➔ 清醒狀態,有強烈感官知覺(意識體)
業力作用 ➔ 開始啓動
中陰幻相 ➔ 112 位神祇,各種光芒、顏色、聲響
解脫路徑 ➔ 專心聆聽中陰教法,便可到達解脫。

相關經文
• 頁 275, 行 11-18

進入實相中陰
眞正死亡的時刻來臨了！

經歷了臨終中陰卻沒有體悟明光，臨終者會突然昏迷，經過三天半，再度醒過來，便進入「實相中陰」，從這時開始，臨終者就「眞的死亡了」，開始經歷所謂「死後七七49天」的歷程。

實相中陰，也稱為「第三中陰」（Chonyid Bardo）。實相中陰的境遇比臨終中陰更為艱難。在這段時間，亡靈看見食物被撤走了，衣服被脫下來了，亡靈的床舖和睡處也可能被撤換掉。亡靈這時會看見自己的親友，親友卻看不見亡靈。亡靈聽得到親友的呼喚聲，但親友卻聽不到亡靈的呼喚，亡靈會顯得非常的沮喪，無可奈何，快快離去。

● 業力引發幻覺，顯現在亡靈的面前

亡靈在臨終中陰可以有兩次機會體驗根本明光，而進入實相中陰則要體驗業力幻相。亡靈不但能看見帶有不同顏色和明暗的光影顯現眼前；具有形象的諸尊神祇也將顯現在亡靈面前，並伴隨著複雜的光影、顏色以及恐怖的聲音。所有的一切都是業力而引發出來的幻覺，用來迷惑亡靈的心識。

● 平和與忿怒不同相貌的諸佛與菩薩，都是幻影

亡靈面前所顯現的各種幻景，就是藏傳佛教中代表宇宙縮圖的曼荼羅世界。顯現的諸尊都是死者的幻覺，會一一出現在實相中陰的死亡歷程。當亡靈知道自己死亡的第一個星期內，在他面前出現的是寧靜平和的寂靜尊，這是由亡靈的「心」所投射顯現的。接著第二個星期，出現的是與平靜祥和面貌成對比的忿怒相，這是由亡靈的「腦」投射顯現的。（可詳見第 117 頁圖解）

亡靈的初體驗

亡靈來到實相中陰，便真正死亡了。他會很強烈感知這些令他不悅的事情：

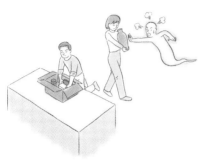

❶ 亡靈看見食物被撤走了，衣服被脫下來了，亡靈的床舖和睡處也可能被撤換掉。

❷ 亡靈會看見自己的親友，親友卻看不見亡靈。

❸ 亡靈聽得到親友的呼喚聲，但是親友卻聽不到亡靈的呼喚，亡靈非常沮喪，無可奈何，只好快快離去。

死後七七49天是怎麼計算的？

七七四十九天是要從這裡開始。

停止呼吸

14天　　　　**21**天　　　　**14**天

第一天　頭七　二七　三七　四七　五七　六七　七七

臨終中陰
停止呼吸後的三天半或四天的時間

實相中陰
顯現寂靜諸尊與寂忿持明主尊

實相中陰
顯現忿怒諸尊

投生中陰
亡靈會遭遇各種險難

投生中陰
會因人而異，有人經歷但也有人未經歷這兩周便去投胎。

請注意！這時雖然已斷氣，但七七四十九天還沒開始呢！

中陰聞教救度唐卡──寂靜尊

中陰聞教救度唐卡──寂靜尊（陸美麗提供）

中陰聞教救度唐卡──忿怒尊（陸美麗提供）

中陰聞教救度唐卡──忿怒尊

2

進入實相中陰前的重要叮嚀
專心聆聽中陰教法

亡者在前面的臨終中陰無法體認明光而得到解脫,到了實相中陰就要格外謹慎了。讀誦者要小心翼翼地在亡者面前讀誦《中陰聞教救度大法》了,這是非常有幫助而且力量強大的教法。

● 亡靈在進入實相中陰之前要謹記四個叮嚀

當意識脫離身體的剎那,宇宙真理將以清晰、明亮、純淨的明光顯現,其實這是自己的法身實相,無須懼怕;**同時會發出轟雷巨響**,千萬不要害怕迷惑,要謹記四個叮嚀:

叮嚀1:提醒亡靈全神貫注而且心識不要迷離,仔細聆聽上師讀誦的內容。告訴他要能認識六種中陰,即生處中陰、夢裡中陰、禪定中陰、臨終中陰、實相中陰與投生中陰。

叮嚀2:再次告訴亡靈死亡過程中會經歷臨終中陰、實相中陰與投生中陰等三個過程。提醒亡靈目前已經歷了臨終中陰,接下來即將體驗實相中陰與投生中陰。請他專心聆聽《中陰聞教救度大法》,並且心識不可迷離。

叮嚀3:提醒亡靈要知道自己已經死亡,已經脫離這個世界;而且要了解每個人終將面臨死亡,自己並不是唯一的一位。無論如何努力,亡靈再也無法留在世間,所以請不要眷戀也不要懦弱,重要的是記住珍貴的三寶。

叮嚀4:當面臨實相中陰恐怖的幻相時,請他憶唸以下偈文:

如今實相中陰已經在我的面前,我要拋棄所有的恐懼念頭。我知道顯現在面前的都是內心投射所產生的中陰幻影。現在我已經來到這個關鍵時刻,無論是面對平和或恐怖的諸尊時,都不要感到恐懼。因為祂們都是內心的產物。

叮嚀亡靈勇敢向前,清楚而且正確地唸讀上文,並要記住其中的意義。在此關鍵時刻堅定認出所有恐怖景象都是自己內心投射所產生的。

實相中陰的亡靈是「意識體」

意識體

亡靈在進入實相中陰之後，意識會完全脫離軀體，成為「意識體」。亡靈不再擁有血肉身軀，無論任何聲響、光芒、情境，都無法傷害亡靈。

實相中陰出現的一切幻相都是亡靈自己內心的產物，無須感到畏懼與震驚。

如果亡靈無法看透這一切都是幻覺，那麼只有繼續在生死輪迴之間迷離遊走。

比較肉身、淨幻身、意識體的差異

死亡的過程是從「肉身」經歷「淨幻身」一直到「意識體」的過程，比較它們之間的差異：

死亡階段	亡者狀態	意識與肉身的關係	可看見的事物
臨終中陰的第一明光階段	意識在肉身	意識在肉身裡呈昏迷狀態肉身還可堪用	可看見明光不能看見物質世界
臨終中陰的第二明光階段	淨幻身	意識幾乎脫離肉體肉身尚未爛掉	可同時看見明光與物質世界
實相中陰與投生中陰	意識體（或意生身）	意識完全脫離肉體肉身已敗壞腐爛	看見業力幻影

3

亡靈能見到的神祇
寂靜尊、寂忿尊、忿怒尊

在實相中陰的十四天旅程中，亡靈面前將陸續顯現諸尊神祇，祂們都是死者的幻覺，分別以寂靜尊、寂忿尊、忿怒尊等樣貌出現。

● 來自心中的寂靜尊

實相中陰最初的六天顯現的是平和相貌的寂靜尊，全部都是由亡靈的心臟部位(即心輪處)散發。共有42尊，分別是：10位五方佛佛父佛母、16位隨侍菩薩、8位守門聖尊、六道佛以及本初佛雙身相。

● 來自腦海的忿怒尊

而第八天起到第十四天登場的是面容怖畏恐懼的忿怒尊，這是由亡靈的腦海部位(即頂輪處)射出。祂們共有的特徵是火熾濃眉、忿恨皺眉、三眼怒目、捲舌露牙，形貌非常地鮮明與特殊。共有60尊，分別是：10位赫怒迦佛、8位高麗女神、8位琵薩希女神、4位守門女神、28位瑜伽女，以及大黑天與閻摩天（或稱閻魔法王）。

● 來自喉嚨的寂忿尊

介於其中的第七天顯現寂忿面容的持明主尊，則是由心與腦之間的喉嚨部位(即喉輪處)散發而出。祂們帶著微怒或是生悶氣的表情，祂們的屬性則是介於寂靜尊與忿怒尊之間，共有10尊。

這三類神祇會以西藏密教中代表宇宙縮圖的曼荼羅世界呈現在亡靈的面前，無論平和與忿怒不同相貌的諸佛與菩薩，都是幻影。

神祇是從亡靈的腦、喉、心部位散發出來的

實相中陰將會出現 112 位神祇，祂們都是由亡靈的心中、腦海、喉嚨所發出的。

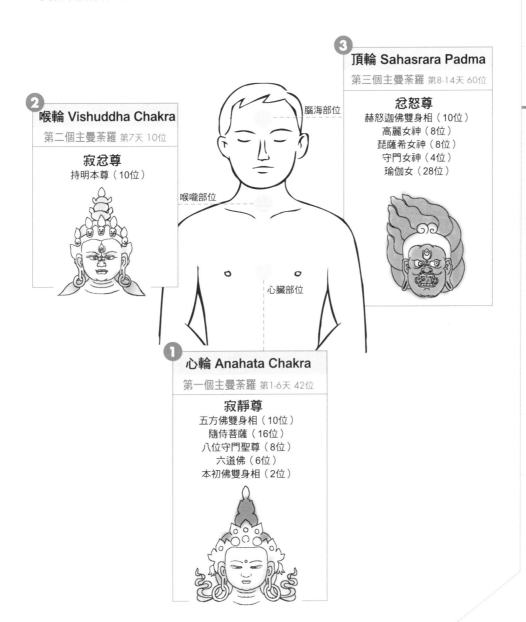

❸

頂輪 Sahasrara Padma
第三個主曼荼羅 第8-14天 60位

忿怒尊
赫怒迦佛雙身相（10位）
高麗女神（8位）
琵薩希女神（8位）
守門女神（4位）
瑜伽女（28位）

❷

喉輪 Vishuddha Chakra
第二個主曼荼羅 第7天 10位

寂忿尊
持明本尊（10位）

腦海部位

喉嚨部位

心臟部位

❶

心輪 Anahata Chakra
第一個主曼荼羅 第1-6天 42位

寂靜尊
五方佛雙身相（10位）
隨待菩薩（16位）
八位守門聖尊（8位）
六道佛（6位）
本初佛雙身相（2位）

實相中陰的神祇統計表

實相中陰階段的十四天裡，亡靈會見到的佛菩薩多達 112 尊，下表統計出每一天出現的神祇類型與數量。

神祇類別		實相中陰出現的天數					
		第1天	2	3	4	5	6
	01 五方佛佛父	1	1	1	1	1	5
	02 五方佛佛母	1	1	1	1	1	5
	03 男性菩薩		2	2	2	2	8
	04 女性菩薩		2	2	2	2	8
	05 本初佛佛父						1
	06 本初佛佛母						1
	07 六道佛						6
	08 男性守門忿怒尊						4
	09 女性守門忿怒尊						4
	10 持明主尊佛父						
	11 持明主尊佛母						
	12 空行母						
	13 勇健男						
	14 勇健女						
	15 天兵天將						
	16 護法神						
	17 赫怒迦佛父						
	18 赫怒迦佛母						
	19 人首食屍高麗女神（歸類為赫怒迦）						
	20 獸首食屍琵薩希女神（歸類為赫怒迦）						
	21 獸首守門女神（歸類為赫怒迦）						
	22 二十八位獸首瑜伽女						
	每日的神祇數量統計	2	6	6	6	6	42

注意！張宏實老師指出這張統計表和第 24-29 頁「死亡歷程的指引地圖」是全書的精華所在，千萬不可錯過。

	7	8	9	10	11	12	13	14
– – – 寂靜尊 42 位								
寂忿尊 10 位	5							
	5							
	無量							
	無量							
	無量							
	無量							
	無量						2	
		1	1	1	1	1		
		1	1	1	1	1		
							8	
							8	
							4	
							28	
數量龐大		2	2	2	2	2	16	34

→ 大黑天與閻摩天

忿怒尊共 60 位

生命元素再一次顯現
五蘊與五大的顯現

還記得嗎？人在剛死亡、進入臨終中陰的那個時候，人的五大和五蘊逐一崩解，死亡徵候一一出現，這是死亡的必經過程。到了實相中陰，五蘊與五大又將逐漸顯現。

● 五蘊

佛教有五蘊，蘊(skandha)是積聚的意思，五蘊就是五種積聚，或五種聚合，指的是構成人的身心的五種要素，包括：色、受、想、行、識。第一，色就是一般所說的物質（matter），是地、水、火、風四大組合形成的；第二，受就是感受（feeling, sensations），其中包括苦、樂、冷、熱；第三，想就是知覺（perception），於善惡憎愛等境界中，取種種相，作種種想；第四，行就是行為（ mental formations, volition），透由意志而行動所造作出來的善業與惡業；第五，識（consciousness）就是意識的意思，由識去辨別所緣所對的境界。在此五蘊中，**只有色蘊是屬於物質層面，其餘四種屬於精神層面**，它們是構成人身的五種要素。

在《中陰聞教救度大法》實相中陰的第一天裡描述著：「在識蘊的根本純淨中，散射出藍色的光線。」第一天提及識蘊，隨後的幾天還有色蘊、受蘊、想蘊、行蘊。

五蘊在許多典籍經常描述成色、受、想、行、識的次序。**原本排列第五的識蘊，於《中陰聞教救度大法》則是出現在第一天**，這點必須特別的提醒讀者。

● 五大

至於五大，包括地、水、火、風、空，無論生命的體內體外都有五大的存在，也是身體運作的五種要素。(可見第 74 頁)

五蘊與五大

五蘊——構成身心的五種元素

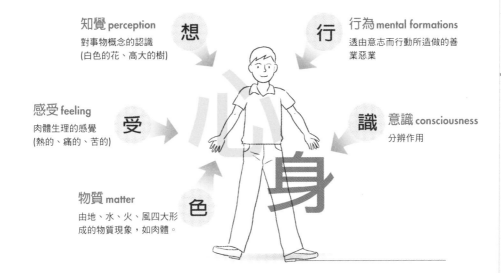

知覺 perception
對事物概念的認識
(白色的花、高大的樹)

想

行

行為 mental formations
透由意志而行動所造做的善
業惡業

感受 feeling
肉體生理的感覺
(熱的、痛的、苦的)

受

識

意識 consciousness
分辨作用

物質 matter
由地、水、火、風四大形
成的物質現象，如肉體。

色

五蘊和五大的出現順序

《中陰聞教救度大法》裡，實相中
陰的五蘊出現順序是：識、色、
受、想、行。五大是：空、水、
地、火、風。

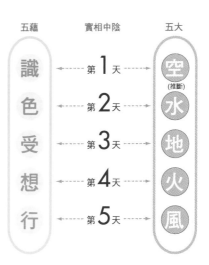

舊譯版本自行改寫，將第一
天的「識蘊」誤植為「色蘊」。
五蘊乃《中陰聞教救度大法》
中非常關鍵性的要義，如果
有謬誤，會使讀者對整體的
架構困惑而無法理解。邱揚
・創巴仁波切在新譯版本已
經妥當地更正回來。

五蘊	實相中陰	五大
識	第1天	空（推斷）
色	第2天	水
受	第3天	地
想	第4天	火
行	第5天	風

5

相關經文
• 頁276, 行20 至
頁277, 行16

第一天的考驗
大日如來佛父佛母顯現

依據經文推敲，實相中陰的第一天，是指亡靈知道自己已經死亡並萌生回
到人間念頭之時，或是由停止呼吸後的三天半到四天算起。

實相中陰是一連串業力幻相顯現的過程。這些業力幻相包含某些**因緣**（因
果關係）、**蘊界**（構成的元素），**物質元素**（光線色彩）而呈顯出來的。
我們也可以說是這些條件構成了實相中陰每一天幻相的結構。每日的幻相
結構包括：❶ 顯現的神祇 ❷ 五大與五蘊 ❸ 顯現的光芒 ❹ 亡靈的選擇。

● 實相中陰第一天的幻相結構

❶ 顯現的神祇	大日如來與金剛虛空佛母
❷ 五大與五蘊	五大：原文中並未提及，依判斷應為空大
	五蘊：識蘊
❸ 顯現的光芒	第一種光（智慧光線）：藍色，明亮耀眼的法界智光
	第二種光（惡業光線）：白色，微弱柔和的天道之光
❹ 亡靈的選擇	選擇一：獲得解脫，證得報身佛果，並安住在中央密嚴佛土
	選擇二：進入天界，再次掉入六道輪迴
	選擇三：進入第二天的考驗

● 第一天顯現的神祇：大日如來 + 金剛虛空佛母
《中陰聞教救度大法》裡描述著第一天的景象是：在整個虛空中，閃耀著藍
色的光線，來自中央遍及一切淨土（All-pervading Circle）的大日如來將顯
現於亡靈的面前。白色身軀的大日如來，坐在獅子坐騎上，手握八瓣輪輻
的法輪，擁抱著伴侶金剛虛空佛母。

● 第一天顯現的光芒：藍色強光 + 白色柔光
在第一天，亡靈將會看見兩道光芒。一道是藍色的光線，是光輝、清晰、
明顯、明亮的法界智光，另一道來自天道柔和的白光。
第一道智慧光芒：法界智光
《中陰聞教救度大法》的第一天裡描述著：「在識蘊的根本純淨中，散射出
一道藍色的光線。它是光輝、清晰、明顯、明亮的法界智光（the wisdom

第一天的抉擇

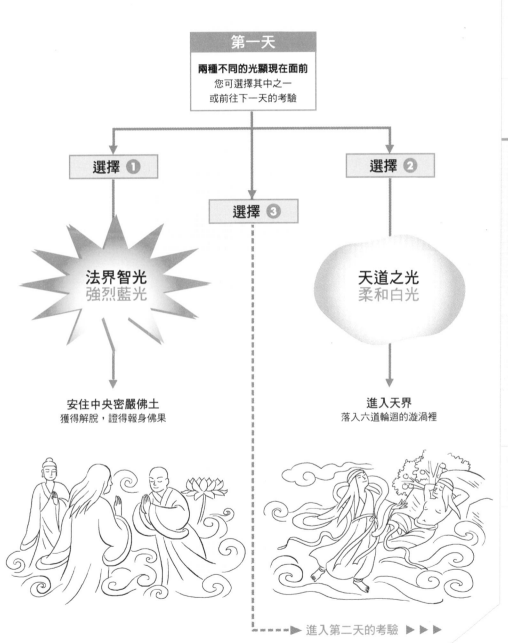

第一天

兩種不同的光顯現在面前
您可選擇其中之一
或前往下一天的考驗

選擇 ❶

選擇 ❸

選擇 ❷

法界智光
強烈藍光

天道之光
柔和白光

安住中央密嚴佛土
獲得解脫，證得報身佛果

進入天界
落入六道輪迴的漩渦裡

- - - - ▶ **進入第二天的考驗** ▶ ▶ ▶

of the Dharma-dhatu），由佛父大日如來與佛母的心中發射出來，將使您的眼睛難以承受。」

第二道惡業光芒：天道柔光

接著《中陰聞教救度大法》描述：「同時，另一道來自天道的柔和白光亦朝向您放射。由於惡業的影響，您對強烈明亮的藍光法界智光會感到害怕並想逃脫，同時會對來自天界柔和的白光將產生喜樂的情感。」

● **看見光芒的對應方法**

在這關鍵時刻，亡靈應該如何面對這兩道同時顯現的光線呢？

（1）請亡靈熱愛強烈智慧光芒

此刻，不要對光輝、清晰、明顯、明亮的智慧藍光感到害怕與迷惘，因為它是佛陀所散發的光芒，這道光芒稱為法界智光。您要熱愛它，對它祈願請求，並一心觀想它。請於心中想著「這是來自聖尊大日如來的慈悲光線，我願在它之下獲得保護。」

（2）請亡靈拒絕柔和惡業光芒的誘惑

不要喜歡來自天界的柔和白光，不要被它吸引誘惑，也不要期盼它。如果被誘惑而走向它，您將迷離進入天界，落入六道輪迴的漩渦裡。這是阻礙您解脫的一道障礙，千萬不要看著它。

（3）請重複以下偈文禱告，集中精神於融入大日如來與金剛虛空佛母的心中：

因為極度的愚昧積習，使得我在輪迴中迷離，在法界智光明亮的道路上，願聖尊大日如來護佑在我之前，願金剛虛空佛母護佑在我之後，幫助我跨越中陰的危險路程，引導我前往圓滿的佛陀境域。

亡靈於心中誠懇地祈禱，將可以在彩虹光環中融入大日如來與金剛虛空佛母的心中，證得報身佛果並安住在宇宙中央的密嚴佛國（the Densely Arrayed，布列密集的淨土）。

宇宙中央的佛陀：大日如來

第一天出現的大日如來代表現象的顯示者，是宇宙真理的顯示者。大日如來位處宇宙中央，擁抱金剛虛空佛母，四周圍繞逐一出現的四位禪定佛，代表四大，即四種構成元素水、地、火、風，圍繞著宇宙唯一的真理（the one truth）。

大日如來與金剛虛空佛母

大日如來

梵語

Mahavairocana

大 → 日 →

故稱大日

❶ 梵語：Mahavairocana 或 Vairocana。
❷ 五方佛之首。五方佛是在密教中代表五位不同方位的宇宙佛陀，中央部即是大日如來，並且被視為釋迦牟尼的法身佛。
❸ 藏傳佛教裡顯密並重，大日如來是密教的教主，與顯教教主釋迦牟尼同等重要。
❹ 祂代表五智中的法界體性智，是智慧的擬人化。

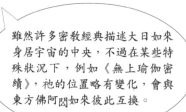

雖然許多密教經典描述大日如來身居宇宙的中央，不過在某些特殊狀況下，例如《無上瑜伽密續》，祂的位置略有變化，會與東方佛阿閦如來彼此互換。

辨識特徵

1 白膚
白色代表剷除執著所帶來的癡毒。

2 持物
八瓣輪輻的法輪，代表宇宙真理（宇宙實相）超越時間與空間概念，也隱喻大日如來遍及一切無所不在的本質。

3 手印
一是轉法輪印，代表傳法與教導的手印。

二是智拳印，象徵思惟。

4 坐騎
獅子

金剛虛空佛母

① 梵語：Akashadhatuishvari，舊譯版本稱她為虛空佛母。
② 佛父親密擁抱佛母是密教中特殊的雙身相，隱含慈悲（佛父）與智慧（佛母）的結合。
③ 白膚的金剛虛空佛母是宇宙陰性法則，而大日如來佛父被視為萬有的種子。
④ 在印度，這位佛母原本是虛空界的自在女神（Ishvari）。

名詞解釋

雙修（藏語 yab-yum）
密乘中以男性與女性軀體親密結合的雙身相。這種佛父擁抱佛母的特殊模式是密乘的表現形式中最為深奧神祕的造像，意在啟發智慧和慈悲的相互結合，表達佛陀最高的精神境界。雙身相中的佛母像代表卓越的智慧，佛父代表對眾生的慈悲，它是對智慧的天然體驗。

大日如來的淨土

新譯版本描述大日如來來自「遍及一切的曼荼羅」淨土，舊譯版本描述大日如來來自於名叫「萬法的種子播撒」的淨土，兩種描述在意義上都與「法界」一詞極為相近。法界，梵語 Dharma-dhatu 是指諸佛誕生的地方，這個名詞在藏文有一個同等詞語 Thigle-brdalva 意思是「萬法的種子播撒」。

遍及一切的曼荼羅淨土
(All-perviding Circle)

‖

密嚴佛國
(the Densely Arrayed)

‖

萬法的種子播種
(藏語 Thigle-brdalva)

‖

法界
(梵語 Dharma-dhatu)

第二天的考驗
金剛薩埵阿閦如來佛父佛母顯現

亡靈因爲累世惡業的積習或是神經功能的阻礙（neurotic veils），害怕慈悲光芒的召引而逃脫，於是進入第二天金剛薩埵阿閦（ㄔ）如來諸佛的曼荼羅聖境。

● 實相中陰第二天的幻相結構

❶ 顯現的神祇 （共6位）	佛父佛母：金剛薩埵阿閦如來與佛眼佛母
	兩位男性菩薩：地藏菩薩與彌勒菩薩
	兩位女性菩薩：持鏡菩薩與持花菩薩
❷ 五大與五蘊	五大：水大
	五蘊：色蘊
❸ 顯現的光芒	第一種光（智慧光線）：白色明亮耀眼的大圓鏡智光
	第二種光（惡業光線）：柔和模糊的地獄道之光
❹ 亡靈的選擇	選擇一：獲得解脫，證得報身佛果，並安住東方淨土妙樂佛國
	選擇二：墮落到地獄界，落入六道輪迴
	選擇三：進入第三天的考驗，將見到宇宙南方的寶生如來

● 第二天顯現的神祇

在《中陰聞教救度大法》裡描述著實相中陰第二天的景象是：「白色的光芒閃耀著，它是來自純淨的「水」元素。同時，來自東方淨土妙樂佛國（Realm of Complete Joy）的聖尊金剛薩埵阿閦如來將會顯現在您的面前。藍色的身軀，握持法器五鈷金剛杵，坐在大象坐騎上擁抱佛眼佛母。在祂的身旁伴隨著兩位男性菩薩地藏菩薩與彌勒菩薩，還有兩位女性菩薩持鏡菩薩與持花菩薩。佛父佛母與四位菩薩總共六位。」亡靈務必要認出祂們，才有可能獲得祂們的協助證得報身佛果。

● 第二天顯現的光芒

第二天的光芒，一道是「大圓鏡智光」，白色耀眼奪目，清晰明亮，另一道來是「地獄道光」，柔和而模糊。

第一道智慧光芒：大圓鏡智光

在《中陰聞教救度大法》的第二天裡描述著：「在色蘊（the skandha of form）

第二天的抉擇

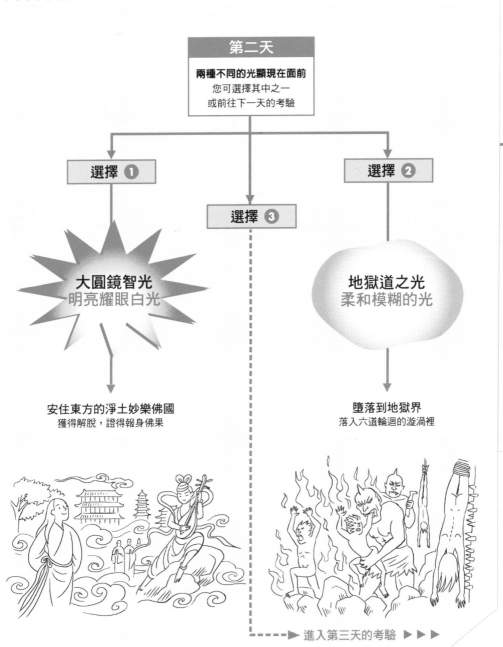

第二天

兩種不同的光顯現在面前
您可選擇其中之一
或前往下一天的考驗

選擇 ❶

選擇 ❸

選擇 ❷

大圓鏡智光
明亮耀眼白光

地獄道之光
柔和模糊的光

安住東方的淨土妙樂佛國
獲得解脫,證得報身佛果

墮落到地獄界
落入六道輪迴的漩渦裡

- - - - ▶ 進入第三天的考驗 ▶ ▶ ▶

的根本純淨中，散射出一道白色的光線。它是白色、耀眼奪目、清晰、明亮的大圓鏡智光（the mirror-like wisdom），由佛父金剛薩埵與佛母的心中發射出來，將使您的眼睛難以承受。這種神聖的慈悲的光線是為了要感化亡靈，將亡靈從中陰中救度的一種光線，它被視為是一把鉤子的末端，能夠將的亡靈從危險的困境之中解救出來。」

第二道惡業光芒：地獄煙霧柔光

接著《中陰聞教救度大法》描述：「同時，另一道來自地獄道柔和煙霧般的光線亦朝向您放射。由於生前負面行為的深遠影響（特別是指侵犯與侵略的行為），您對強烈明亮白色的大圓鏡智光感到害怕並想逃脫，而且您會對來自地獄界柔和煙霧般的光線將產生喜樂的情感。」

● 面對光芒的對應方法

（1）請亡靈熱愛強烈智慧光芒

此刻，不要對光輝、清晰、明顯、明亮的智慧白光感到害怕與迷惘，反而要去體認其中所散發的智慧。您要對它有信心，祈願請求它，並一心觀想它。請於心中想著「這是來自聖尊金剛薩埵的慈悲光線，我願在它之下獲得保護。」

（2）請亡靈拒絕柔和惡業光芒的誘惑

不要喜歡來自地獄界柔和如煙霧般的光線，這是來自恐怖險徑的誘惑，是您狂暴負面行為的累聚。如果被誘惑而走向它，您將墜落地獄界，陷入無法承受的痛苦泥沼，永遠無法脫身。這是阻礙您解脫的一道障礙，千萬不要看它，務必放棄累世的積習。

（3）請重複以下的偈文禱告，集中精神全神貫注於聖尊金剛薩埵：

因為強烈的侵略積習（瞋恨與暴力習性），使得我在輪迴中迷離，在大圓鏡智光引領的明亮路上，願聖尊金剛薩埵護佑在我之前，願佛眼佛母護佑在我之後，幫助我跨越中陰的危險路程，引導我前往圓滿的佛陀境域。

宇宙東方的佛陀：金剛薩埵阿閦如來

```
        2
      1
   4  3  5
```

1 金剛薩埵阿閦如來
2 彌勒菩薩
3 地藏菩薩
4 持鏡菩薩
5 持花菩薩

阿閦如來是位居宇宙東方的佛陀，在《中陰聞教救度大法》裡是以金剛薩埵的姿態顯現在亡靈面前，擁抱佛眼佛母，周圍跟著四位菩薩，分別是地藏菩薩、彌勒菩薩、持鏡菩薩和持花菩薩。

金剛薩埵阿閦如來家族

金剛薩埵阿閦如來

梵語
Vajrasattva-Akshobhya

金剛　　　　本質　　　　阿閦如來，原意指「無法搖動」

金剛薩埵，原意是指如同「金剛」一般不可破壞的「本質」。所謂的金剛（vajra）在梵語意指雷電與鑽石，是天上與地下最強大的力量。

❶ 金剛薩埵阿閦如來的梵語是Vajrasattva-Akshobhya。

❷ 阿閦如來是五方佛之中來自宇宙東方的佛陀。

❸ 在《中陰聞教救度大法》中阿閦如來是以金剛薩埵的姿態顯現在亡靈的面前，這是阿閦如來的報身佛或是莊嚴積極的投射形象。

❹「金剛薩埵」還有其他的變化身形如「金剛總持」與「普賢如來王」。這三位都是阿閦如來不同的變化形體，也是密教裡的本初佛。

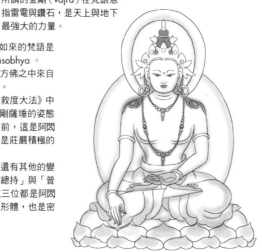

辨識特徵

1 藍膚
代表剋除瞋毒。

2 手印
觸地印，或稱降魔印，是釋迦牟尼證悟時的持印。

3 持物
五骷金剛杵

4 坐騎
大象

佛眼佛母——如來之眼的化身

❶ 佛眼佛母的梵語Buddha-Locana，其中，Locana意指「眼」。

❷ 金剛薩埵阿閦如來的伴侶佛眼佛母，是「如來之眼」的力量的擬象化。因為她具有誕生三世諸佛的偉大力量，故稱佛母。

在舊譯版中視金剛薩埵阿閦如來的伴侶是佛母瑪瑪基，這在1992年的新譯版本予以更正爲佛眼佛母。佛母瑪瑪基在不同的典籍分屬寶生如來與阿閦如來的伴侶，但在這部經中她是第三天寶生如來的伴侶。

四位隨侍菩薩

●地藏菩薩（象徵大地孕藏）

地藏菩薩，梵語 Ksitigarbha，意思是大地的子宮或者是大地的母體，翻譯為地藏。佛教典籍記載，在釋尊圓寂後到彌勒菩薩成道的一段無佛時代，地藏菩薩發下誓願救度六道的眾生，才願成佛。「我不入地獄，誰入地獄」這句名言就是形容地藏菩薩慈悲憐憫的廣大誓願。

●彌勒菩薩（象徵慈愛）

彌勒菩薩，梵語Maitreya，意思是慈愛，祂是一位以慈悲心感化眾生的未來佛陀，住在兜率天的美麗宮殿。在西藏繪畫中，寶冠上的舍利塔與左肩寶瓶上的蓮花是祂最重要的識別物。據說彌勒降臨於人間之前，被釋迦牟尼佛指定為佛法中的寶冠王子，因此被視為未來佛。

●持鏡菩薩（美麗化身）

持鏡菩薩，梵語Lasya，是指美人或者是嬌媚，這是一種對於美的擬人化或者是擬象化的說明，彷彿是說拿著鏡子的就是美女。這位持鏡女性菩薩以優美的舞姿與手印，吸引人們的注目。在印度神話中被視為誘惑的女神，展現肉體美感、優雅莊嚴的女性法則。

●持花菩薩（美麗化身）

持花菩薩，梵語Puspa，持花的女子是指手持鮮花的女子，如同持鏡菩薩代表的是美的擬人化。她是花卉與大自然的女神化身，也是視覺感知的象徵菩薩。

相關經文
• 頁278, 行20 至
頁279, 行18

第三天的考驗
寶生如來佛父佛母顯現

因為累世惡業的積習，在傲慢與錯誤的蒙蔽之下，亡靈害怕慈悲光芒的召引而逃脫，亡者將進入第三天寶生如來的曼荼羅圓環聖境。

● 實相中陰第三天的幻相結構

❶ 顯現的神祇 （共6位）	佛父佛母：寶生如來與佛母瑪瑪基
	兩位男性菩薩：虛空藏菩薩與普賢菩薩
	兩位女性菩薩：念珠菩薩與持香菩薩
❷ 五大與五蘊	五大：地大（中文舊譯版本誤寫成水大）
	五識：受蘊
❸ 顯現的光芒	第一種光（智慧光線）：明亮耀眼的黃光，是平等性智光
	第二種光（惡業光線）：溫柔模糊的人道藍光
❹ 亡靈的選擇	選擇一：獲得解脫，證得報身佛果，並安住南方淨土榮耀佛國
	選擇二：墮落到人道，落入六道輪迴
	選擇三：進入第四天的考驗，將見到阿彌陀佛諸佛與菩薩

● 第三天顯現的神祇

在《中陰聞教救度大法》裡描述著第三天的景象是：「黃色的光芒閃耀著，它是來自純淨的「地」元素。同時，來自南方淨土榮耀佛國（the Glorious Realm）的聖尊寶生如來將會顯現在您的面前。黃色的身軀，握著與願寶，騎乘寶馬擁抱佛母瑪瑪基。在祂們的身旁伴隨著兩位男性菩薩虛空藏菩薩與普賢菩薩，還有兩位女性菩薩念珠菩薩與持香菩薩，佛父佛母與四位菩薩總共六位從彩虹光輪顯現出來。」

● 第三天顯現的光芒

第一道智慧光芒：平等性智光

在《中陰聞教救度大法》的第三天裡描述著：「在受蘊的根本純淨中，散射出一道黃色的光線，是平等性智光（the wisdom of equality）。這是明亮的強烈黃光，周圍綴有圓環光盤，明亮而清晰，使得眼睛無法逼視。它是由佛父寶生如來與佛母的「心中」發射出來，將使眼睛難以承受。」

第三天的抉擇

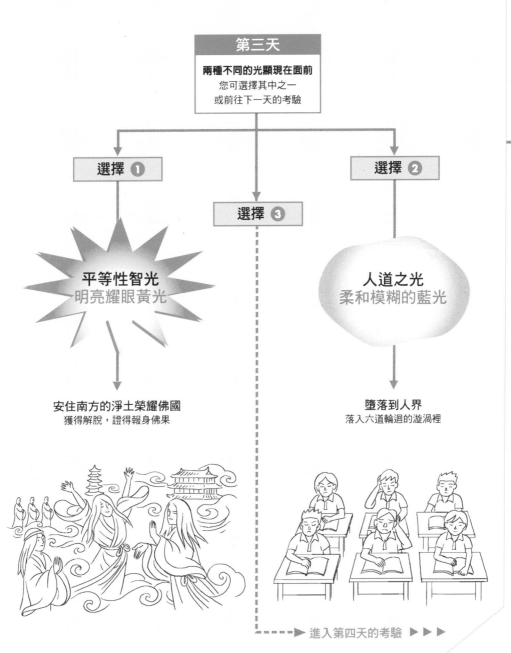

第三天

兩種不同的光顯現在面前
您可選擇其中之一
或前往下一天的考驗

選擇 ❶

選擇 ❸

選擇 ❷

平等性智光
明亮耀眼黃光

人道之光
柔和模糊的藍光

安住南方的淨土榮耀佛國
獲得解脫，證得報身佛果

墮落到人界
落入六道輪迴的漩渦裡

▶ 進入第四天的考驗 ▶ ▶ ▶

第二道惡業光芒：人道柔光

接著《中陰聞教救度大法》描述：「同時，另一道來自人道柔和藍色的光線亦朝向您放射。由於傲慢習性的影響，使得您會對強烈明亮黃色的平等性智光感到害怕並想逃脫，而且您會對來自人界柔和模糊的光線產生喜樂的情感。」

● 面對光芒的對應方法

(1) 請亡靈熱愛強烈智慧光芒

不要對光輝、清晰、明亮的智慧黃光感到害怕與迷惘，反而要去體認其中所散發的智慧。讓您的心靈安在其中，在無為的狀態下放寬心情，並一心祈願它。只要您能夠體認出這是自己心靈本質所散發的光輝，即使沒有虔誠的祈禱或讀誦偈文，所有形式的光芒將不分離一起浮現在您的面前，您將達到證悟的境界。請於心中想著「這是來自聖尊寶生如來的慈悲光線，我願在它之下獲得保護。這道光是寶生如來在中陰危險路程中前來保護您的，是寶生如來的慈悲前來牽引您的光芒，請熱切祈願它。」

(2) 請亡靈拒絕柔和惡業光芒的誘惑

不要喜歡來自人界柔和模糊的藍光，這是恐怖險徑的誘惑，是您生前傲慢習性的累聚。如果被誘惑而走向它，您將掉落人界，再次經歷生老病死的痛苦，無法在輪迴的泥沼中脫身。這是阻礙您解脫的一道障礙，千萬不要看它，請放棄傲慢的積習與無明的習性。不要受它引誘，不要渴求它。

(3)請渴求明亮的黃光，並重複以下的偈文禱告，集中精神一心貫注於聖尊寶生如來：

因為強烈的傲慢積習，使得我在輪迴中迷離，在平等性智光引領的明亮路上，願聖尊寶生如來護佑在我之前，願佛母瑪瑪基護佑在我之後，幫助我跨越中陰的危險路程，引導我前往圓滿的佛陀境域。

```
        5
   3    1    2
        4
```

1 寶生如來
2 虛空藏菩薩
3 普賢菩薩
4 念珠菩薩
5 持香菩薩

寶生如來是位居宇宙南方的佛陀，擁抱佛母瑪瑪基，周圍跟著四位菩薩，分別是虛空藏菩薩、普賢菩薩、念珠菩薩和持香菩薩。

寶生如來

梵語

Ratnasambhava

寶   生

故稱寶生如來

❶ 寶生如來的梵語是 Ratnasambhava。

❷ 寶生如來統御五部中的寶部，被視為世界的莊嚴者，位居宇宙的南方。

❸ 祂是五智中平等性智的擬人化表現，這種智慧可以克服傲慢所帶來的毒害。

❹ 寶生如來在佛像或者是繪畫中是五方佛中穿著最為華麗的一尊。

辨識特徵
1 金膚
代表克服「慢毒」
2 持印
與願印。掌心向外，宛如「給予」的意思，滿足眾生的願望。
3 坐騎
寶馬

佛母瑪瑪基

❶ 佛母瑪瑪基的梵語是 Mamaki。

❷ 佛母瑪瑪基是代表西藏全國性的度母，根據一本經典「攝法」共有四位女神，其中的一位就是瑪瑪基女神。

❸ 她的黃色身軀對應於五大中的地大。

四位隨侍菩薩

●虛空藏菩薩（象徵虛空孕藏）

虛空藏菩薩，梵名Akasagarbha，是虛空的子宮或虛空的母體，也就是在虛空中孕育，所以被譯為虛空藏菩薩，說明包藏一切的功德如虛空般。據說這位菩薩經常住在一個稱為「香積世界」，祂的智慧深廣如同虛空一般的廣大。

●普賢菩薩（象徵實踐）

普賢菩薩，梵名Samantabhadra，意思是指「一切都是美好」。普賢菩薩以意志力堅強出名，只要立志想做的事，就會盡一切努力去實行，是菩薩中最偉大的實行家。不過，許多人經常將普賢菩薩誤為普賢如來王，認為是相同的一位主尊，這樣的錯誤經常出現在許多漢譯的佛教典籍。

●念珠菩薩（寶飾化身）

念珠菩薩，梵名Mala，原意是指持念珠的女性菩薩。象徵色彩是黃色，代表的是大地或者是土壤的光澤。她也是寶飾菩薩的代表，隨身穿戴項鍊與花環。

●持香菩薩（香氣化身）

持香菩薩，梵語Dhupa，原意是持香的女性菩薩。如同念珠菩薩，祂的象徵色彩也是黃色。持香菩薩是代表大氣、香氣與氣味的女神，隨身攜帶香，四處燃燒產生香氣。

相關經文
• 頁 279, 行 19 至
頁 280, 行 17

第四天的考驗
阿彌陀佛父佛母顯現

因為累世惡業的積習，在欲念與不正行為的蒙蔽下，亡靈害怕慈悲光芒的召引而逃脫，於是進入了第四天阿彌陀佛的曼荼羅淨土。

● 實相中陰第四天的幻相結構

❶ 顯現的神祇 （共6位）	佛父佛母：阿彌陀佛、白衣佛母
	兩位男性菩薩：觀音菩薩、文殊菩薩
	兩位女性菩薩：持琴菩薩、持燈菩薩
❷ 五大與五蘊	五大：火大
	五識：想蘊
❸ 顯現的光芒	第一種光（智慧光線）：紅色明亮耀眼的妙觀察智光
	第二種光（惡業光線）：溫柔模糊的餓鬼道黃光
❹ 亡靈的選擇	選擇一：獲得解脫，證得報身佛果，並安住西方淨土極樂世界
	選擇二：墮落到餓鬼道，落入六道輪迴裡
	選擇三：進入第五天的考驗，將見到不空成就如來諸佛與菩薩

● 第四天顯現的神祇

在《中陰聞教救度大法》裡描述著第四天的景象是：「紅色的光芒閃耀著，它是來自純淨的「火」元素。同時，來自西方淨土「極樂世界」（the Blissful Realm）的聖尊阿彌陀佛將會顯現在您的面前。紅色的身軀，握著蓮花，騎乘孔雀擁抱白衣佛母。在祂的身旁伴隨著兩位男性菩薩觀音菩薩與文殊菩薩。還有兩位女性菩薩持琴菩薩與持燈菩薩。佛父佛母與四位菩薩總共六位，從彩虹光輪顯現出來。」

● 第四天顯現的光芒
第一道智慧光芒：妙觀察智光

在《中陰聞教救度大法》的第四天裡描述著：「在想蘊的根本純淨中，散射出一道紅色的光線，是「妙觀察智光」（the wisdom of discrimination）。這是明亮的強烈紅光，周圍綴有圓環光盤，光亮而清晰，使得眼睛無法逼視。這道光由佛父阿彌陀佛如來與佛母的「心中」發射出來，將使您的眼睛難以承受。」

第四天的考驗

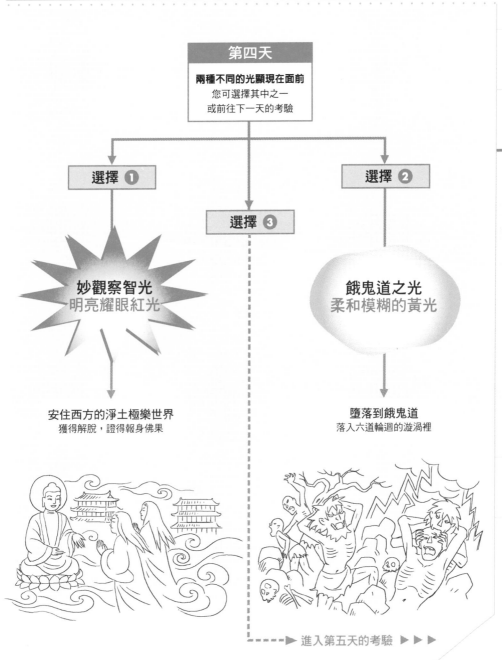

第四天

兩種不同的光顯現在面前
您可選擇其中之一
或前往下一天的考驗

選擇 ❶

選擇 ❸

選擇 ❷

妙觀察智光
明亮耀眼紅光

餓鬼道之光
柔和模糊的黃光

安住西方的淨土極樂世界
獲得解脫，證得報身佛果

墮落到餓鬼道
落入六道輪迴的漩渦裡

- - - - ▶ 進入第五天的考驗 ▶ ▶ ▶

第二道惡業光芒：餓鬼道柔光

經裡接著描述：「同時，另一道來自餓鬼道柔和黃色的光線亦朝向您放射。由於貪欲習性的影響，使得您會對強烈明亮紅色的妙觀察智光感到害怕並想逃脫，而且您會對來自餓鬼界柔和的黃光產生喜樂的情感。」

● 面對光芒的對應方法

（1）請亡靈熱愛強烈智慧光芒

此刻，不要對光輝、清晰、明顯、閃亮的智慧紅光感到害怕與迷惘，反而要去體認其中所散發的智慧。讓您的心靈安在其中，在無為的狀態下放寬心情，並一心祈願它。只要您能夠體認出這是自己的心靈本質所散發的光輝，即使沒有虔誠的祈禱或讀誦偈文，所有形式的光芒將不分離一起顯現在您的面前，而您將達到證悟的境界。請於心中想著「這是來自聖尊阿彌陀佛的慈悲光線，我願在它之下獲得保護」。這道光是阿彌陀佛在中陰危險路程中前來保護您的，是源自阿彌陀佛的慈悲前來牽引您的光芒，請熱切祈願它，不要逃脫。即使您逃脫，它將陪伴您不分開。

（2）請亡靈拒絕柔和惡業光芒的誘惑

不要害怕，不要被餓鬼界柔和的黃光所吸引，這是來自恐怖險徑的誘惑，是您生前貪欲習性的累聚。如果被誘惑而走向它，您將掉落餓鬼界，經歷飢餓與口渴的苦難。這是阻礙您解脫的一道障礙，千萬不要被它吸引，請放棄貪心的積習與無明的習性。不要渴求它。

（3）請渴求明亮紅光，重複以下的偈文禱告，集中精神一心貫注於阿彌陀佛：

因為強烈的貪欲積習，使得我在輪迴中迷離，在妙觀察智光引領的明亮路上，願聖尊阿彌陀佛來護佑在我之前，願白衣佛母護佑在我之後，幫助我跨越中陰的危險路程，引導我前往圓滿的佛陀境域。

宇宙西方的佛陀：阿彌陀佛

4
2 1 3
5

1 阿彌陀佛
2 觀音菩薩
3 文殊菩薩
4 持燈菩薩
5 持琴菩薩

阿彌陀佛是位居宇宙西方的佛陀，擁抱白衣佛母，周圍跟著四位菩薩，分別是觀音菩薩、文殊菩薩、持琴菩薩和持燈菩薩。

阿彌陀佛家族

阿彌陀佛──散發無限光亮

梵語
Amitabha
↓
無限量光

① 阿彌陀佛的梵語是 Amitabha。

② 負責統御五部中的蓮華部，位居西方象徵五智中的妙觀察智，這種智慧可以克服貪欲所帶來的累世積習。

③ 無量壽佛是阿彌陀佛的另一種形式，其梵名是Amitayus，意指無限量壽命、無量壽。

④ 阿彌陀佛原意為無限量光，所以代表空間無限；而無量壽佛代表時間無限。

辨識特徵	**1 紅膚**	**2 持印**	**3 持物**	**4 坐騎**
	代表克服「貪欲」	禪定印，象徵禪思悟道。	瓶口缽(阿彌陀佛) 寶瓶(無量壽佛)	孔雀

白衣佛母

① 白衣佛母的梵名 Pandaravasini，意思是指穿著白衣（Pandara）的佛母，簡譯為白衣佛母。

② 據說她是居住在白色的蓮花之中。

③ 祂是阿彌陀佛精神層面上的伴侶，與觀音菩薩都是蓮華部家族的重要成員。

四位隨侍菩薩

●觀世音菩薩（象徵慈悲）

觀音菩薩，梵名 Avalokitesvara，是慈悲神祇的象徵。形式多樣，在中國的觀音多屬女相，於印度或西藏的觀音則為男相。無論性別為何，觀音菩薩都是一位面帶慈悲容顏的神祇。

●持琴菩薩（音樂化身）

持琴菩薩，梵名是Gita，她是音樂與詩歌的化身，常見手握著一把琴，是代表歌唱吟詠的菩薩。

●文殊菩薩（象徵智慧）

文殊菩薩，梵名Manjusri。由於祂是大日如來的化身形象，所以膚色是白。文殊菩薩被視為密教中智慧神祇的代表，與慈悲象徵的觀音菩薩相提並論。其重要的識別物是一把斬斷愚癡的智慧劍，與一本放在蓮花之上的般若波羅密多心經。

●持燈菩薩（光明化身）

持燈菩薩，梵名是Aloka，她是光明的化身，常見的形象是手捧一盞燈（或火炬）散放無限量的白光。其象徵色彩是與「火大」有密切相關的紅色。

相關經文
• 頁280, 行18 至
  頁281, 行19

第五天的考驗
不空成就佛父佛母顯現

前一天若能確實依據教法的指導，亡者是不可能不獲得解脫的。不過，一些有情眾生因為累世積習，在懷疑與嫉妒惡業的作用下，並沒有獲得慈悲光芒的牽引，以致迷離至中陰狀態的第五天。

● 實相中陰第五天的幻相結構

❶ 顯現的神祇 （共6位）	佛父佛母：不空成就佛、貞信度佛母 兩位男性菩薩：金剛手菩薩、除蓋障菩薩 兩位女性菩薩：散香菩薩、持糖菩薩
❷ 五大與五蘊	五大：風大 五識：行蘊
❸ 顯現的光芒	第一種光（智慧光線）：綠色明亮耀眼的成所作智光 第二種光（惡業光線）：溫柔的阿修羅紅光
❹ 亡靈的選擇	選擇一：獲得解脫證得報身佛果，並安住北方淨土妙行成就佛國 選擇二：墮落到阿修羅道，落入六道輪迴 選擇三：進入第六天的考驗，除了寂靜面容的諸佛與菩薩顯現於亡靈前，亦出現寂忿面容的持明主尊，以及忿怒面容的護法守門神

● 第五天顯現的神祇

在《中陰聞教救度大法》裡描述第五天的景象是：「綠色的光芒閃耀著，它是來自純淨的「風」元素。同時，來自北方淨土「妙行成就佛國」（the Realm of Accumulated Actions）的聖尊不空成就佛將會顯現在您的面前。綠色的身軀，握著法器十字金剛杵，騎乘大鵬金翅鳥擁抱貞信度佛母，身旁伴隨著兩位男性菩薩金剛手菩薩與除蓋障菩薩。還有兩位女性菩薩散香菩薩與持糖菩薩。佛父佛母與四位菩薩總共六位，從彩虹光輪顯現出來。」

● 第五天顯現的光芒

第一道智慧光芒：成所作智光

第五天裡描述著：「在行蘊的根本純淨中，散射出一道綠色的光線，是成所作智光（action-accomplishing wisdom）。這是明亮的強烈綠光，令人畏懼，周圍綴有圓環光盤，光亮而清晰，使得眼睛無法逼視。它由佛父不空成就如來與佛母的「心中」發射出來，將使眼睛難以承受。此刻，不要對

第五天的抉擇

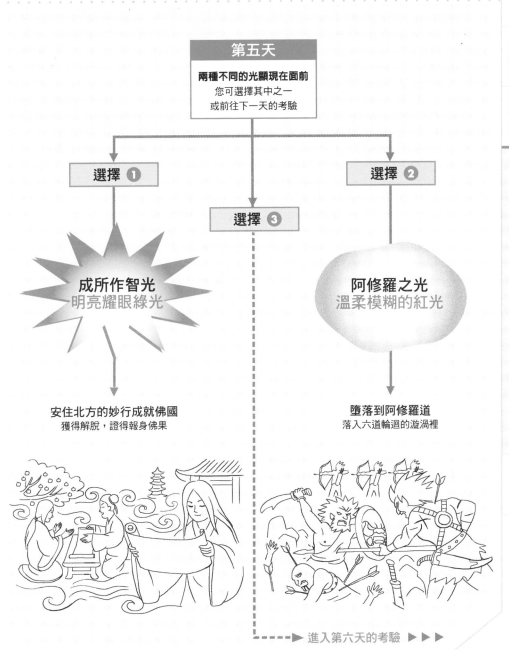

第五天

兩種不同的光顯現在面前
您可選擇其中之一
或前往下一天的考驗

選擇 ❶

選擇 ❸

選擇 ❷

成所作智光
明亮耀眼綠光

阿修羅之光
溫柔模糊的紅光

安住北方的妙行成就佛國
獲得解脫，證得報身佛果

墮落到阿修羅道
落入六道輪迴的漩渦裡

▶ 進入第六天的考驗 ▶ ▶ ▶

147

明亮的智慧綠光感到害怕，它是您自身心靈本然的表現。讓您的心靈停留在休息與安心的絕佳靜態，一種無近無遠、無愛無憎的心境。」

第二道惡業光芒：阿修羅道的柔光

接著《中陰聞教救度大法》描述：「同時，另一道來自「阿修羅道」柔和紅色的光線亦朝向您放射，這是因為嫉妒習性所造成的。請一心觀想愛憎之間並無分別，假使您的心智力量微弱，只要不要對它產生喜愛即可。

● **面對光芒的對應方法**

（1）請亡靈不要畏懼強烈智慧光芒

此刻，不要對光輝、清晰、明顯、明亮的智慧綠光感到害怕，反而要去體認其中所散發的智慧。讓您的心靈安在其中，在無為的狀態下放寬心情，並一心祈願它。請於心中想著「這是來自聖尊不空成就佛的慈悲光線，我願在它之下獲得保護」。這道光是不空成就佛的慈悲前來牽引您的光芒，它叫「成所作智光」。請熱切祈願它，不要逃脫。即使您逃脫，它將陪伴您不分開。

（2）請亡靈拒絕柔和惡業光芒的誘惑

不要害怕，不要被「阿修羅界」柔和的紅光所吸引，這是來自恐怖路徑的誘惑，那是您生前嫉妒習性的累聚。如果您被吸引而走向它，您將掉落阿修羅的世界，經歷一連串爭執與鬥爭的苦難。這是阻礙您解脫的一道障礙，千萬不要被它吸引，請放棄嫉妒的積習與無明的習性。

（3）請追求明亮綠光，重複以下的偈文，集中精神一心貫注於不空成就如來：

因為強烈的嫉妒積習，使得我在輪迴中迷離，在成所作智引領的明亮路上，願聖尊不空成就佛護佑在我之前，願貞信度佛母護佑在我之後，幫助我跨越中陰的危險路程，引導我前往圓滿的佛陀境域。

宇宙北方的佛陀：不空成就佛

不空成就佛是位居宇宙北方的佛陀，擁抱貞信度佛母，周圍跟著四位菩薩，分別是金剛手菩薩、除蓋障菩薩、散香菩薩和持糖菩薩。

不空成就佛

梵語

Amoghasiddhi

絕對正確、全無錯誤　　成就，或音譯為「悉地」

不空成就

❶ 不空成就佛的梵語是
Amoghasiddhi。
❷ 負責統御五部中的業部
（Karma，音譯羯磨部），
位居宇宙的北方，擁有五智
中的成所作智（action-ac-
complishing wisdom）。

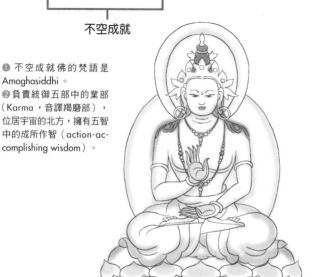

1 膚色
綠膚，代表剋除「疑毒」。

2 持印
無畏印，象徵不畏艱辛，普
渡眾生的決心。左手平放腿
上，右手舉成無畏印。

3 坐騎
大鵬金翅鳥

貞信度佛母

貞信度佛母梵名 Samaya Tara，梵語直譯
是三昧耶度母，藏語為 Dolma，是一位充
滿信心的佛母。《中有大聞解脫》的譯者許
明銀認為貞信度佛母就是綠度母。

四位隨侍菩薩

●金剛手菩薩（象徵伏惡）

金剛手，梵名是 Vajrapani，有寂靜的菩薩相貌與忿怒的護法相貌。手中握持金剛杵，故稱金剛手菩薩。在密教的世界中，金剛手菩薩、觀音菩薩、文殊菩薩被視為最重要的三尊菩薩，稱為「三族姓尊」，是伏惡、慈悲、智慧三種力量的表現。

●除蓋障菩薩（除去障礙）

除蓋障菩薩，梵名是 Sarvanivarana-viskambhin，能除一切蓋障的菩薩。蓋障（遮蔽的障礙）有五：貪、瞋、癡、慢(傲慢)、疑(疑信三寶)。《八大菩薩曼荼羅經》描述除蓋障菩薩的法相為金黃身軀，左手持如意幢，右手施與願印。

●散香菩薩（代表感知）

散香菩薩，梵名是 Gandha，是印度教八大母神之一，梵名原意是指噴香的女神，在這裡她的形象是手持貝殼，內盛草本植物製成的香水，是代表感知的女性神祇。

●持糖菩薩（象徵供養）

持糖菩薩，梵名是 Naivedya，她與散香菩薩都是印度教的女神。佛教世界對持糖菩薩的認識不多，僅知道她是供養女神，是廟宇供桌上供品（特別是指食物）的擬人化神祇。持糖菩薩負責提供觀修時需要的滋養，是成就熟練的必需品。

10

相關經文
• 頁281, 行20至
頁284, 行12

第六天的考驗
寂靜諸尊齊聚眼前

在實相中陰的第六天，之前逐一在亡者眼前出現的五位佛陀，將和祂們的伴侶以及隨侍菩薩一起再度顯現。

● 實相中陰第六天的幻相結構

❶ 顯現的神祇 （共42位）	佛父佛母：10位 男性菩薩：8位。女性菩薩：8位。本初佛父與佛母：2位 六道佛：6位。男性守門忿怒尊：4位。女性守門忿怒尊：4位。
❷ 五大與五蘊	無
❸ 顯現的光芒	第一組光（智慧光線）：42位聖尊一起前來放光 第二組光（惡業光線）：六道虛幻光線
❹ 亡靈的選擇	選擇一：獲得解脫，證得報身佛果，並安住五方佛的淨土 選擇二：落入輪迴，墮落向下沈淪 選擇三：進入第七天的考驗，寂忿面容的持明主尊與其伴侶共10位將一起顯現，並引領陣容龐大的空行母

● 第六天顯現的神祇

在燦爛的光芒與音樂聲伴隨下，五位佛陀與佛母菩薩們共同顯現在亡靈的面前，形成一幅燦爛豪華的曼荼羅。這樣龐大的陣容更可體認出諸佛千方百計地想要協助亡靈獲得解脫。祂們包括了 ❶ 五方佛家族成員 ❷ 四位男性忿怒相守門聖尊 ❸ 四位女性忿怒相守門聖尊 ❹ 六道聖尊 ❺ 本初佛雙身像，浩浩蕩蕩共計四十二位，分成五組陸續顯現。

● 四十二位聖尊，祂們全部都是來自於您的心中

經典中說：「四十二位報身聖尊，祂們全部都是來自於您的「心」中（指亡靈的心臟部位），並顯現在您的面前。這影像是內心的活動自然形成的純淨形體，請善加了知。成組的五方族部各有不同的飾物、服飾、顏色、手印、坐騎與象徵物。五方族部成對，其外環繞五色明光，一起出現形成曼荼羅。請認出祂們，祂們都是您的本尊守護神。」

五方佛部大會合

第六天，五方族部將一起顯現於亡靈面前，同時伴隨四種智慧的光芒。四大（地、水、火、風）清淨元素將於此刻一起散放四色光芒。大日如來與伴偶金剛虛空佛母顯現於中央播種佛國（the All-pervading Circle）。金剛薩埵阿閦如來與伴偶佛眼佛母、隨侍菩薩，一起顯現於東方妙樂佛國（the Realm of Complete Joy）。寶生如來與伴偶佛母瑪瑪基、隨侍菩薩，一起顯現於南方榮耀佛國（The Glorious Realm）。阿彌陀佛與伴偶白衣佛母、隨侍菩薩，一起顯現於西方極樂世界（the Blissful Realm of Lotuses）。不空成就佛與伴偶貞信度佛母、隨侍菩薩，一起顯現於虹光圍繞的妙行成就佛國（the Realm of Perfected Actions）。

北方
妙行成就佛國

不空成就佛
特質：正確成就全無錯

貞信度佛母
特質：充滿信念的綠度母

西方
淨土極樂世界

阿彌陀佛
特質：無限量光

白衣佛母
特質：白色的蓮花中誕生

中央
遍及一切淨土

大日如來
特質：如大日光明遍照

金剛虛空佛母
特質：源自虛空界的自在女神

東方
妙樂佛國

金剛薩埵阿閦如來
特質：不可動搖

佛眼佛母
特質：如來之眼的偉大力量

南方
淨土榮耀佛國

寶生如來
五方佛中穿著最為華麗

佛母瑪瑪基
西藏全國性的度母

● 第六天顯現的光芒

第六天顯現兩個系列光芒。第一系列光芒是智慧光芒，包括了四組光芒的顯現，以及四種智慧契合的體驗。第二系列光芒則是惡業柔光的誘惑。

第一系列光芒（智慧光芒）

發自五方族部諸佛心中，四種智慧明光照耀在於您的心中，精美而清靜如陽光般閃耀。

Part I 四組光芒的顯現

第一，法界體性智散發白色的光幕，明耀而令人畏懼。它由大日如來的心中射出，照耀於您的心。白色閃耀光芒會以圓環的形式顯現，清楚而明亮就好像一面朝下的鏡子。在其四周環繞著類似的五個圓環光盤。每個光盤的四周又環繞更小的光盤，以至於沒有中心，也沒有邊界。

第二，一道來自金剛薩埵的心，是大圓鏡智所顯現的藍色光幕，如同朝下的藍綠色澤圓碗，在其四周環繞圓環光盤與更小的圓環光盤。

第三，一道來自寶生如來的心中是由平等性智所顯現的黃色光幕，如同朝下的黃金圓碗，在其四周環繞圓環光盤與更小的圓環光盤。

第四，一道來自阿彌陀佛的心中是妙觀察智所顯現的紅色光幕。清楚而明亮，如同朝下的珊瑚色澤圓碗，在其四周環繞著類似的五個圓環光盤。每個光盤的四周又環繞更小的光盤，以至於沒有中心，也沒有邊界。

第五，**成所作智的綠色光芒並未顯現出來，這是因為您的智慧能量尚未完全成熟。**

四道光幕源自何處？

坐在亡者面前讀誦的上師，這時會告訴亡靈這些光幕不是來自任何地方，而是出自內心「自發性」的活動，無須著迷也無須害怕，自在地安住於這種狀態。在這種狀態下，您將與一切的影像與光幕合併，並會獲得極大的喜悅。

五方佛部的八位男性菩薩

金剛手菩薩	除蓋障菩薩
伏惡	除蓋障

觀世音菩薩	文殊菩薩
慈悲	智慧

地藏菩薩	彌勒菩薩
大地孕藏	慈愛

虛空藏菩薩	普賢菩薩
虛空孕藏	實踐

Part II 體驗四種智慧合為一體

在這之後是一種稱為「四智慧契合」的體驗，那是屬於金剛薩埵特屬的甬道。這四種智慧是：❶ 法界體性智 ❷ 大圓鏡智 ❸ 平等性智 ❹ 妙觀察智，並不包含成所作智。

第二系列光芒（來自六道的虛幻光芒）

1. 這是來自天道是溫柔白光。

2. 來自充滿嫉妒的阿修羅道是柔和紅光。

3. 來自人道是柔和藍光。

4. 來自畜生道是柔和綠光。

5. 來自餓鬼道是柔和黃光。

6. 來自地獄道是柔和的煙霧光。

● 面對光芒的對應方法：

（1）請亡靈不要畏懼強烈智慧光芒

1. 認清這些光芒是「自發性」的，是發自於內心的活動。

2. 不要被它們吸引，也不要害怕它們，而是能安住在無念靜定之中。努力保持在這種狀態下，去和所有影像與光芒合併為一，即可獲得解脫。

（2）請亡靈充滿信心面對「四種智慧契合」

1. 請憶念上師先前的引導。

2. 只要能夠想起先前指導（這裡指的是之前上師在臨終者身旁種種的叮嚀），將會對四種智慧契合的體驗充滿信心。您將認出它們，就像是「**母子相會**」或是「**老友重逢**」。只要切斷心中的疑慮，就可以認清這是自己內心的投射，自然而然走進純淨無變的「法界」（dharmata），一個代表宇宙真理的世界。

3. 透由這樣的信心（如同「母子」或是「老友」之間的信任與熟悉），相續不斷地的禪定狀態將會隨之升起。您將融入獨立存在的智慧形體，由此證得報身佛果，從此不退墮。

五方佛部的八位女性菩薩

北
西　東
南

散香菩薩	持糖菩薩
手持貝殼，內盛香水	象徵桌上供品

持琴菩薩	持燈菩薩
代表音樂與詩歌	光明的化身

持鏡菩薩	持花菩薩
象徵美	象徵美

持香菩薩	念珠菩薩
持黃色的香 代表大地或土壤的光澤	持黃色的念珠 代表大地或土壤的光澤

（3）請亡靈拒絕柔和惡業光芒的誘惑

1. 不要想緊緊握住它們。

2. 不要受它們所吸引。

3. 安住在無念靜定的狀態。

（4）重複以下偈文禱告

因為五毒惡業，使得我在輪迴中迷離（五毒是貪、瞋、癡、慢、疑），在四智合一的明亮路上（四智並不包括成所做智），願五位勝利聖尊護佑在我之前（這裡的勝利是指征服五毒的勝利），願五位佛母護佑在我之後，解救我脫離不淨光芒的六道途徑，幫助我跨越中陰的危險路程，引導我前往純淨的五佛境域。

六道佛—守護亡靈的導師

當亡靈被上述的守門護法攔阻之後，將面對六道世界。在六道中都會有一位擁有智慧的聖哲，是負責守護亡靈的導師，被尊稱為六道佛。六道佛的一切景象都是由亡靈「心臟」的中央射出，關係於情緒、感情、與欲念等三種心理活動。

天道

百供因陀羅
Indra of the hundred sacrifices

白膚，手持樂器，象徵擅長「藝術」與「技藝」，同時說明天道佛的生活「和諧愉悅」。

阿修羅道

壯麗甲冑
Vemacitra, Splendid Robe

綠膚，手持刀劍，象徵勇猛好鬥的習性。

人道

釋迦獅子
the Lion of Sakyas

黃膚，手持錫杖與乞食的缽，說明佛陀在世的生活。

畜生道

不動獅子
Dhruvasinha, Steadfast Lion

藍膚，手持冊書象徵「修辭」與「智慧」，正是畜生所缺。

餓鬼道

焰火之口者
Jvalamukha, Flaming Mouth

紅膚，手持「如意寶（摩尼寶）」，「滿足餓鬼的欲求」。

地獄道

法王
Dharmaraja, the Dharma King

暗色膚，手持「水」與「火」，作為「消災」與「淨化」。

五方佛部的四位男性守門聖尊

在五方佛的外圍，出現了忿怒相的守門聖尊，總共有八位，分別是四位男性與四位女性。四位男性守門聖尊包括：

甘露明王
Amrtakundali

甘露是空性的象徵，也是制伏死亡獲取永生的寶藥。甘露明王的職責是將一切化成甘露（空性），並提醒眾生尋求死亡是無法獲得解脫的。

馬頭明王
Hayagriva

觀世音菩薩的忿怒相，不忍無明眾生沈淪，縱身投入畜生道，滅伏一切鬼魅惡業。

北
西　東
南

勝利明王
Vijaya, the Victorious

可以戰勝一切邪魔，並獲取智慧。

閻曼德迦
Yamataka, Destroyer

死亡終結者，能夠征服死亡意味著祂可以終止輪迴。

五方佛部的四位女性守門聖尊

在五方佛的外圍，出現四位忿怒相的女性守門聖尊，分別是：

壓制憤怒的狂吼

鎖住竄動的欲念

鉤住業力的作用

持鈴鐸女神
Ghanta, the Bell

若亡靈想以忿怒威嚇他人，她會搖動手中的鈴鐸，讓鈴鐸的響音壓過忿怒的狂吼。
北方男性守門甘露明王的伴侶

北

西　　東

南

持鎖鍊女神
Srnkhala, the Chain

亡靈因欲念的驅使想要急速地逃跑，她會以鎖鍊銬上亡靈的腳而無法逃跑。
西方男性守門馬頭明王的伴侶

持鉤女神
Ankusa, the Hook

她會將因為業力作用而想要逃跑的亡靈鉤住。
東方男性守門勝利明王的伴侶

套住傲慢的氣息

持套索女神
Pasa, the Noose

當亡靈傲慢氣息高漲，她會以套索將亡靈由頭到腳綑綁住。
南方男性守門閻曼德迦的伴侶

第七天的考驗
「持明主尊」顯現眼前

這一天是和平幻影顯現的最後一天，主要顯現的聖尊是十位持明主尊與諸多空行母、勇健男女、男女護法，共同形成曼荼羅。持明的「明」意為智慧或知識，持明尊者就是「擁有智慧者」。

● 實相中陰第七天的幻相結構

❶ 顯現的神祇 （共 42 位）	10 位持明主尊 (1)成熟業果無上持明主尊「蓮花舞主尊」與伴偶「紅色空行母」 (2)「次第確立持明者」與伴偶「白色空行母」 (3)「司壽持明者」與伴偶「黃色空行母」 (4)「大手印持明者」與伴偶「紅色空行母」 (5)「自發升起持明者」與伴偶「綠色空行母」 五種型式的空行母（經文中並未顯示正確數量） (1)八大靈塔空行母 (2) 四種姓空行母 (3) 三界空行母 (4)十方空行母 (5)二十四朝聖之處空行母 無數量的勇健男、勇健女、男女護法
❷ 顯現的光芒	第一組智慧光線： 10 位雙修的持明主尊一起放光，並伴隨宇宙真理的實相巨響 第二組惡業光線：來自畜生道的虛柔綠光
❸ 亡靈的選擇	選擇一：獲得解脫，在持明主尊的協助下，前往到純淨的虛空淨土 （the Pure Realm of Space） 選擇二：落入輪迴向下沈淪，墮落畜生道 選擇三：進入第八天的考驗

● 第七天顯現的神祇

第七天顯現的神祇是介於佛陀與神之間的持明本尊，祂們是從亡靈的**喉頭**部位投射出來的。祂們隨著歌舞登場，呈現出最熱鬧華麗的景象。美豔奪目的諸神舞動地到來眼前，持明主尊顯現在曼荼羅的中間，手持金剛鉞刀與盛血的人頭顱缽，背後閃耀著輝煌的虹光，由許多空行母簇擁著跳著舞蹈，而無數的勇健男、勇健女、男女護法吹奏樂器顫動整個宇宙，宛若一場歌劇院中燦爛豪華的歌舞秀。

持明主尊是擁有智慧者

第七天將出現五組持明主尊，是介於寂靜尊與忿怒尊之間的寂忿尊神祇，這是由密教上師所顯現的神祇形態，是擁有智慧者，具有超凡力量，能在中陰險境護佑亡靈。

（上圖中央主尊是金剛薩埵阿閦如來，周圍標示圓框者為五組持明主尊。）

● 第七天顯現的光芒與巨響

明亮銳利的五種顏色光芒，伴隨**宇宙真理發出的聲音**，將如千雷齊吼般地
轟鳴，排山倒海地巨響夾雜著**忿怒的咒語**穿刺而來。這在實相中陰第一週
內裡首次提到聲音，不同於先前的六天呈現僅止於顏色與光芒的變化，這
已經暗示將進入另一種業力的影響。

第一類智慧強光與驚心動魄的實相巨響

經上說：「尊貴的某某，在無意識的國度裡。天生純淨的智慧，如五色光
芒交錯閃耀。它們將由五位持明主尊的心中射進您的心中。這光芒閃爍震
動，清澈明亮，甚至強烈恐怖，使得您的眼睛難以承受。同時，代表宇宙
真理的「法爾實相」(意指天然的、自然的、不待造作的實相)將產生巨大
聲響，如千雷齊吼。」

第二類畜生道溫柔光芒

與第一類光芒同時顯現是來自畜生道的柔和綠光。此時，因為虛妄業力的
作用，亡靈將感到害怕以致於想逃離五色強光，並被來自畜生道的柔和光
芒所吸引。邱揚‧創巴仁波切說這種綠色的柔光象徵無明，並迷惑亡靈。
這必須藉由上師(guru)的教義來啟發，而**第七天的持明主尊就是由上師
轉化的神祇形式。**

● 面對光芒和巨響的對應方法

(1) 請亡靈不要畏懼強烈智慧光芒與實相巨響

亡靈不要畏懼明亮強烈的五色光芒，不要害怕它，而要體認出強光是源自
於智慧。在宇宙真理發出轟雷巨響的同時，並夾雜著忿怒密咒(mantra)
的吶喊聲。不要害怕，不要恐懼，請了解那是發自亡靈內心，是您自己內
心投射出的景象。

密咒即是真言，是宇宙間真實的語言，是最神聖的語言，在密宗具有非常
重要的地位，源自於古印度，最早見於《梵書》與《夜柔吠陀》。西藏最
著名的密咒要算是六字真言，或稱六字明咒，音譯「唵嘛呢唄美吽」，意

持明主尊的法相

梵語

Vidyadhara

原意為明，
即智慧或知識

原意為持或擁有。

持明尊者就是
擁有智慧者（Knowledge Holder）

❶ 持明主尊的梵語是 Vidyadhara。

❷ 持明主尊是密教上師（Tantric Guru）顯現出的神祇形態（divine form），並具備宇宙相位的神奇力量，擁有超凡的法力，形象既威嚴又典雅。

❸ 持明主尊的面容介於寂靜與忿怒之間的面相，故稱寂忿尊，是一種帶著微怒或是生悶氣的表情。

❹ 寂忿尊是從亡靈的喉嚨部位散發出來的。

❺ 持明主尊的重要持物是金剛鉞刀、盛血的人頭顱缽。

金剛鉞刀與人頭顱缽

金剛鉞刀

梵語 kartrika，其中一端是半截金剛杵，另一端則是微彎鉞刀，是斬斷惡業分別妄念的密教法器，經常與法器人頭顱缽並列使用。中文舊譯版本譯為中國的偃月寶刀，並不妥當。

人頭顱缽

梵語 Kapala，經常被音譯為嘎巴拉，是密教重要的法器之一，以人頭蓋製成的缽，其功用在於剋除有形或無形的障礙魔怨。這是護法或本尊守護神的重要持物之一。缽中如果盛血是象徵捨棄生命，盛甘露則是象徵智慧。

165

譯「禮敬蓮中寶」，即觀音菩薩的重要真言。

（2）請亡靈拒絕柔和畜生道光芒的誘惑

對於柔和綠光，亡靈不要被它吸引，也不要渴望它。如果亡靈受到它的誘惑，將墮入無明的畜生道，經歷愚昧、無言、被奴隸所帶來的極度痛苦，並且無路可逃。

（3）心中至誠的祈禱

亡靈應該期望清澈明亮的五色光芒，一心一意專注於神聖的持明本尊，祂們是天上的導師。請在心中祈禱：

這些持明本尊們與勇健男、勇健女以及眾空行母一起前來邀約我，引領我前往純淨的虛空淨土。但是，如我一般的有情眾生因為沒有累聚足夠的福報，所以無法被接引。儘管到目前已經有五方族部的諸佛與菩薩，散發給我慈悲的明亮光芒，但我仍未獲得解脫。可悲啊！願所有的持明聖尊不要讓我沈淪墮落，請以慈悲之鉤緊抓住我，引領我到純淨的虛空淨土。

（4）請重複以下偈文禱告

願諸位持明主尊以偉大的慈愛在路上指引我，因為惡業愚癡，使得我在輪迴中迷離，在俱生智慧（即天賦的智慧）的明亮路上，願諸位持明主尊與勇健男女們護佑在我之前，願持明的伴侶與空行母們護佑在我之後，幫助我跨越中陰的危險路程，引導我前往純淨的虛空淨土。

只要虔誠地唸誦以上祈請文，一定可以融入持明主尊心中所散發的虹光之中，前往於純淨的虛空淨土。各種形式的精神友人相同地都能體悟這樣的結果，就可全部獲得解脫。即使是惡習深重的人亦可得解脫。

亡靈進入死亡後，所能體驗祥和喜樂的「實相中陰」，到此已經告一段落，接下來將進入恐怖忿怒的實相中陰後半段。

五組持明主尊

五組持明主尊的位置配置如下：

北方
自然生起

自發升起持明者
the Spontaneously Arisen Vidyadhara

特質：自然生起
綠色身軀擁抱綠色空行母共舞

西方
大手印

中央
成熟業果

東方
圓滿次第

大手印持明者
the Great Symbol of Dance

特質：大手印
紅色身軀擁抱紅色空行母共舞

蓮花舞主尊
the Lotus Lord of Dance

特質：成就發展圓滿完備
達到無法超越的境界
主尊擁抱紅色空行母共舞

次第確立持明者
Established in the Stages

特質：成就已經到了完備階段
（或譯圓滿次第）
白色身軀擁抱白色空行母共舞

南方
掌管生命

司壽持明者
the Lord of Life Vidyadhara

特質：掌管生命
黃色身軀擁抱黃色空行母共舞

空行母

梵語

Dakinis

↓

飛行於空中的女性神祇

❶ 空行母的梵名 Dakinis ，是密教中飛行於空中的女性神祇，可以作為女性的瑜伽行者。

❷ 她代表宇宙陰性法則的智慧，與象徵慈悲的陽性法則結合，即為悲智合一。

五種空行母

在第七天出現的空行母，以群組方式圍繞在持明主尊的外圍，但並未明確顯示精確的數量。以其活動的世界，可分為五組型態：

八大靈塔空行母	八大靈塔：紀念佛陀一生重要事蹟而建立的八個靈塔，分別是佛陀誕生的地方、成道處、轉法輪的地方、現神通的地方、從忉利天下來的地方、度化分別僧的地方、思念壽量的地方、入涅槃的地方。（註：舊譯版本此處是八大墳場）
四種姓空行母	四種姓：印度自古以來的階級制度，延續至今，分成：婆羅門（印度教最高神職人員）、武士、庶民、賤民。
三界空行母	三界：欲界、色界與無色界，分別是欲念的精神世界、具有形體的物質世界與沒有形體的世界。
十方空行母	十方：虛空的十個方位，即東、西、南、北，與四維（東北、東南、西北、西南）以及上、下。
二十四朝聖處之空行母	二十四朝聖處：密教經典大圓滿（Dzogchen）與瑜伽母續（Mother Tantra）提及二十四個適合瑜伽修行者禪定的地方，有的是真實的印度地名，如巴基斯坦的 Uddiyana、喜馬拉雅山、喬薩羅國。有的是佛經記載的世界如須彌山。

密教中的勇士——勇健男、勇健女、男女護法

「勇健男女」是密教中的男女勇士，是指一群與無明魔鬼奮戰的英雄，應該是忿怒尊形象。
「護法」是指保護佛法的神祇，多呈忿怒貌，是密教中一群面惡心善的怖畏神祇，其猛惡形象
是用來象徵法力與戰勝愚昧無知。

❶ 勇健男、勇健女們與所有
的男女護法穿戴六種骨製裝
飾，攜帶大腿骨號角、人頭
顱鼓、人皮旗幟、人皮遮
篷、人皮繩帶、人脂香膏。
❷ 祂們吹奏無數的各種樂
器，響徹整個宇宙。搖擺顫
動的聲響令人頭痛愈裂。
❸ 祂們跳著舞蹈，一是前來
接引戒律靜定的修行者，二
是前來懲罰墮落的惡徒。

勇健男女與男女護
法爲何要穿著如此
恐怖的衣飾？

密教勇士的服飾
密教勇士的服飾包括了明顯的淌血人頭項蔓與骷髏
項鍊，所有的樂器都是以死人的肢體或屍骨製成。
這種圖像象徵將死亡恐懼的幻影昇華成爲內心層次
的智慧意念的一種考驗，既是一種測試也是協助亡
靈克服死亡恐懼的方法，讓生前禪修者可以穿透無
明愚昧的路障，與戰勝一切世俗的我執意識。

影響中陰處境的關鍵
生前的密乘修行

經歷了七天和平聖尊的考驗情境，亡靈若未通過考驗，接下來就是一連串忿怒聖尊顯現的恐怖情境，處境更加艱難，而生前的密教修行成果將發揮影響力。

根據前述指引而獲得解脫的有情眾生雖然眾多，但是也有惡業積習甚久，重大罪過累聚繁多者，其「愚癡妄見之輪」的轉動，既不疲耗，也不加速。儘管已經提供了正確的指引，仍有許多人依舊迷離沉淪。

● **生前有密教修行，在中陰過程可以發揮關鍵影響**

在之前的七天，亡靈已經見到平和面容諸尊、持明主尊與空行母等等。接下來的七天，身環熾烈火焰的五十八位飲血忿怒尊即將顯現，祂們全是平和聖尊的變換形式，不過恐怖的形狀使得亡靈極度害怕而難以辨識出來。**在這種極度恐懼的狀態下，亡靈心識無從分心迷離，反倒是容易集中心智**，這反而是可以提供解脫的最佳狀態。《中陰聞教救度大法》特別提到，生前是密乘信仰者或有進行密乘瑜伽修行者，在中陰過程將發揮影響力，更有機會獲得解脫。經上說明了下面這五種情況：

(1)生前曾有密乘冥想訓練，在中陰時可以認出忿怒聖尊

如果在此時無法跟隨讀誦中陰教法，即使是聞經如大海深廣者、嚴守戒律者、大哲學家，都無法認出這些忿怒聖尊，更不用說平凡者。所有的人都將無法體認而落入生死輪迴之中。反觀密乘的瑜伽修行者，即使修行成就極低，當他見到這些忿怒的飲血諸尊亦能立刻認出祂們是本尊守護神，如同老友重逢一般，亡靈將信賴祂們，與祂們融合為一而證得佛果。這是因為他們在世間曾透由冥想的方式觀想飲血忿怒尊的形象，並虔誠信奉祂們。即使生前只看過祂們的平面畫像或立體雕像，在此時亦能認出祂們，並獲得解脫。

(2)生前不認識密乘聖尊，死後將無彩虹瑞相或火化舍利

根據《中陰聞教救度大法》的說法，持律僧侶或佛學大師，雖然佛學精

密教修行的五種影響（之一）

| 第1種影響 | 生前曾有密乘冥想訓練 | 在中陰時能認出忿怒聖尊 | 獲得解脫 |

在世間曾透由冥想方式觀想飲血忿怒尊的形象，並虔誠信奉祂們。

| 第2種影響 | 生前不認識密乘聖尊 | 死後將無彩虹瑞相或火化舍利 | 繼續輪迴 |

生前未曾專研密乘教義或曾鄙視辱罵密乘，所以當密乘聖尊顯現時無法認出祂們。

| 第3種影響 | 密乘信徒即使生前鄙俗，缺乏教養，只要真誠崇信 | 死後仍會有虹光、舍利 | 獲得解脫 |

這是密乘神秘不可思議之力量，很值得探討。

進，說法善巧，逝世時既無彩虹瑞光身，也無火化後的舍利。這是因為他們生前未曾專研密乘教義或是曾經鄙視、辱罵過密乘，所以當密乘聖尊顯現時無法認出祂們。生前不曾見過，死後突然在面前顯現這些不曾見過的形象，他會感到驚惶失措，並以為是自己的敵人而產生敵意。他們將無彩虹瑞光身，也無火化後的舍利。

(3)生前鄙俗無教養，但只要是真誠信仰的密乘信徒，死後仍會有虹光、舍利

即使是下下根器的密乘追尋者，生前鄙俗無教養，無力修習密乘要義，只要真誠崇信密乘，在此關鍵時刻亦可獲得解脫。中陰聞教救度大法還說敬重密乘者，即使在世曾有不當行為，至少在死後仍會有虹光、舍利瑞相。這就是密乘神秘不可思議之力量。

(4)中等根器的密乘修行者會在清澈天空融入虹光

中等根器的瑜伽修行者曾於生起階段（generation stage）與圓滿階段（perfection stage），觀想持誦真言心咒，所以不會漂泊迷離至實相中陰。在他們停止呼吸時，持明主尊、勇健男女與空行母會立刻前來迎接，一起前往虛空淨土。此刻，會出現清澈的天空景象，亡靈融入了彩虹光中，並伴隨花雨繽紛、香氣馥郁與天籟妙音等美好景致。火化之後，顯現如同珠寶般的舍利的祥瑞徵相。

(5)生前完成大手印與大圓滿教法，在臨終中陰即可體認明光，不必誦讀《中陰聞教救度大法》。

至於生前完成大手印教法（the Great Symbol）與大圓滿教法（the Great Completion）的人，在臨終中陰的過程之中即可體認明光證得法身，因此不必讀誦《中陰聞教救度大法》。

逝世的人如果能在臨終中陰的過程中體認出明光，即可證得「法身」。如果是在實相中陰的過程中體認出寂靜與忿怒諸尊是可以證得「報身」。至於在投身中陰獲得了悟，則可證得「化身」，誕生在更好的環境，繼續接受佛法的教導。

密教修行的五種影響（之二）

第4種影響　中等根器的密乘修行者　會在清澈天空融入虹光　**獲得解脫**

曾於生起階段（generation stage）與圓滿階段（perfection stage），觀想持誦真言心咒，不會漂泊迷離至實相中陰。

名詞解釋

生起次第與圓滿次第

密教瑜伽禪定觀修有兩種互補的階段，分別是生起次第（梵文 utpattikrama）與圓滿次第（梵文 sampannkrama）。前者的意思是開始階段，後者的意思是完成階段。在生起次第時瑜伽修行者觀想諸佛並與祂們融成一片。在圓滿次第所有的一切均將融入空性（emptiness）與無相（formlessness）之中。

第5種影響　生前完成大手印與大圓滿教法　在臨終中陰即可體認明光　**獲得解脫**

大手印・大圓滿

生前完成大手印教法（the Great Symbol）與大圓滿教法（the Great Completion）的人，在臨終中陰即可體認明光證得法身，因此不必讀誦《中陰聞教救度大法》。

「聽聞」仍是中陰解脫的關鍵

這麼說來，前面所說的賢哲學者、持戒守律的人、違背誓約的密乘行者與平常凡人，如果沒有修行密乘瑜伽，除了《中陰聞教救度大法》之外，別無其他解脫方法了。

《中陰聞教救度大法》是在死亡過程中以「聽聞」的方式而非「禪定」方法獲得解脫。簡單地說是只要聆聽他人的讀誦就可獲得解脫的一種秘密教法，可以將罪大惡業的人引領至解脫的秘密之道。這個博奧精深的教法可以在剎那間立刻斷絕無明，瞬間獲得圓滿的智慧。有情眾生只要能有機會接受此法，應該不會墜入悲慘的惡趣之中。

除了《中陰聞教救度大法》之外，還有一冊《中陰貼身救度大法》。《中陰貼身救度大法》，藏語 btagsgrol，唸成搭渡（tahodl），被視為《中陰聞教救度大法》的附冊。這是蓮華生大師的另一個教法，是六種中陰的短文指導法，大部分的內容是真言密咒。這部經經名的意思是**透由真言密咒幫遺體「穿上」一層護身符**，所以英文稱為 Liberation through Wearing。

《中陰聞教救度大法》與《中陰貼身救度大法》都應大聲讀誦，讓亡靈能仔細聽聞。兩者結合就如同在黃金般的曼荼羅鑲嵌美麗的綠松石。

三種解脫法的比較

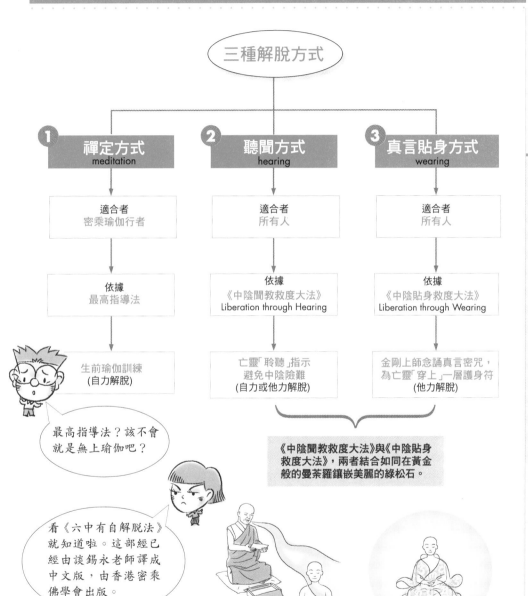

三種解脫方式

1 禪定方式
meditation

2 聽聞方式
hearing

3 真言貼身方式
wearing

適合者
密乘瑜伽行者

適合者
所有人

適合者
所有人

依據
最高指導法

依據
《中陰聞教救度大法》
Liberation through Hearing

依據
《中陰貼身救度大法》
Liberation through Wearing

生前瑜伽訓練
(自力解脫)

亡靈「聆聽」指示
避免中陰險難
(自力或他力解脫)

金剛上師念誦真言密咒，
為亡靈「穿上」一層護身符
(他力解脫)

最高指導法？該不會
就是無上瑜伽吧？

看《六中有自解脫法》
就知道啦。這部經已
經由談錫永老師譯成
中文版，由香港密乘
佛學會出版。

《中陰聞教救度大法》與《中陰貼身
救度大法》，兩者結合如同在黃金
般的曼荼羅鑲嵌美麗的綠松石。

聽聞方式

真言貼身方式

第八天的考驗
大光榮赫怒迦佛父佛母顯現

第八天，顯現的的兩位聖尊是大光榮赫怒迦與大力忿怒佛母。實像中陰前七天顯現的諸佛，是由亡靈的「心」中浮現，光也由「心」中射出。而從第八天開始出現的諸佛，是由「腦」浮現，而光由「髮絲」射出。

● 實相中陰第八天的幻相結構

❶ 顯現的神祇	大光榮赫怒迦佛父、大力忿怒佛母
❷ 亡靈的選擇	第一種選擇：體認大光榮赫怒迦的本質，並與祂合併，證得報身佛果
	第二種選擇：無法體認祂的本質，進入第九天的考驗

● 第八天顯現的神祇

赫怒迦（Heruka），在《中陰聞教救度大法》裡是指佛陀的忿怒化身。原本梵語「赫怒迦」一詞泛指所有忿怒相的觀想諸尊。在藏語就其外貌特徵被轉譯成「飲血者」或「飲血英雄」（Blood Drinker）。赫怒迦由亡靈的「腦」浮現，明確而且清晰地顯現在亡靈的面前。在第八天顯現的是大光榮赫怒迦（the Blessed Glorious Great Buddha-Heruka）。

● 亡靈的面對方法

1. 請亡靈在心中專心想著：

不要害怕，不要恐懼，也不須感到迷惑，請體認那是來自於您的內心。祂是您的本尊守護神，因此無須害怕。事實上祂是大日如來與祂的伴偶虛空佛母，因此不用害怕。請體認出祂們，即可立刻獲得解脫。

2. 當亡靈唸出上述詞語，亡靈將立刻與祂（大光榮赫怒迦佛）合併為一，並且立刻證得「報身」佛果。

3. 如果失敗將無法獲得解脫。因為惡業深重以致畏懼逃避，所以無法體認出祂的本質。在第九天金剛部的飲血忿怒佛將顯現，前來引領亡者。

赫怒迦—佛陀的忿怒化身

❶ 赫怒迦的梵語Heruka，泛指所有忿怒相的觀想諸尊。就其外貌特徵被轉譯成「飲血者」或「飲血英雄」（Blood Drinker）。
❷ 在《中陰聞教救度大法》裡是指佛陀的忿怒化身。
❸ 赫怒迦由亡靈的「腦」浮現，明確而且清晰的顯現在亡靈的面前。
❹ 在實像中陰第八天顯現的是大光榮赫怒迦佛（the Blessed Glorious Great Buddha-Heruka），三面六臂，四足展開挺立，擁抱佛母。這是由寂靜尊大日如來佛父佛母雙身相所化成的。

勝樂金剛或勝樂輪金剛等無上瑜伽本尊守護神在密乘發展的後期亦被稱爲赫怒迦。還有寂靜面容的五方佛——轉化形象成五位忿怒面容的忿怒諸尊，也被視爲赫怒迦。

大光榮赫怒迦與五部赫怒迦的關係圖

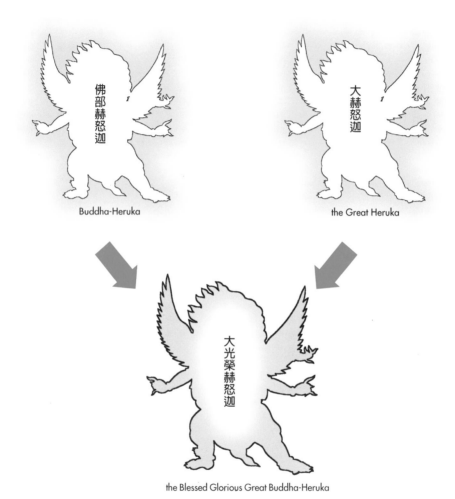

佛部赫怒迦

Buddha-Heruka

大赫怒迦

the Great Heruka

大光榮赫怒迦

the Blessed Glorious Great Buddha-Heruka

新譯版本的註釋裡說明大光榮赫怒迦（the Blessed Glorious Great Buddha-Heruka）是佛部赫怒迦（Buddha-Heruka）與大赫怒迦（the Great Heruka）的合體。其中大赫怒迦是所有五部赫怒迦之始（佛部、金剛部、寶部、蓮華部與業部）。大赫怒迦位處中陰聞教救度忿怒尊唐卡的中央位置，而佛部赫怒迦在祂的下方。依據這樣的描述，我們得知在唐卡的配置圖中並未畫出大光榮赫怒迦，而是畫出佛部赫怒迦與大赫怒迦。

剖析大光榮赫怒迦

第八天出現的大光榮赫怒迦雙身相是由大日如來佛父佛母所化成的忿怒尊。一切都由亡靈的腦中央所投射出來。

梵語

Heruka

↓

泛指所有忿怒相的觀想諸尊
音譯為赫怒迦

辨識特徵

1 身軀
三面六臂，四足展立。

2 膚色
三面各有不同膚色，右臉白色，正臉棕色，左臉紅色。在藏傳佛教多面神祇的膚色，經常是正臉的顏色與身軀的主要顏色相同，以本例而言正臉與主要身軀即是棕色。

3 眼睛
佛父身體散發強烈的火焰光輝，每張臉上共有三眼，全部的九個眼睛以忿怒的神情注視著您。

4 眉毛與牙齒
佛父眉毛如同雷電般閃耀，牙齒銳利如刀光閃耀。

5 發聲
口中發出嘹亮地「啊-啦-啦」與「哈-哈」叫聲，以及響亮的呼嘯聲「噓！」。

6 髮絲
佛父金黃紅色的髮絲向上飛揚，頭戴乾枯的骷髏頭冠，冠上綴有日月紋飾。身體綴有黑色的捲蛇項鍊與骷髏長鍊。

7 右三臂
佛父六隻手臂中，右邊的第一隻手握持 ❶ 法輪，中間第二隻手握 ❷ 持斧，最後第三隻手握有 ❸ 長劍。

8 左三臂
佛父左邊三手，第一隻手持握 ❹ 金剛鈴，中間第二隻手握有 ❺ 犁頭（ploughshare），最後第三隻手握持 ❻ 人頭顱缽。

9 雙修形式
伴偶佛部大力忿怒佛母（Buddha Krodhisvari）擁抱著祂，這是密乘特有的雙修形式之一。

10 飲血動作
佛母的右手環繞佛父的脖子，左手捧持盛血的人頭顱缽送進佛父的口中，接著，佛父發出嘹亮的顎音，呼嘯如閃電。

11 散射智慧明光
火焰般的金剛「髮絲」突然散射出如火焰般的智慧明光。

12 坐騎
佛父並以戰鬥姿踩踏著坐騎大鵬金翅鳥（garuda）。

14

相關經文
• 頁 288, 行 25 至
頁 289, 行 06

第九天的考驗
金剛部赫怒迦佛父佛母顯現

實相中陰第九天，主要聖尊是金剛部赫怒迦佛與金剛部大力忿怒佛母。

● 基礎結構

❶ 顯現的神祇	金剛部赫怒迦佛父、金剛部大力忿怒佛母
❷ 亡靈的選擇	1 體認金剛赫怒迦的本質，並與祂合併，證得報身佛果
	2 無法體認祂的本質，進入第十天的考驗

● 第九天顯現的神祇

第九天顯現在亡靈面前的是金剛部（Vajra Family）的飲血忿怒佛，祂稱為「金剛部赫怒迦」（Blessed Vajra Heruka），由亡靈「腦」的東部浮現而出，並顯現在亡靈的面前。身體的主要顏色是暗藍色，三面六臂，四足展開挺立（或稱戰鬥姿）。三面各有不同膚色，右臉白色，正臉暗藍色，左臉紅色。

● 亡靈對應的方法

1. 在亡靈的心中專心想著：

不要害怕，不要恐懼，也不須感到迷惑，請體認那是來自於您的內心。祂是您的本尊守護神，因此不用害怕。其實祂是聖尊金剛薩埵與祂的伴侶佛眼佛母，因此不用害怕。請體認出祂們，即可立刻獲得解脫。

2. 當亡靈唸出上述詞語，亡靈將立刻與祂（金剛部赫怒迦）合併為一，並且立刻證得「報身」佛果。

3. 如果失敗將無法獲得解脫。不過因為惡業深重，以致畏懼逃避。所以無法體認出祂的本質，在第十天寶部的飲血忿怒佛將顯現，前來引領亡者。

剖析金剛部赫怒迦

第九天出現的金剛部赫怒迦雙身相是由金剛薩埵阿閦如來佛父佛母所化成的忿怒尊。一切都由亡靈的腦部東方所投射出來。

辨識特徵

1 右三臂
佛父六隻手臂中，右邊的第一隻手握持❶金剛杵，中間第二隻手捧持❷人頭顱缽，最後第三隻手握❸斧。

2 左三臂
佛父左邊三手，第一隻握持❹金剛鈴，中間第二隻手握有❺人頭顱缽，最後第三手握❻犁頭（ploughshare）。

3 雙修形式
伴侶「金剛部大力忿怒佛母」（舊譯克咯鐵秀利瑪，Vajra Krodhisvari）擁抱著祂。

4 飲血動作
佛母的右手環繞佛父的脖子，左手捧持盛血的人頭顱缽迎進佛父的口中。

名詞解釋

飲血
飲血的意義：赫怒迦可說是密教中的大力士，佛陀以赫怒迦的形象展現大忿怒的行動，來摧毀無明或無知（Ignorance）。在藏文稱祂們為飲血金剛，由於鮮血是生命輪迴所必需的能量，飲血意指以智慧來消耗代表無明的生命鮮血。

第十天的考驗
寶部赫怒迦佛父佛母顯現

實相中陰第十天，主要聖尊是寶部赫怒迦與寶部大力忿怒佛母。

● 基礎結構

❶ 顯現的神祇	寶部赫怒迦佛父、寶部大力忿怒佛母
❷ 亡靈的選擇	1 體認寶部赫怒迦的本質，並與祂合併，證得報身佛果 2 無法體認祂的本質，進入第十一天的考驗

● 第十天顯現的神祇

第十天顯現在亡靈面前的是寶部（Ratna Family）的飲血忿怒佛，祂稱為「寶部赫怒迦」（Blessed Ratna Heruka），由亡靈「腦」的南部浮現而出，並顯現在亡靈的面前。身體的主要顏色是暗黃色，三面六臂，四足展開挺立（或稱戰鬥姿）。三面各有不同膚色，右臉白色，中央正臉是鮮明的深黃色，左臉為紅色。

● 亡靈對應的方法

1. 在亡靈的心中專心想著：

不要害怕，不要恐懼，也不須感到迷惑，請體認那是來自於您的內心。祂是您的本尊守護神，因此不用害怕。其實，祂是聖尊寶生如來與祂的伴偶佛母瑪瑪基，所以請您祈願祂們。請體認出祂們，即可立刻獲得解脫。

2. 當亡靈唸出上述詞語，他將體認出本尊守護神，並與祂（寶部赫怒迦）合併為一，即刻證得「報身」佛果。

3. 如果失敗將無法獲得解脫。不過因為惡業牽引，以致畏懼逃避。所以無法體認出祂的本質，到了第十一天蓮花部的飲血忿怒佛將顯現，前來引領亡者。

剖析寶部赫怒迦

第十天出現的寶部赫怒迦雙身相是由寶生如來佛父佛母所化成的忿怒尊。一切都由亡靈的腦部南方所投射出來。

辨識特徵

1 右三臂

佛父六隻手臂中，右邊的第一隻手握持❶珠寶（文中並未說明何種珠寶，應該就是摩尼寶），中間第二隻手握持❷帶有人頭的三叉戟，最後第三隻手握有❸棍棒。

2 左三臂

佛父左邊三手，第一隻握持❹金剛鈴，中間第二隻手握有❺人頭顱缽，最後第三手握有❻三叉戟。

3 雙修形式

伴偶「寶部大力忿怒佛母」（中文舊譯「寶克咯鐵秀利瑪」，Ratna Krodhisvari）擁抱著祂。

4 飲血動作

佛母的右手環繞佛父的脖子，左手捧持盛血的人頭顱缽迎進佛父的口中。

名詞解釋

帶人頭的三叉戟

梵語 Khatvanga，音譯為喀章葛，又稱金剛骷髏杖、天杖等等，是密乘重要的法器，特別是母部密續諸神的重要持物。頂端綴有三個頭，其中一個是骷髏頭。三頭象徵貪慾、瞋恨、與無明。最頂端處有時會有一個象徵慈悲的金剛杵，有時則是以三叉戟作為象徵瑜伽神經系統的中、左、右等三脈。

16

相關經文
• 頁289, 行20-29

第十一天的考驗
蓮花部赫怒迦佛父佛母顯現

實相中陰第十一天，主要聖尊是蓮花部赫怒迦與蓮花部大力忿怒佛母，由亡靈「腦」的西部浮現而出。

● 基礎結構

❶ 顯現的神祇	蓮花部赫怒迦佛父、蓮花部大力忿怒佛母
❷ 亡靈的選擇	1 體認蓮花部赫怒迦的本質，並與祂合併，證得報身佛果 2 無法體認祂的本質，進入第十二天的考驗

● 第十一天顯現的神祇

第十一天顯現在亡靈面前的是蓮花部（Padma Family）的飲血忿怒佛，祂稱為「蓮花部赫怒迦」（Blessed Padma Heruka），由亡靈「腦」的西部浮現而出，並顯現在亡靈的面前。身體的主要顏色是暗紅色，三面六臂，四足展開挺立。

● 亡靈應對的方法

1. 在亡靈的心中專心想著

不要害怕，不要恐懼，也不須感到迷惑，請喜悅地體認那是來自於您的內心。祂是您的本尊守護神，因此不用害怕。其實，祂是聖尊阿彌陀佛與祂的伴侶白衣佛母，請祈願祂們。只要體認出祂們，即可立刻獲得解脫。

2. 當亡靈唸出上述詞語，他將體認出蓮花部赫怒迦是自己的本尊守護神，並與祂合併為一，即刻證得「報身」佛果。

3. 如果失敗無法獲得解脫，亡靈將進入第十二天。因為惡業牽引，以致畏懼逃避。所以無法體認出祂的本質，在第十二天業部（Karma Family）的飲血忿怒佛將顯現，在這之後（意指第十三天）還會有寒林女神高麗（gauri）、食屍女神琵薩希（pisaci）與大力女神瑜伽女（yoginis）前來引領亡者。

剖析蓮花部赫怒迦

第十一天出現的蓮花部赫怒迦雙身相是由阿彌陀佛佛父佛母所化成的忿怒尊。一切都由亡靈的腦部西方所投射出來。

辨識特徵

1 右三臂
佛父六隻手臂中，右邊的第一隻手握持 ❶ 蓮花，中間第二隻手握持 ❷ 綴有三人頭的三叉戟，最後第三隻手握有 ❸ 棍棒。

2 左三臂
佛父左邊三手，第一隻握持 ❹ 金剛鈴，中間第二隻手握有 ❺ 盛血的人頭顱缽，最後第三手握持 ❻ 小鼓。

3 雙修形式
伴偶「蓮花部大力忿怒佛母」（中文舊譯「蓮花克咯鐵秀利瑪」，Ratna Krodhisvari）擁抱著祂。

4 飲血動作
佛母的右手環繞佛父的脖子，左手捧持盛血的人頭顱缽迎進佛父的口中。

名詞解釋

戰鬥姿

在《中陰聞教救度大法》一書中雖然並未採用梵語戰鬥姿的這種專有名詞，但由文中描述的肢體動作，應該就是鬥姿，它有時被譯為展立姿。其動作是雙足站立但其中一腿大部跨開，如赴戰場一般，因此稱為戰鬥姿。在梵語上依向左跨開（pratyalidha）與向右跨開（alidha）有不同的稱謂，兩種姿勢都含有強烈的征戰氣勢。

第十二天的考驗
業部赫怒迦佛父佛母顯現

實相中陰第十二天，主要聖尊是業部赫怒迦與業部大力忿怒佛母，由亡靈「腦」的北部浮現而出。

● 基礎結構

❶ 顯現的神祇	業部赫怒迦佛父、業部大力忿怒佛母
❷ 亡靈的選擇	1 體認業部赫怒迦的本質，並與祂合併，證得報身佛果 2 無法體認祂的本質，進入第十三天的考驗

● 第十二天顯現的神祇

第十二天顯現在亡靈面前的是業部（Karma Family，或稱羯磨部）的飲血忿怒佛，祂稱為「業部赫怒迦」（Blessed Karma Heruka），由亡靈「腦」的北部浮現而出，並顯現在亡靈的面前。身體的主要顏色是暗綠色，三面六臂，四足展開挺立（戰鬥姿）。三面各有不同膚色，右臉白色，正臉暗綠色，左臉紅色。

● 亡靈對應的方法

1. 在亡靈的心中專心想著：

不要害怕，不要恐懼，也不須感到迷惑，請體認祂是來自於您的內心。

祂是您的本尊守護神，因此不用害怕。其實祂是聖尊不空成就佛與祂的伴偶貞信度佛母，請虔誠祈願祂們。只要體認出祂們，即可立刻獲得解脫。

2. 當亡靈唸出上述詞語，他將體認出業部赫怒迦是自己的本尊守護神，並與祂合併為一，即刻證得「報身」佛果。

3. 如果失敗，無法獲得解脫。不過因為惡業牽引，以致畏懼逃避。所以無法體認出祂的本質，第十三天的忿怒尊與食屍女神將顯現前來引領亡者。

● 認清這不過是自己的幻影

透由上師的指示，亡靈將了知這是自己的心智活動投射所產生的幻相。如同看見了一個剝製的獅子標本，如果不知道**那只不過是個標本**，必然會感到震驚。但是，如果有人告訴他實情，那就他不會感到害怕了。同理，當

剖析業部赫怒迦

第十二天出現的業部赫怒迦雙身相是由不空成就佛父佛母所化成的忿怒尊。一切都由亡靈頭腦的北方所投射出來。

辨識特徵

1 右三臂
佛父六隻手臂中，右邊的第一隻手持 ❶ 劍，中間第二隻手握持 ❷ 綴有三人頭的三叉戟，最後第三隻手則握有 ❸ 棍棒。

2 左三臂
佛父左邊三手，第一隻握持 ❹ 金剛鈴，中間第二隻手握有 ❺ 人頭顱缽，最後第三手握持 ❻ 犁頭。

3 雙修形式
伴偶「業部大力忿怒佛母」（中文舊譯「羯摩克咯鐵秀利瑪」，Karma Krodhisvari）擁抱著袖。

4 飲血動作
佛母的右手環繞佛父的脖子，左手捧持盛血的人頭顱缽迎進佛父的口中。

亡者看到飲血諸尊以龐大的身軀與粗壯的肢臂顯現在他的面前，同時形體還佈滿在整個虛空之中，當看到時必然非常害怕。不過只要能夠體認出這一切是自己心智活動所投射出的幻相，或者是認出這是自己的本尊守護神，那之前「**透由觀想**」產生的明光與「**俱生**」（自然而生）的明光隨後將升起，如同母子相會，如同與熟人相見，一種自我解脫的明光將於亡者的面前升起，這一刻亡者自然地獲得自我解脫。

忿怒諸尊與寂靜諸尊的配置圖

在藏傳佛教所繪製的唐卡裡，赫怒迦是指佛陀的忿怒尊。而在死亡歷程的實相中陰所出現的赫怒迦是五方佛部的忿怒化身。從第八天到第十二天所出現的五位赫怒迦，正好對應第一天到第六天出現的五方佛。

忿怒諸尊主要配置圖

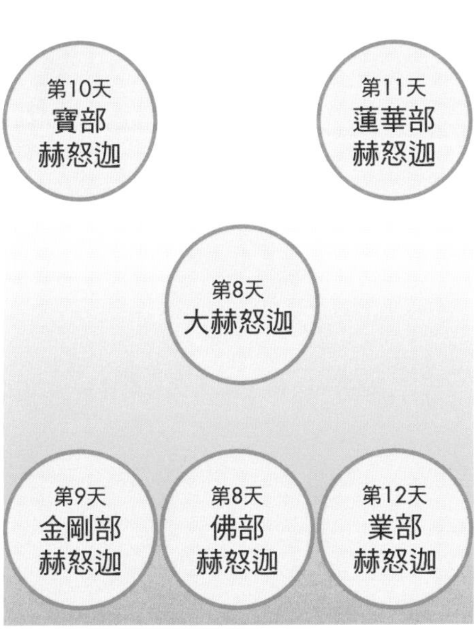

第10天
寶部
赫怒迦

第11天
蓮華部
赫怒迦

第8天
大赫怒迦

第9天
金剛部
赫怒迦

第8天
佛部
赫怒迦

第12天
業部
赫怒迦

註：左上圖中大赫怒迦與佛部赫怒迦的合體，就是出現在第八天的大光榮赫怒迦。詳細說明請見第178頁。

寂靜諸尊主要配置圖

第3天
寶部
寶生如來

第4天
蓮華部
阿彌陀佛

第6天
普賢如來王

第2天
金剛部
阿閦如來

第1天
佛部
大日如來

第5天
業部
不空成就

註：右上圖中央標示寂靜尊第六天的配置是「普賢如來王」，依據其他的修法儀軌，也有可能出現的配置是「金剛薩埵」。普賢如來王和金剛薩埵兩位都是本初佛，代表慈悲與智慧結合的不同修行狀態，詳細說明請見第94-95頁。

18

相關經文
• 頁 290, 行 23 至
頁 291, 行 21

第十三天的考驗
遇見恐怖的忿怒女神

如果沒有真正領悟上述的指導，即使是善良的人，也會繼續迷離於輪迴的
道路上。在接下來的第十三天，共有八位忿怒相高麗女神與八位琵薩希女
神，帶著各種形式的頭形，從亡者的腦部發起，顯現在他的面前。

● 基礎結構

❶ 顯現的神祇	八位忿怒相高麗女神、八位忿怒相琵薩希女神
❷ 亡靈的選擇	1 體認祂們都是自己心智活動所投射出的幻影 2 無法體認祂的本質，進入第十四天的考驗

● 顯現的神祇

八位忿怒相高麗女神與八位琵薩希女神將由亡者的腦部發起，顯現在亡靈
的面前。

寒林女神高麗，梵語 Gauri，意思是白色，原本是印度教濕婆神的伴侶，
稱為「水牛女」(因為濕婆神的座騎是水牛)；高麗女神來到西藏，藏名為
Keurima，中文舊譯為凱瑪麗。由於高麗女神住在寒林，所以也被稱為
「寒林女神」。寒林是一個恐怖可畏的世界，在這裡充滿了死亡的意念。

至於食屍女神琵薩希，梵語Pisaci，是出現在印度聖典《吠陀經》的惡鬼，
在西藏稱為 Phra men ma，許明銀先生音譯為頗羅悶瑪，而徐進夫譯為戴
鬘瑪。

這兩位印度古代女性神祇來到西藏，轉換成《中陰聞教救度大法》中成組
的忿怒相女神。

● 亡靈應對的方法

這八位高麗女神，來自八個方位，圍繞著五位飲血的赫怒迦，由亡靈的腦
海射出，並顯現在亡靈的面前。請不要害怕！

緊接著，八位獸首人身的琵薩希女神，祂們來自聖潔的神秘空間，圍繞著
五位飲血的赫怒迦，由您的腦海射出，並顯現在亡靈的面前。請不要害
怕！請認清祂們都是亡靈自己心智活動所投射出的幻影。

高麗女神與琵薩希女神的來源

第十三天出現了八位忿怒相高麗女神與八位琵薩希女神，祂們是由亡者的腦部發起，顯現在亡靈的面前。寒林女神高麗原本是濕婆神的伴侶，而食屍女神琵薩希是出現在印度聖典《吠陀經》的惡鬼。兩位印度古代女性神祇來到西藏，變成了《中陰聞教救度大法》裡成組的忿怒相女神。

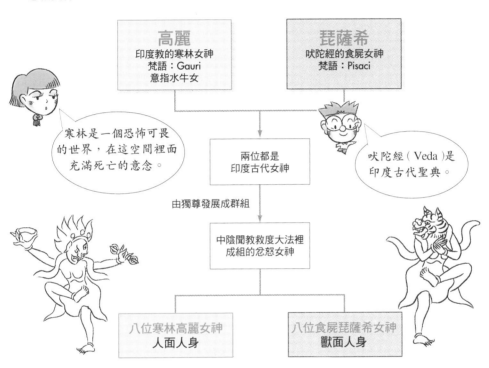

名詞解釋

高麗女神與琵薩希女神的譯名

高麗是梵名 Gauri 的音譯，意思是白色。她是印度破壞之神濕婆的妃后之一，稱為水牛女（濕婆神的坐騎即水牛）。來到西藏稱為 Keurima，在徐進夫所譯的《西藏度亡經》（1983）音譯為凱莉瑪。而許明銀先生在所譯的《中有大聞解脫》，音譯為吉鳥哩瑪。

特別值得一提的是許明銀先生親自將《中陰聞教救度大法》由藏文直譯為中文，是近年來最佳的譯本。本書採用的是噶舉派邱揚．創巴仁波切英文譯版（1992），與許明銀所譯寧瑪派藏譯版內容相似度極高，兩個譯版都已經解決徐進夫中文譯版的諸多需要更正之處。特別是在第十三天諸女神的描述，徐進夫版的確需要做許多修改，包括許多身體顏色與稱謂。

琵薩希女神是梵名 Pisaci 的音譯，她原本是印度聖典《吠陀經》中的惡鬼。在西藏稱為 Phra men ma，許銀明先生音譯為頗羅悶瑪，而徐進夫譯為戴蔓瑪。於此特別註記，方便擁有這兩個版本的讀者比對。

191

高麗女神

八位忿怒相高麗女神將由亡者的腦部發起，顯現在他的面前：

西北

淡黃香多莉女神
Candali

由屍身上扯下頭，右手握持心臟，左手將屍體送進口中。
她是寒林女神。

北方

黑色裴黛麗女神
Black Vetali

持金剛杵與人頭顱缽。
她是鬼女。

東北

暗藍施瑪夏妮女神
Smasani

由屍身上扯下屍頭而食。
她是尸林女神

西方

紅色普拉摩哈女神
Red Pramoha

持海獸旗（海獸即指摩羯魚，是象首鯨身的奇幻神獸）。
她是惑亂女神。

由大腦發射

東方

白色高麗女神
White Gauri

右手持屍棒，
左手持人頭顱缽。
她是水牛女神。

西南

暗綠葛絲瑪麗女神
Ghasmari

以右手握持金剛杵攪拌盛血的人頭顱缽。
她是大食女神。

南方

黃色高麗女神
Yellow Gauri

持弓射箭。
她是盜賊女神。

東南

橘色浦卡絲女神
Pukkasi

右手握持肚腸，
左手送進口中。
她是獵人女神。

琵薩希女神

八位琵薩希女神將由亡者的腦部發起，顯現在他的面前。八位都是獸首人形身軀，並有不同的膚色，其中，四位的面容是原野奔馳的四足猛獸，四位則是遨翔於天空的鳥禽。

西北
黑色烏鴉頭女神
Kakamukha
左手捧持人頭顱缽，右手持劍，並咬食心臟與肺臟。

北方
暗藍色狼頭女神
Svanamukha
雙手握著屍首送進口中，雙眼瞪視向前。

東北
暗藍色貓頭鷹頭女神
Ulumukha
左手持劍，右手持金剛杵，同時進食。

西方
黑色狐頭女神
Srgalamukha
右手握持剃刀，左手拿著肚腸，同時舔血咬食。

由大腦發射

東方
紫紅色獅頭女神
Sinhamukha
雙手交握於胸前，口銜屍首，不停地搖晃鬃毛。

西南
暗紅色禿隼頭女神
Kankamukha
背著大片剝皮披肩。

南方
紅色虎頭女神
Vyaghrimukha
雙手交握向前，雙眼瞪視，同時齜牙咧嘴。

東南
黃色禿鷹頭女神
Grdhramukha
肩背巨大人形屍首，手持骸骨。

第十四天的考驗
龐大的獸首女神群讓你團團轉

第十四天會顯現四位獸首守門女神與二十八位瑜伽女，祂們是一群獸首人身，膚色不同，各持不同象徵物的瑜伽女，都是亡靈心智活動所投射出的形象。

● 基礎結構

❶ 顯現的神祇	四位獸首人身的守門女神、二十八位獸首瑜伽女
❷ 亡靈的選擇	1 體認它們都是自己心智活動所投射出的幻影
	2 無法體認它的本質，進入第十四天的考驗

● 顯現的神祇

四位獸首人身守門女神（四位屬赫怒迦族群）

首先，四位獸首人身的守門女神，將由您的腦海射出，並顯現在您的面前。請不要害怕！請認清祂們就是自己的本尊守護神。

二十八位瑜伽女

緊接著會有二十八位瑜伽女（Yoginis）依序顯現在您的面前，祂們也是赫怒迦的忿怒形象，是一群獸首人身，膚色不同，各持不同象徵物的瑜伽女，請不要害怕！請認清祂們都是自己心智活動所投射出的幻相。現在，即將進入關鍵時刻，請記住上師的指示。

● 殷切的叮嚀

龐大而可怖的忿怒尊接踵而來，一刻也不得喘息，亡靈在巨大的恐懼中容易迷亂心識，上師在身旁殷切叮嚀，為的是要讓亡靈體認這些都是出於自我心智活動的幻相。

叮嚀 ❶ 請認出寂靜、忿怒、寂忿尊！

這二十八位大力的瑜伽女神，都是亡靈自我心智活動所投射出的赫怒迦忿怒形象，所以一定要認出祂們。尊貴的某某，法身以寂靜諸尊顯現，來自部份的空性，請體認祂們。報身以忿怒諸尊顯現，來自部分的明光，請體認祂們。此刻，五十八位飲血諸尊由亡靈的腦海浮現，並一起出現在亡靈

（下接第198頁）

四位獸首守門護法

在實相中陰的最後一天，也就是第十四天，首先會顯現四位獸首守門女神。她們是一群獸首人身，膚色不同，各持不同象徵物的瑜伽女，亡靈千萬請不要害怕！必須認清祂們都是自己腦海所投射出的形象。

北方

蛇面女神
Ghanta

綠色的身軀，手持金剛鈴。

西方

獅面女神
Srnkhala

紅色的身軀，手持鐵鍊。

由大腦發射

東方

虎面女神
Ankusa

白色的身軀，手持刺棒與盛血人頭顱缽。

南方

豬面女神
Pasa

黃色的身軀，手持套索。

六位北方瑜伽女

狼頭司風女神
Vayudevi

藍色的身軀，揮舞旗幟

水牛頭婦人女神
Nari

紅色的身軀，手持人標

牝豬頭女神
Varahi

黑色的身軀，持尖牙串成套索

禿鷹頭老饕女神
Bhaksini

暗綠的身軀，手握棍棒

第十四天最後顯現的一隊龐大陣容是二十八位瑜伽女（**Yoginis**），獸首人身，膚色不同，各持不同象徵物。瑜伽女亦被稱為大力女神。大部分的瑜伽女原本都是印度教的女神，而後被吸收入佛教。由於祂們的稱謂眾所皆知，也因此都能順利地由梵文轉譯成藏文。

馬頭喜悅女神
Rati

紅色的身軀，持大形屍首軀幹

六位西方瑜伽女

金翅鳥大力女神
Mahabala

白色的身軀，手握棍棒

西方

獅頭紅金剛女神
Red Vajra

手持鐵鏈

狗頭羅剎
Raksasi

紅色的身軀，執金剛鉞刀

戴勝科鳥頭慾望女神
Kama

紅色的身軀，手持弓射箭

鹿頭護財女神
Vasuraksa

暗綠色的身軀，手執花瓶

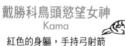

豬頭金剛女神
Vajra

黃色的身軀，手握剃刀

海獸頭和平女神
Santi

紅色的身軀，手持寶瓶

蝎頭甘露女神
Amrta

紅色的身軀，手持蓮花

六位南方瑜伽女

烏鴉頭金剛女神
Vajra
紅色的身軀，手執孩童皮

象頭大鼻女神
Mahahastini
暗綠色的身軀，手持屍首飲血

蛇頭司水女神
Varunadevi
藍色的身軀，手執蛇製套索

嗯，這真要感謝當初繪製中陰神祇唐卡的儀軌畫師呢！

氂牛頭羅剎女神
Raksasi
紫紅色的身軀，手握金剛杵

北方
蛇頭綠金剛女神
Green Vajra
手持金剛鈴

看啊！我將不畏懼你們，因為我早已經認識你們了！

蛇頭梵天女神
Brahmi
橘黃色的身軀，手持蓮花

豹頭偉大女神
Mahadevi
暗綠色的身軀，手持三叉戟

東方
杜鵑頭白金剛女神
White Vajra
手持鐵鉤

由大腦發射

貓貂頭貪婪女神
Lobha
藍色的身軀，手執法輪

六位東方瑜伽女

南方
羊頭黃金剛女神
Yellow Vajra
黃色的身軀，手持套索。

熊頭童貞女神
Kumari
紅身黃首，手執短矛

熊頭帝釋女神
Indrani
白身棕首，手執肚腸製套索

隼頭月亮女神
Candra
白色的身軀，手執金剛

狐狸頭持棒女神
Danda
暗綠色的身軀，手執棍棒

虎頭羅剎女神
Raksasi
暗黃色的身軀，執盛血人頭顱缽

的面前。祂們全都是從亡靈自己的閃亮的意識升起，只要能夠認知這點，即可立刻與飲血諸尊（blood-drinking deities）合為一體，達到不可分割證得佛果的境界。

叮嚀 ❷　當天空佈滿龐大的軀體時，請不要害怕！

尊貴的某某：於此，如果您不能體認出，您將會感到害怕，並想逃離。這時如果您不能體認出，您會將飲血諸尊視為閻羅法王（Lords of Death），並想逃離祂們。您會感到恐懼、迷惘、與虛弱。您自身心靈所投射出的影像將會轉變成邪魔，並墮入迷離的輪迴道路。只要不被誘惑、不要害怕，那您就不會墮入迷離的輪迴道路。在實相中陰的世界裡，寂靜相與忿怒相諸尊形體巨大，最大身軀者佈滿**整個的虛空**。中等身軀則有**須彌山之大**。至於小型身軀，也有**常人身軀的十八倍**。請不要感到害怕！所有的現象都是以光影與形象的方式顯現，請體認這一切都是由自己內心本性所散發的光輝。只要您能夠認清這一切，自身的光輝將與所有的光影與影像合為一體，並證得佛果。

叮嚀 ❸　完美的刹那間圓滿覺悟

尊貴的某某，無論您所見到的景象有多麼恐怖，請認清這都是自己的心智活動投射所產生的幻相。請體認這光明是來自自己心靈的本質光輝，只要您可體認這一切，毫無疑問即刻可證得佛果，這就是所謂的「刹那間圓滿覺悟」（perfect instantaneous enlightenment），請牢記在心。

叮嚀 ❹　將看見大黑天與閻摩法法王顯現

尊貴的某某，如果您不能體認這一切同時仍然感到害怕。所有的寂靜相諸尊，將以大黑天（Mahakala）的形象顯現，所有的忿怒相諸尊，將以閻羅法王(Yama)的形象顯現。您將迷離於輪迴的道路，內心所投射出的形象也都將成為魔鬼。

叮嚀 ❺　要能記住一個秘法或是一個字訣

尊貴的某某，如果您無法體認這一切都是內心所投射出的景象，即使深修

最後一天的特別叮嚀（之一）

叮嚀1　請認出寂靜、忿怒、寂忿尊！

寂靜尊

寂忿尊

忿怒尊

叮嚀2　當天空佈滿龐大的軀體時，請不要害怕！

在實相中陰的世界裡，寂靜相與忿怒相諸尊形體巨大，最大身軀者，佈滿整個虛空。中等身軀則有須彌山之大。至於小型身軀，也有常人身軀的十八倍。

佛法，或是熟習所有的顯密經典（sutras and tantras），也無法證得佛果。不過，只要您能夠記住其中的**一個祕法**或是**一個字訣**，想起這一切景象都是內心的投射，就可以證得佛果。

叮嚀⑥　閻羅法王手持「業行記錄簿」，前來迫害

如果亡靈無法體認內心的投射，一旦死後，在實相中陰的階段，祂們會以閻羅法王的形象顯現。形體最巨大的閻羅法王將佈滿整個的虛空，中型者如同須彌山一樣地高，所有諸尊將佈滿整個宇宙。閻羅法王咧齒咬唇，眼神透淨，束髮於頭頂，大腹便便，脖子豎長。祂手持一本「業行記錄簿」，嘴中叫喊著「打！殺！」，將人頭由身體扯下，取出內臟，掏心舐腦。就以這樣恐怖的形象前來，並佈滿整個宇宙。

● 亡靈應對的方法

（1）請亡靈不要畏懼所有顯現諸尊，體認祂們都是你的本尊守護神

尊貴的某某，當您看見內心投射成如此的景象，請無須害怕。您現在的身體是處在失去知覺狀況下，這種業習累聚所形成的意識體，即使被殺或被剁成碎片也不會死亡。實際上，這是空性的自然形式，根本無須恐懼。同樣地，閻羅法王顯現的身軀也是由您內心發出的光芒所形成，**祂們並非物質構成的實體。空性是無法被傷害的**。外部顯現的寂靜相與忿怒相諸尊、飲血赫怒迦諸尊、彩虹光與閻羅法王的恐怖形象，這一切均非實體，只不過是心智活動自發性所映射出的景象。只要您能夠了解這點，所有的恐懼均將獲得解脫，並與您融合成為一體證得佛果。只要您了解這些，即可體認祂們都是您的本尊守護神。

（2）一心祈請顯現諸尊，在中陰的危險路程前來指引

亡靈當一心祈請祂們，在中陰的危險路程前來指引。願在祂們的庇護下憶念三寶，憶念自己的本尊守護神，呼喚祂的名號，至誠地祈請祂，並說：

迷離在中陰之間，

祈請當我的救應者，

最後一天的特別叮嚀（之二）

叮嚀3 完美的剎那間圓滿覺悟

無論所見到的景象有多麼恐怖，這都是亡靈自己的心智活動投射所產生的幻相。亡靈只要能體認這光明是來自自己心靈的本質光輝，這就是所謂的「剎那間圓滿覺悟」（perfect instantaneous enlightenment），請牢記在心。

叮嚀4 將看見大黑天與閻摩法王顯現

所有的寂靜相諸尊，將以大黑天（Mahakala）的形象顯現；所有的忿怒相諸尊，將以閻羅法王（Yama）的形象顯現。即：

所有寂靜諸尊 ➡

⬅ 所有忿怒諸尊

大黑天

梵名Mahakala，原本是古代印度的軍神或戰神，是濕婆的化身之一。而祂在西藏是一位非常重要的護法，一說是文殊菩薩與觀音菩薩聯手降服的一位神祇，但也有觀世音菩薩忿怒相的說法。

閻羅法王

梵名Yama，即閻魔天，統御地獄界，傳說曾肆虐於西藏，後來由文殊菩薩降服，成為西藏護法，從此負責藏人生死與六道輪迴的判官。

請慈悲地抓住我，

珍貴的本尊守護神！

（3）呼喚上師的名號，至誠祈請他

接著，呼喚上師的名號，並至誠祈請他，並說：

因爲深重惡業，使得我在輪迴中迷離，

在捨棄所有恐懼的明亮路上，

願寂靜與忿怒諸尊護佑在我之前，

願忿怒相女神、虛空佛母護佑在我之後，

幫助我跨越中陰的危險路程，

引導我前往圓滿的成佛境域。

當捨棄摯愛的親友，獨自迷離漂泊，

而自我空性在內心映射之下顯現而出，

願諸佛放出慈悲力量，使我在中陰路上免於恐懼。

當五智明光閃耀，將無所恐懼地體認自我。

當寂靜尊與忿怒尊顯現，將無所畏懼、充滿信心地體認中陰。

當承受惡業帶來了痛苦時，祈願本尊守護神清理這一切的痛苦。

當實相之音如千雷齊吼時，祈願此聲化成六字明咒。

當業力跟隨而無所庇護時，祈願大悲聖尊救苦救難。

當惡業積習帶來了痛苦時，祈願三昧定（Samadhi）的喜悅與明光升起。

願五大（five elements）不要升起成爲敵人。

願能夠看到五位佛陀！

虔誠唸誦上文之後，所有恐懼都將會消失。而且一定能夠證得報身佛果，
因此這是非常重要，不可分心！切記，必須要覆誦三遍至七遍。

最後一天的特別叮嚀(之三)

叮嚀5 只要能記住一個秘法或是一個字訣

只要亡靈能夠記住其中的一個
祕法或是一個字訣,想起這一
切景象都是內心的投射,就可
以證得佛果。

叮嚀6 閻羅法王手持「業行記錄簿」,前來迫害

形體巨大的閻羅法王,咧齒咬唇,眼
神透淨,束髮於頭頂,大腹便便,脖
子豎長。祂手持一本「業行記錄
簿」,嘴中叫喊著「打!殺!」,將
人頭由身體扯下,取出內臟,掏心舔
腦。就以這樣恐怖的形象前來,並佈
滿整個宇宙。

最後的宣導
相信中陰教法的強大力量

來到實相中陰的最後，《中陰聞教救度大法》提出三個宣導，作為這個階段的總結：

● 宣導1：生前接過受禪定觀修的人需要徹底體認《中陰聞教救度大法》

1. 生前有過禪定觀想的任何人

生前有過禪定觀想的人，無論是熟練或不熟練，在臨終中陰階段都會感到混亂。這時除了《中陰聞教救度大法》之外別無他法。

2. 禪定甚深的人

對於禪定甚深的人，必須徹底體認自己意識，好在臨終中陰時體認明光而獲得生前解脫，因此生前的禪定練習是非常的重要。否則當意識脫離肉體實相中陰突然現前時，便來不及在生前解脫了。

3. 生前達到生起次第與圓滿次第的人

生前能夠禪定觀修密乘本尊守護神，並達到生起次第與圓滿次第的人。當寂靜與忿怒諸尊顯現在前時，會有強大的能量。因此應訓練自己的意識，徹底體認《中陰聞教救度大法》的重要性，特別是在生前能積極的學習。

● 宣導2：生前犯下五無間罪，只要仔細聽聞，仍可獲得解脫

《中陰聞教救度大法》這部經力量強大，即使是生前犯下五無間罪的人，只要仔細聽聞，仍可獲得解脫，因此，必須在眾人面前讀誦廣為傳播。這樣的人必須**一天修習三次**，大聲讀誦，徹底記住，對於此法能真正領會理解，對於字裡行間的意思在心裡必須清楚明白，無任何差錯。在中陰景象裡即使是上百位索命殺手追趕情形下，仍不可忘記字句行意。

● 宣導3：中陰世界中，亡靈的心識可高達九倍以上的清楚

在中陰世界，亡靈的心識靈敏清晰，比生前高達九倍以上。因此，儘管只聽過一次中陰教法，雖然不了解其中的意思，但對於每一句話都能清楚地記住，依著指示去做便能幫助自己度過中陰險境。因此，有必要將《中陰聞教救度大法》推廣給大眾，而不僅僅是瀕臨死亡的人。

人人都需要中陰教法

無論生前是什麼樣的人，只要願意聆聽《中陰聞教救度法》的指示與引導，
都可以獲得解脫，到達美好的淨土。

4

投生中陰 ---------------------

準備投胎，選擇未來生命

時間 ➲ 持續約 21 天

肉身 ➲ 感覺有一個肉身存在

意識 ➲ 清醒狀態，有超強神通力(意識體)

業力 ➲ 作用很大

幻相 ➲ 六道景象

路徑 ➲ 關閉胎門，即可得到解脫或較好的投生轉世。

相關經文
• 頁295, 行18至
頁296, 行14

亡靈的狀態
好像擁有一個有形身軀

亡靈經過恐怖的實相中陰，接下來有五天半的時間，會因爲恐懼而暈眩過去。當亡者醒來時，將感受到自己擁有一個有形身軀，並具有完備的感官知覺。

在實相中陰第十四天，也就是最後一天，對於無法在實相中陰有所體認的亡靈，身邊的讀誦者必須讀誦下文，提醒亡靈即將進入投生中陰的狀態：
尊貴的某某，仔細聆聽。地獄、天道與中陰身將忽然出生(化生，沒有經過懷胎受孕而誕生)。在實相中陰階段，寂靜與忿怒諸尊顯現在面前，您卻無法體認祂們。經過五天半，將會因爲恐懼而暈眩過去。當您再度恢復清楚的意識，一個會散發光芒的軀體、類似生前的身軀將產生。
在密續(tantra)是這樣說：投生中陰的過程中，將擁有生前與來生的有形身軀。當擁有完備的感官知覺，將可以毫無阻礙地四處游離(即六根齊全，行動無阻)。這是因業力的作用，所以具備了不可思議的神奇力量，同時會被本質相同的諸神透由淨眼（pure eyes）看到。

● 生前色身與未來色身
所謂的「生前色身」是指在亡靈記憶中有血有肉的生前身軀，在投生中陰階段它會散發出明亮耀眼的光芒，被視爲黃金時期的優質身軀。這種意識體的經驗稱爲「**中陰體驗下的意識體**」（the mental body of the bardo experience）。在這段期間亡靈可以誕生爲天神，去體驗天神活動的世界；也可以但誕生在阿修羅道、人道、畜生道、餓鬼道或地獄道，去感受不同世界的體驗。簡單說「**生前色身**」是指四天半之前，亡靈記憶中的前世有形身軀。「**未來色身**」則是指亡靈能體驗未來投生的有形身軀。

投生中陰的身軀

投生中陰期間，亡靈脫離原有的肉體，以飄盪的意識凝聚成「意識體」。這是介於「前世身軀」與「來世身軀」的中間形體，會散發光芒，有三個特色：

不是實質身軀

投生中陰的身軀並不是一種實體身軀（material body），而是一種由意識形成的身軀（mental body）。

具有神奇的感官知覺

意識體有清楚的感官意識，可以感受到冷熱、痛苦、快樂……

可以感受未來投生的景象

意識體將隨著即將投生之處而感受到未來的有形身軀。

相關經文
• 頁 296, 行 15-19

進入投生中陰前
三個重要叮嚀

投生中陰充滿了幻景，亡者將經歷不同的痛苦與折磨，但這個階段卻是獲得解脫的最後時機，該如何把握？《中陰聞教救度大法》給了亡者三點叮嚀，請千萬要牢記。

● 叮嚀 1：不要受任何幻景的誘惑

在這段時期，無論眼前生起任何的幻景，都不要追隨它，不要受它誘惑，也不要有所期盼。如果受到誘惑，將迷離飄盪墜入六道輪迴。

● 叮嚀 2：並安住在純淨赤裸的心靈

因為無法體認實相中陰顯現的幻景，以致於亡靈現在還在這裡迷離飄盪。如果此刻能夠專心觀修，安住在純淨無遮（赤裸）的心境，就可體認明光與空性。這些上師都曾經指導過，其要點是放輕鬆自然，保持在不緊握（non-grasping）也不行動（non-action）的狀態之中。倘若能這樣，亡靈將會獲得解脫，不入胎門。

● 叮嚀 3：觀想自己的本尊或上師在頭頂

如果無法體認，請在自己的頭頂上熱切誠敬地觀想本尊或上師。這點非常重要的，要一次再一次的觀想，不可分心。

投生中陰行前的三叮嚀

踏上投生中陰前的三個叮嚀，目的是提醒亡靈避免進入胎門，投胎轉世。

叮嚀 ❶

不要追隨眼前幻相

不可期盼，不可受誘惑。

叮嚀 ❷

安住在純淨赤裸的心靈

保持在不緊握也不行動的狀態。

叮嚀 ❸

在頭頂的位置觀想本尊或上師

一次再一次的觀想，不可分心。

相關經文
• 頁296, 行20 至
頁297, 行05

超常的感官意識
神通

由於亡靈的意識已離開身體,屬於意識體狀態,所以能夠穿透任何山岳、
岩石、土地、房屋,乃至於須彌山也沒有任何阻礙。

● 完備的感官意識讓亡靈暢行無阻

《中陰聞教救度大法》這麼寫著:

尊貴的某某,請仔細傾聽,不可分心。所謂「完備的感官意識」(Complete
with All Senses)是指生前無論您是眼盲、耳聾或是腿瘸,來到了中陰世界,
您的眼睛可以看到各種形體,耳朵也可以聽到聲音,所有的感官意識都清
楚,而且完美無缺。當您擁有這種能力時說明您已經死了,正飄離遊盪在
中陰世界裡。

雖說此時意識已經離開了原來的身體,可以到達任何地方,不過,有兩個
地方是亡靈無法到達的,那就是菩提迦耶(Bodhgaya)的金剛座和母親的
子宮。除此之外,即使是諸神居住的須彌山,亡靈也可以穿透其中,直來
直往而毫無阻擋。當亡靈擁有這種能力也就表示已經在投生中陰的世界中
飄盪迷離了。

● 只有菩提迦耶和母體的子宮無法到達

神通能力,在世間被視為超常不可思議,但在死後的四次元世界裡卻是稀
鬆平常。通常活著的人必須透過深奧的瑜伽修練才得以開發並具備這種神
通能力。即便是如此,瑜伽修行者也不能在意識清醒的狀態下前往菩提迦
耶和母親的子宮。這是因為菩提迦耶是偉大力量的中心,是**佛陀悟道之
處**,而母體的子宮是**投生必須經過之處**。在這兩個地方會散發出令人迷亂
的光芒,對於精神毅力平常的凡人,就如同置身於中陰世界各種光線顯現
於前的情境,會產生極度恐懼而被牽引阻擾,因此無法到達。

投生中陰的神通本事

完備的感官意識

投生中陰的神通力具有完備的
感官意識，生前無論是眼盲、
耳聾或是腿瘸，來到投生中陰
時，亡靈的所有的感官意識都
很清楚，而且完美無缺。

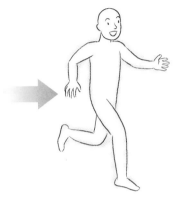

擁有神通力的兩種方法

世間的人能夠具備不可思議的神通力量，通常是得自深奧的瑜伽修練。而中陰世界的意識體
具備不可思議的神通力量，是因為業力作用自然而生的。

投生中陰 的神通力	世間 的神通力
獲取的方法 **業力作用** the force of Karma	獲取的方法 **瑜伽冥想** meditation
特色 **超強感官意識** Complete with All Senses	特色 **六神通** Six Psychic Powers

限制

無法到達兩個
地方
1 菩提迦耶的
金剛座
2 母親的子宮

可以暢行無阻
1 穿透岩石
2 穿透土地
3 穿透房屋
4 穿透須彌山

具有六種神通
1 天眼通
2 天耳通
3 宿命通
4 他心通
5 神足通
6 漏盡通

限制

遭受外來力量
干擾時，神通
力會消失。

警告與對策
不可貪戀執著神通能力

能擁有神通力，可真是夢寐以求的事啊！從今以後再也沒有到不了的地方、辦不到的事了。不過，《中陰聞教救度大法》卻對亡靈提出了警告和對策：

● **對策 1：對種種虛幻變形的神通，千萬不要貪戀執著**

在這段期間，因為業力的作用，亡靈已經具備了奇妙的神通能力，但那並不是任何**三昧定**（samadhi）的結果，也不是平日修持與福德成就的因素。亡靈必須認清那是**業力**（the force of Karma）的作用，使得他得以在瞬間念頭下，或舉手的頃刻之間，即可遊遍須彌山與四大部洲。對此種虛幻變形的神通，千萬不要貪戀執著。（特別注意「**瞬間念頭下**」這句話的意思，是說只要心中一有念頭，就立刻到達所要去的地方。）

● **對策 2：如果貪戀神通力量，必須立刻祈求上師庇護自己**

或許亡靈會對這種神通力量感到貪戀執著，因為可以毫無阻礙，任意展示這種力量，並可完成任何想做的事，而且沒有辦不到的事。如今亡靈應該體悟這點，並祈求上師的庇護。

● **對策 3：當淨眼可以見到同類的眾生，必要能觀想大悲世尊**

淨眼可以見到同類眾生，這是說同類的眾生因為**本質相同**，可以在中陰的世界見到彼此的形體。例如，將要在天神世界出生的眾生，就可以用天神的形態見到彼此。同樣在六道輪迴中，將要前往相同投生之處者，是可以見到彼此。這時，不要貪看他們，而要觀想大悲觀世音菩薩。

擁有神通的對策123

亡靈擁有超凡的神通能力該有何對策呢？

1 對種種虛幻變形的神通，千萬 不要貪念執著

2 如果貪戀神通力量，必須立刻 祈求上師 庇護自己

3 當淨眼可以見到同類的眾生，必須 觀想觀世音菩薩

兩種淨眼

對亡靈而言，投生中陰裡的天道諸神擁有的淨眼，與人世間有神通力量的瑜伽行者的淨眼並不相同。

淨眼
Pure eyes

投生中陰的淨眼 seen by the pure eyes of gods	世間的淨眼 seen by the pure divine eyes of mediators
獲取的方法 天神的福德	獲取的方法 三昧定的冥想
特色 隨時都能看見	特色 只有在集中心力 觀修時看得見

名詞解釋

三昧定
梵語 samadhi，中文譯為「三昧定」，其中包含「安置一起」與「形成心靈」的兩個含意。簡單說三昧定是指專心冥想，是一種完美的冥想與凝思，可被視為極高階的禪定觀修。

注意！
當有外來力量干擾時，便失去淨眼的神通力。

215

5

相關經文
• 頁297, 行15至
頁299, 行11

投生中陰的考驗
七種險境幻相

即使擁有了神通力，亡靈在投生中陰階段仍須經歷七種特殊情境幻相，一個比一個恐怖、痛苦與無助。

● **情境1：看到親人哭泣，卻得不到回應**

亡靈具備神通力量，能輕易地看到親友與自己的家，一切彷若夢境。亡靈想上前跟家人交談，可是他們並沒有反應。當亡靈看見了家人哭泣，於是想到「我死了嗎！那該如何是好？」。此時的亡者會非常焦慮，就好比離開水的魚在熱沙中翻滾，感到極度痛苦。

➲ **亡靈應對的方法**

這時候痛苦是無用的，如果有上師，那就祈請上師庇護，或是祈請觀世音菩薩，就不會感到痛苦或恐懼。

● **情境2：如羽毛般隨業風飄零**

亡者會被飄盪不定的業風（wind of karma）吹襲，沒有肉體依附的意識，就如同被風吹起的羽毛一般，隨著狂奔的馬無助地四處飄散。亡靈到處飄盪，他會對著那些哭泣的親人說：「我在這裡，不要哭泣！」但他們聽不到他的話。亡靈會心中自想：「我是死了吧！」，於是更加地難過。這段期間，不分晝夜從早到晚，呈現的景致總如秋天黎明時灰茫茫的天空。亡者在這樣的中陰世界將徘徊一、二、三、四、五、六乃至七週的時間，直到七七四十九天。**一般而言，承受投生中陰苦惱的日子大約持續二十一天。但隨著業力的影響，沒有一定的日數。**

➲ **亡靈應對的方法**

提醒亡者請不要痛苦。

● **情境3：猛烈業風與黑暗吼聲**

如同狂風一般，一陣陣可怕難受的猛烈業風（tornado of karma），由後方吹來，逼迫亡靈。亡靈無須恐懼，因為一切是自己的妄想。此外還會有濃密的黑暗出現在亡者的面前，並夾雜「打呀！殺啊！」的恐怖吼叫聲。

投生中陰的七種險境幻相與對應法

情境		因應對策

看到親人哭泣
卻得不到回應

→

如果有上師：祈請上師庇護
如果無上師：祈請觀世音菩薩

如羽毛般隨業風飄零

→

提醒亡靈無須痛苦

猛烈業風與黑暗吼聲

→

提醒亡靈無須害怕

羅刹追殺 野獸追逐
狂風暴雨 軍團追捕
山崩地裂的聲音
湖水氾濫的聲音
焰火燃燒的聲音
猛烈強風的聲音

→

體認一切都是幻影
體認深淵是貪瞋癡幻化的景象
祈請觀世音菩薩的庇護
祈請觀世音、上師、三寶的庇護

快樂幸福的感受
無樂無痛的感受

→

第一：遇到快樂情景，請不要受到誘惑，也不要
　　　有貪戀之心
第二：虔誠地禱告，將一切的喜悅作為上師和三
　　　寶的供養
第三：放棄心中一切的貪戀和執著
第四：如果不痛苦也不會快樂，該讓心保持在無
　　　修不亂的大手印（the Great Symbol of
　　　undistracted non-meditation）狀態之中

飄盪的意識體必須
承受片刻都無法休
息的痛苦

→

勿做任何意念，只要讓意識安
住在本身固有的心境

想要尋找一個軀體

→

拋開追求肉體的念頭，安住在
無為（non-action）狀態之中

○ 亡靈應對的方法

叮嚀亡者不需感到害怕。

● 情境4：羅剎追殺、野獸追逐、狂風暴雨、軍團追捕、山崩地裂等幻相和聲音

惡業重大的人，將會看到一些吃肉的羅剎（惡鬼），攜帶各式各樣的武器，口喊「打呀！殺啊！」，形成一種可怖的騷擾。羅剎們會蜂擁而至，爭先恐後地追殺亡靈。亡靈會產生被凶猛野獸追逐的幻影，以及在風雨、黑暗、暴風雪中被龐大魅影兵團追補的種種幻相。此外還有山崩地裂的聲音、湖水氾濫的聲音、焰火燃燒的聲音以及猛烈強風的聲音都會隨時出現。當這些恐怖的聲音出現，亡靈會被嚇得四處逃竄。但是逃亡的路會被**白（癡）、黑（瞋）、以及紅色（貪）**的三道懸崖阻斷。這些懸崖陡峭，十分可怕，彷彿就要墜落下去。其實，它們不是真正的懸崖峭壁，而是貪瞋癡三毒的幻化的景象。

○ 亡靈應對的方法

第一，亡靈必須認知這一切都是投生中陰的險境。它們不是真正的懸崖峭壁，而是貪瞋癡三毒的幻化的景象。

第二， 亡靈應該祈請大悲觀世音菩薩。

第三， 亡靈應該誠懇的禱告：「大悲觀世音菩薩，我的上師與珍貴的三寶，祈請庇護我（稱自己的名字），不要使我墮入惡道」。

● 情境 5：快樂幸福的感受與無樂無痛的感受

前面的四種特殊情境都是恐怖或不美好的。但是生前為善、虔誠禮佛的人會有另一種體驗。他們在投生中陰將體驗圓滿的快樂和幸福。至於生前不善業不惡的人，則是無樂無痛的茫然感受。

如果亡靈生前累積功德，並且虔誠禮佛，那麼各種圓滿的享受（perfect enjoyment）將前來邀約，同時圓滿的快樂和幸福（perfect bliss and

七種險境幻相的生動比喻(之一)

情境 **1** 看到親人哭泣,卻得不到回應

亡靈會非常焦慮,就好比離開水的魚在熱沙中翻滾,感到極度痛苦。

情境 **2** 隨業風四處飄零

亡靈會被飄盪不定的業風(wind of karma)吹襲,沒有肉體依附的意識,就如同被風吹起的羽毛一般,隨著狂奔的馬無助地四處飄散。

情境 **3** 猛烈業風與黑暗吼聲

一陣陣可怕難受的猛烈業風(tornado of karma),由後方吹來,逼迫亡靈。濃密的黑暗(dense darkness)出現在亡者的面前,並夾雜「打呀!殺啊!」的恐怖吼叫聲。

打!　打!　殺!殺!

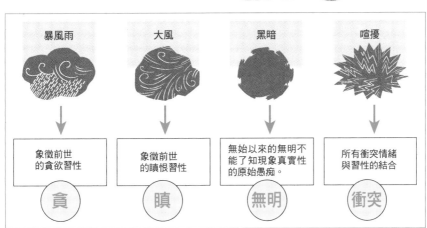

暴風雨	大風	黑暗	喧擾
象徵前世的貪欲習性	象徵前世的瞋恨習性	無始以來的無明不能了知現象真實性的原始愚痴。	所有衝突情緒與習性的結合
貪	瞋	無明	衝突

happiness）在這時候將可體驗。

若生前既沒有累積功德，但也沒有種下罪深惡業，這種亡靈沒有快樂也不會痛苦，而會產生愚昧無知、漠不關心的感覺，宛若置身於完全沒有色彩的世界。

◐ 亡靈應對的方法

第一，無論什麼樣的情景出現，無論遇到什麼樣的快樂情景，請不要受到誘惑，也不要有貪戀之心。

第二，虔誠地禱告，將一切的喜悅作為上師和三寶的供養。

第三，放棄心中一切的貪戀和執著。

第四，如果不痛苦也不會快樂，只有冷漠茫然的感覺，應該讓心保持在**無修不亂的大手印**（the Great Symbol of undistracted non-meditation）狀態之中。這點非常的重要，不可忽視。

●情境6：飄盪的意識體必須承受片刻都無法休息的痛苦

亡靈會在橋頭、寺廟中或寶塔等地方休息片刻，但無法持久。這是因為意識已經脫離了肉體，所以無法永遠安定下來。此時亡靈會感到忿怒與寒冷，他的意識變得虛幻輕薄，隨處快速飄盪，短暫而無法持續。亡靈不知如何是好。他會心中自想：「天啊！我死了，該怎麼辦？」當有了這些念頭，亡靈的內心就會變得更加空虛，心灰意冷，並充滿無邊無際的劇烈痛苦。不過亡靈無法在任何地方獲得休息，不得不持續奔波。

◐ 亡靈應對的方法

亡靈心中勿做任何意念，只要讓意識安住在本身固有的心境。

●情境7：尋求一個軀體

中陰之身最後會遭遇一種的特殊情境：沒有食物，沒有固定的朋友，也無法久留一地。這時候，**亡靈開始想要擁有一個身體**，於是四處尋找自己原本的身軀。

七種險境幻相的生動比喻（之二）

情境 4　羅剎追殺、野獸追逐、狂風暴雨、軍團追捕、山崩地裂的聲音

惡業重大的亡靈，將會看到食肉羅剎（惡鬼）蜂擁追殺、凶猛野獸的追逐、龐大魅影兵團的追捕等種種幻相。此外還有大自然界的恐怖景象如：山崩地裂、湖水暴漲、焰火燃燒以及猛烈強風的聲音。亡靈被嚇得四處逃竄，但是逃亡的路會被白、黑以及紅色的三道懸崖阻擋。它們不是真正的懸崖峭壁，而分別是貪瞋癡三毒幻化的景象。

這景象好恐怖！

嗯，像極了電影魔戒裡的場景呢！

名詞解釋

羅剎

羅剎（Raksa）原本是指印度古代民族，卻被後來侵入印度的雅利安人貶抑成為「恐怖畏懼」的代名詞。一般來說，男性稱為羅剎，女性則為羅剎西（Raksasi）。兩者共同成為惡鬼的總名，是暴惡可畏的代言人。傳說羅剎男身軀黑紅，兩眼發出綠光。羅剎女則被描繪成為絕豔美麗的魔女。

沒有任何食物可吃，只有喪禮中的供品，也沒有固定的朋友。這些是意識體（metal body）在投生中陰隨處飄蕩的感受。在這段時間，快樂或痛苦的感受，完全依據個人業力而定。當亡靈看到自己的家鄉、親友，以及自己的遺體，亡靈心中迴響著「我已經死了！應該如何是好！」，接著意識體在此刻感受劇烈的痛苦。亡靈心中想著「現在為何不去找個身體？」當亡靈有了這樣的念頭之後，便四處努力尋求一個身體。

即使亡靈進入自己的遺體九次以上，也是沒有用的，因為亡靈在實相中陰過程裡，已經過了一段時間（至少十四天了）。如果在冬天，遺體早已凍結。如果在夏天，遺體早已腐爛。或者已經被自己的親人舉行火葬或土葬了，或是被山野的鳥獸餵食（這是指西藏特有的天葬）。這時，**原來的肉體已經不能使用了**。亡靈由於找不到適當可用的身體，於是感到非常絕望，在這時候會產生在岩石與砂礫夾縫中被壓迫的感覺。

⊃ 亡靈應對的方法

亡靈必須拋開追求肉體的念頭，安住在無為（non-action）狀態之中。說到作到，趕快安住在這種境界吧。只要如此觀想，就可以擺脫中陰的危險情境，而獲得自在的解脫。

七種險境幻相的生動比喻(之三)

情境**5** 快樂幸福的感受與無樂無痛的感受

生前為善、虔誠禮佛的亡靈在
投生中陰將體驗圓滿的快樂和
幸福。至於生前不善業不惡的
亡靈,則體驗無樂無痛的茫然
感受。

情境**6** 飄盪的意識體必須承受片刻都無法休息的痛苦

亡靈的意識變得虛幻輕薄,到處
飄盪奔波,無法休息與安定下
來。亡靈感到忿怒與寒冷,心中
更充滿了無邊無際的劇烈痛苦。

情境**7** 想要尋求一個軀體

亡靈最後會遭遇的險境是原來
的肉體已經腐爛不能再使用
了。亡靈會感到絕望而產生好
像被壓迫在岩石和砂礫夾縫中
的感覺,並興起想要尋求一個
軀體的強烈念頭。

冥界的審判
善惡大審判

依據先前的殷切指導，亡靈應該可以獲得解脫。如果因為惡業力量太強，至今仍然無法體認，那麼，接下來就要進行善業與惡業的審判大關了。

此時，身旁的讀誦者必須誦唸下文：

尊貴的某某，因為業力的作用以致於到現在依然在此承受苦難。這並不能遷怒他人，一切都是自己業力所造成的。請不斷祈請三寶，他們會施予庇佑的。如果不知如何祈請，也不懂得大手印教法，也不知道如何呼喚自己的本尊守護神，那麼善業惡業的審定即將開始。

● 景象 1：司善判官與司惡判官的累計

「司善判官」會用白石子來計算亡靈一生的善行。同時「司惡判官」會用黑石子來計算他的惡行。面臨這種狀況，亡靈感到極度的驚惶，但又試圖說謊，說明自己從來沒有做過那些不對的事。這時候閻羅法王會說：「讓我們來看業鏡（the mirror of karma）吧！」

● 景象 2：閻羅法王持業鏡

於是，亡靈生前的一切惡行和善行都立刻清楚明白地顯現在閻羅法王的業鏡上，因此說謊是沒有用的。這時候閻羅王會以繩索套住亡靈的脖子，砍下他的腦袋，掏出他的心臟，拉出他的腸子，舔食著他的腦髓，飲盡他的血液，吞食他的肌肉，啃咬他的骨頭。亡靈即使想求死也死不了，因為身體被剁碎了，**不久後又會活過來**。就這樣反反覆覆，一次又一次被砍殺，不斷地承受劇烈的疼痛與磨難。

審判亡靈的情景

投生中陰裡的亡靈要面對判官以及閻羅法王的審判，看生前行善多還是行惡多。

審判的方法

❶ 白黑石子計算

司善判官會用白石子來計算亡靈一生的善行。「司惡判官會用黑石子來計算他的惡行。面臨這種狀況，亡靈感到極度的驚惶。

❷ 照業鏡現形

閻羅法王說：「讓我們來看業鏡吧！」生前的一切惡行和善行都立刻清楚明白地顯現在閻羅法王的業鏡上。

說謊的人的下場

說謊是沒有用的。對付說謊者，閻羅王會讓他一次又一次被砍殺，被吞食啃咬，永無止盡。

7

相關經文
• 頁 299, 行 25 至
頁 300, 行 21

面對審判的撇步
一切都是空性

判官在計算那些黑白石子的時候，亡靈無須恐懼害怕，千萬不要說謊。面對閻羅法王的時候也無須緊張，只要記住下面三點：

● 方法 1：體認「空性是無法被傷害的」

亡靈的身軀是由意識所凝聚的身軀，即使殺了頭，砍斷四肢，也不會死去。這個身軀只是一種空性的身軀，是一種習氣所累聚的身軀，其本質是空的，所以根本無須恐懼。而閻羅法王、判官獄卒、牛頭死魔只不過是混亂幻覺所形成的影像（confused projection）。空性是無法被傷害的，沒有實質的東西（無相）不能傷害沒有實質的東西。

● 方法 2：觀修大手印三昧定境

第一，當此之時，亡靈必須了知自己已經在中陰世界中。這時候，必須觀修大手印三昧定境（the samadhi of the Great Symbol）。如果不知道如何觀修法，那就仔細地審視使自己感到恐懼的本源是什麼。你將會發現那只是一種空性，空性是沒有本質的，這種空性就是「法身」（dharmakaya）。

第二，空性的空並非空無一物的空，其本質是令人震驚，是一種具備偉大覺知與清澈明析的心。而這就是「報身」的心（sambhogakaya）。

第三，明光與空性不是分離的兩件事。空性的本質是明光，而明光的本質是空性。空性與明光不可分割。當赤裸無遮的心被剝掉而毫無掩飾時，它是被安在無造作的狀態（uncreated state），這就是「本初佛」的心（svabhavikakaya，許明銀先生譯為「自性身」）。

第四，本質的力量可以在任何地方毫無障礙的生起，這是充滿慈悲關懷的「化身」（nirmanakaya）。

● 方法 3：體認四身

亡靈請仔細聆聽，不要分心。只要能夠領悟上述的四身，就可以從其中之一獲得圓滿的解脫。請千萬不可散亂！諸佛與有情眾生之間的差別就在這一線之隔。《中陰聞教救度大法》這麼寫著：

面對閻羅法王審判的三個方法

亡靈千萬不可說謊，只須做這三件事：

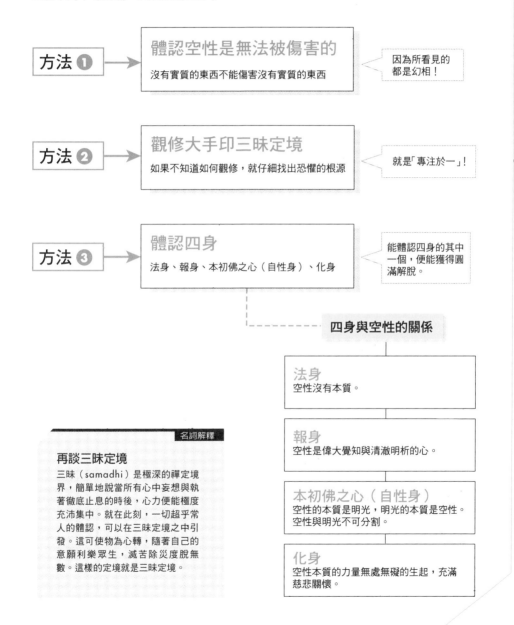

方法❶ → 體認空性是無法被傷害的
沒有實質的東西不能傷害沒有實質的東西
┤ 因為所看見的都是幻相！

方法❷ → 觀修大手印三昧定境
如果不知道如何觀修，就仔細找出恐懼的根源
┤ 就是「專注於一」！

方法❸ → 體認四身
法身、報身、本初佛之心（自性身）、化身
┤ 能體認四身的其中一個，便能獲得圓滿解脫。

四身與空性的關係

法身
空性沒有本質。

報身
空性是偉大覺知與清澈明析的心。

本初佛之心（自性身）
空性的本質是明光，明光的本質是空性。
空性與明光不可分割。

化身
空性本質的力量無處無礙的生起，充滿慈悲關懷。

名詞解釋

再談三昧定境
三昧（samadhi）是極深的禪定境界，簡單地說當所有心中妄想與執著徹底止息的時後，心力便能極度充沛集中。就在此刻，一切超乎常人的體認，可以在三昧定境之中引發。這可使物為心轉，隨著自己的意願利樂眾生，滅苦除災度脫無數。這樣的定境就是三昧定境。

刹那間，他們被分開了。（應該就是指諸佛與一般的有情眾生。）

刹那間，獲得圓滿證悟。

● 千叮萬囑，切勿迷離分心

直到昨天為止，亡靈因為心識迷離所以無法體認中陰境界所顯現的一切。亡靈將感到非常地恐懼。如果依然迷離分心的話，慈悲的繩索將會因此而中斷，而就要墜入無法獲得解脫的世界。因此，千萬要小心。

身邊的讀誦者這時應給予叮嚀：

尊貴的某某，如果不知道如何依法觀修，請記住佛、法、僧三寶與觀世音菩薩。觀想所有一切恐怖的幻相都是觀世音菩薩或本尊守護神。請記住生前自己的上師與密教傳承的名號，並將它告訴掌管死亡的閻羅法王。因此，哪怕是由懸崖墜入深淵，都不會受到傷害的，所以無須害怕恐懼。

解脫與輪迴只是一線之隔

在投生中陰，亡靈若能集中心神，體認四身的其中之一，便能獲得圓滿解脫。諸佛和有情眾生之間的差別只是一線之隔——在那一剎那間，是否能專注領悟？

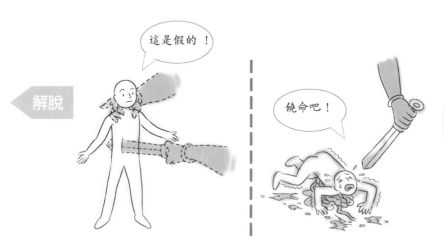

解脫

這是假的！

饒命吧！

輪迴

慈悲的繩索

慈悲的繩索

亡靈心識迷離，在中陰世界無法體認各種幻相，幾乎墮入輪迴，就好像隨時要跌入斷崖深淵一般，好在有慈悲的繩索緊緊繫牢亡靈。假如亡靈依舊迷離分心，那麼慈悲的繩索將會因此而斷裂。

輪迴深淵

觀看自己的葬禮
心念所至無不感應

接下來的中陰景象是一下子快樂，一下子悲傷，如同石弩投石機一般猛烈地交替投射快樂與悲傷等兩種情緒。亡靈千萬不可起貪欲與瞋恨的念頭，因為心念所至無不感應。

● 景象 1：看見親屬以動物供奉祭祀，產生瞋恨心
在投生中陰，亡靈還是很有機會轉生到更美好的世界的。不過當世間的親屬以動物來供奉祭拜亡靈時，會引起亡靈的忿怒不快。一旦有了瞋恨的念頭，立刻會使亡靈墮入地獄中，失去轉生到更美好世界的機會。
➲ 對策：不論家屬造了什麼惡業，要提醒亡靈都應該以懷著敬愛的慈悲心，不可生起任何的瞋恨念頭。

● 景象 2：看見遺產被分享，產生瞋恨心
如果亡靈十分眷戀自己的遺產，知道自己的遺產將被侵佔享用，可能會對這些繼承者產生瞋恨心。一旦有了恨意，原本可以獲得較好的轉生，反而墮入了地獄道或餓鬼道。亡靈要下定決心**不可眷戀遺物**。
➲對策：請亡靈專一心識觀想，將擁有的一切完全奉獻給上師與三寶，然後安住在一種沒有貪欲的心境。

● 景象 3：察覺誦法不當，產生瞋恨心
生前親友為亡靈進行度亡儀式（kankani ritual）或消除惡業的儀式，亡靈因為具備了超常感知能力，可以看出不如法的地方，例如誦法人精神不集中、不純淨或疏忽的行為、違背三昧耶誓言等等，這將使亡靈失去信心，對神聖信仰產生疑惑，感到恐懼和怖畏，心想：「啊！他們在蒙蔽我」。
➲對策：擁有純正的想法是最重要的。無論儀式如何不合規定，亡靈心中要這麼想著：「這肯定是我的心念不潔淨所造成的，佛陀的言教哪會不純淨？這如同在鏡中看到自己臉上的污點，是自己不潔淨，而不是鏡子不乾淨。對這些人而言，僧是他們的身體，法是他們的聖言，而他們心中的意念就是佛陀的本質，因此我要在他們當中求得庇護。」這麼想，亡靈就會信任他們，並懷抱誠實的敬意。

心念所致無不感應的兩個比喻

心念如同投石機

「心念所致無不感應」的特質就如同投石機，以強勁、快速、反覆、交替地投出各種石頭攻打城堡般，攻打脆弱的心。

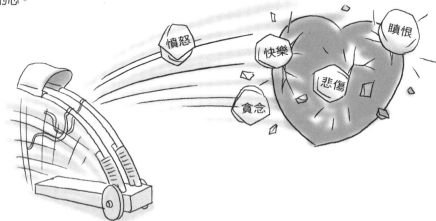

自己的臉髒？還是鏡子髒？

心念所致無不感應也如同照鏡子一般，看見鏡中的自己臉部有污點，不是鏡子髒，而是自己的臉髒。

相關經文
• 頁301, 行20至
頁302, 行07

面對葬禮的態度
心存喜悅與善念

前文提到當瞋恨之心生起，亡靈就會墮入地獄或餓鬼道。反之，心存喜悅與善念，那又會怎麼樣呢？

● 耳提面命1：心存喜悅與善念，獲得更好的投生

如果亡靈本應投生到三惡趣(**指比人道更低階的三個世界：畜生道、餓鬼道與地獄道**)，此時親屬若能為亡靈舉行清淨純正儀式，誦讀上師與指導老師以身、口、意一致地虔誠地執行法會。亡靈看到這樣善美的作法，產生極大的喜悅，會促使投生到更美好的境界。原本應該投生到較不好的世界，這時卻情勢改觀，可見心念是多麼地重要。因此，請不要有任何一絲不淨的念頭，要懷著純正虔誠無偏見的正念。

● 耳提面命2：祈請大悲聖尊或本尊守護神

死者身邊的讀誦者這時提醒：

尊貴的某某，總結前文，您的意識處在不穩定的中陰狀態，沒有任何依附，薄弱而多變。當心中生起任何念頭，不論是善念或是惡念，都會對微弱的意識體產生極大的影響。因此，不要在心中有任何惡念，反而是要誠心地憶念生前的禪定修持與累積的福德。假如不曾禪定修持，那就以虔誠和純淨的心念祈請大悲聖尊，以及保佑的本尊守護神，並做以下的祈願。

接著讀誦下文：

當捨棄摯愛親友獨自迷離漂泊時，自我空性在內心映射之下顯現而出。願諸佛散放慈悲的力量，不讓中陰的恐懼前來。當承受惡業帶來了痛苦時，祈願本尊守護神消除這一切的痛苦。當實相之音（the sound of dharmata）如千雷齊吼時，祈願此聲化成**六字明咒**。當業力跟隨前來，祈願大悲聖尊前來庇佑我。當惡業積習帶來了痛苦時，祈願三昧定（Samadhi）的喜悅與明光（luminosity）升起。

善用心念，投生到較好的地方

升起善念的方法

原本應該投生到三惡道的亡靈，若能升起善念，便能升級轉而投生到較好的地方。

❶ 憶念生前的禪定修持，
心存喜悅和善念。

❷ 祈請觀世音菩薩、本尊守護神。

實相之音

實相之音千雷齊吼時，此
聲化為六字明咒：唵嘛呢
叭美吽，這是觀世音菩薩
的咒語。

來生身形越益明顯
六道業力前來誘惑亡靈投生

亡靈走到此時此境，若仍無法覺醒，亡靈的前生身形會逐漸微弱，而來生身形會逐漸明顯，輪迴六道會發射出光芒，前來誘惑亡靈前去投生。

● 由於業力作用，即將投生之處的光芒最明亮

死者身邊的讀誦者這時提醒：「尊貴的某某，如果還不能夠體悟先前的經歷，從現在開始，前生的身體將會變得越來越微弱，而來生的身體就會變得越來越明顯。」對此，將會心中想著「我現在承受這樣地痛苦，如今不管可以得到什麼樣的身體，我都要去找尋。」一旦有這樣的念頭，亡靈將可四處奔馳，到達任何想到的地方。

六道之光在此刻將會發出光芒，將要投生之處會最為明亮。亡靈必須仔細聆聽六道光來自何處。柔和的白光是來自天道，柔和的紅光是來自阿修羅道，還有來自人道是藍色的光，來自畜生道是綠色的光，來自餓鬼道是黃色的光，以及來自地獄道的煙霧狀的光。由於業力牽引，亡靈的身體將會融入將要投生的那一道光芒之中。

● 亡靈拒絕六道光芒的要訣

1. 冥想大悲聖尊法

面對這六道光最重要的是：不論那道光芒來自何處，觀想那個地方就是大悲觀世音菩薩。這是深奧的精華要訣，非常重要，此法可以避免投生。

2. 純淨幻身教法

不論自己的本尊守護神是誰，都要盡力觀想祂的形象。這是要能夠觀想一種虛幻沒有實體的本尊，即所謂的「淨幻身」。接著，讓自己的本尊守護神**從外向內逐漸融化，直到完全消失不見**。然後，將自己置身在不可思議的明空（emptiness-luminosity）境界中。而後，再度觀想自己的本尊守護神，再度觀想那種明光，依此交替進行。接著，同樣讓自己的心識從外而內逐漸融化。無論到哪裡，心識就在那裡。無論心識在哪裡，法身就在那裡。請安住在真純的狀態與**無我法身**（ selflessness of the dharmakaya）之中。

面對六道業力誘惑的要訣

方法 1
冥想大悲觀世音

無論是哪道光芒，觀想那個地方就是觀世音菩薩

這是一般人可以做的。

Step1

觀想淨幻身

觀想一種虛幻沒有實體的本尊，即所謂的淨幻身。

Step2

融化本尊守護神

讓本尊守護神從外向內逐漸融化，直到完全消失不見。

Step3

置身於明空境界之中

將自己置身於不可思議的「明」「空」境界之中，安住其中。

方法 2
觀修純淨幻身教法

觀想本尊守護神，觀想一種虛幻沒有實體的本尊，即所謂「淨幻身」（pure illusory body）。

Step4

再度觀想本尊守護神

Step5

再度觀想明光

這是生前修過無上瑜伽幻身教法的修行者才能做到的！

Step6

交替進行觀想本尊與觀想明光

「觀想本尊」與「觀想明光」交替進行，直到讓自己的心識從外而內逐漸融化。

Step7

安住在純真狀態與無我法身之中

無論到哪裡，心識就在那裡。無論到哪裡，心識就在法身。請安住在真純的狀態與無我法身之中。

如何避免投胎轉世
關閉胎門

生前缺乏修持與禪定修習不熟練的亡靈，無法抗拒六道業力的誘惑，將繼續迷離而來到子宮的入口，即胎門之處。因此，關閉胎門是此刻非常重要的事。

● 轉世國度的景象顯現在亡靈面前

在這時候，由於業力的牽引，亡靈會感覺自己不是正在上升就是正在下降，或者是沿著水平的方向前進。此刻，應該觀想觀世音菩薩，千萬要記住這點。亡靈將會體驗旋風、暴風雪與雹暴，還會有被黑暗包圍與被人追逐的景象，只好不斷地逃跑。沒有累積功德的人，會逃入感到痛苦的地方。反之，累積善業的人會來到快樂的地方。接著所有將要轉世國度的景象會一一顯現在面前，所以請亡靈要仔細聽以下指導，心識千萬不可迷離。即使無法了悟前述的法門，到了這個時候，**就算修行很不努力的人，亦可體認這種真相**。

● 避免投胎的兩個重要法門

所以請仔細的聽著。各種閉胎法的運用，非常的重要。簡單說來，避免亡靈投胎的方法可分成兩種：第一， 是阻止亡靈走向胎門。第二， 關閉可能進入的胎門。

● 阻止亡靈走進胎門的方法

清楚地觀想出自己的本尊守護神，在心中浮現祂的形象，沒有實際的形體，如同水中月，如同虛幻的形象。如果沒有個人的本尊守護神，那就觀想觀世音菩薩。

觀想本尊守護神的形象，由「外」向「內」逐漸化空。再以不含任何對象的方式去觀想明光與空性（meditate on luminosity-emptiness without any object of thought，此處許明銀先生翻譯的《中有大聞解脫》，譯成「**觀修不可得明空**」）。這是非常奧妙的法門，依法修習，即可避免入胎。

阻止亡靈投胎的辦法

這個方法是不要走向任何一扇門！

把這五扇門關起來，就走不進去了！
close the the door of womb!

方法1
阻止亡靈走向胎門

1 亡靈清楚觀想自己的本尊守護神的形象，如同水中月。

2 如果沒有本尊守護神，那就觀想觀世音菩薩。

3 觀想本尊守護神的形象，由「外」向「內」逐漸化空。

4 以不含任何對象的方式去觀想明光與空性。

方法2
關閉胎門

第一閉胎法	堅持純淨善念
第二閉胎法	視歡愛男女為上師
第三閉胎法	捨棄愛欲憎恨的情緒
第四閉胎法	不實如幻法
第五閉胎法	觀照明光

沒有本尊守護神時，為何就要觀想觀世音菩薩？
本尊守護神是密教特殊的神祇。祂代表瑜伽修行者與生俱來可以獲得證悟的本質。一般是由修行者的上師選定，其標準是依據個人的特性，以及相關修習的教法。觀世音菩薩因為適合眾生的習性，所以當沒個別特定的本尊守護神時，必須觀想祂以祂為本尊守護神。

相關經文

• 頁 303, 行 22 至
頁 304, 行 14

第一閉胎法
堅持純淨的善念

接下來的五個單元將逐一談「五種閉胎法」，說明亡靈該如何關閉胎門。
本單元談的是第一種指導法：堅持純淨善念。

投生中陰的黎明即將來臨，亡靈從水裡看自己，水面並沒有映照出身形面
容，在光照下也沒有身影。因為亡靈沒有血肉、沒有具體的物質身軀，只
是一個飄盪徘徊在投生中陰的意識體。這時候最重要的是集中心念，不可
分心。

● 集中心念，不可分心

專心於一是最重要的事，目前所處的狀況如同控制一匹配戴著馬勒的馬。
只要心中想到什麼，跟著立刻就會發生什麼。因此，千萬不可有邪惡的念
頭，而是要記住生前接受的**佛法**（dharma）、**教義**（teachings）、**傳達的
意念**（transmissions），這也就是《中陰聞教救度大法》的教法。
現在已經來到了向上提升或是向下沈淪的分界線。只要稍稍怠惰片刻將永
遠受苦，反之只要能夠專心於一將永遠快樂。此刻最重要的是專心於一，
集中心念努力延長（prolong）善業所帶來的果報。
亡靈只要誦讀下文，即可關閉胎門：

關閉胎門，一心抵抗入胎。

此刻，必須堅忍不拔，保持純淨的思想。

不可忽視心念的力量

心念就如同騎士，心念的力量與速度就如同控馬的韁繩。馬背上的騎士，任何一個細微轉念或動作，都會瞬間透過韁繩傳遞給馬匹，馬匹能立即奔向騎士所要去的地方。因此，心繫於一念，心念所至，便現前而來。

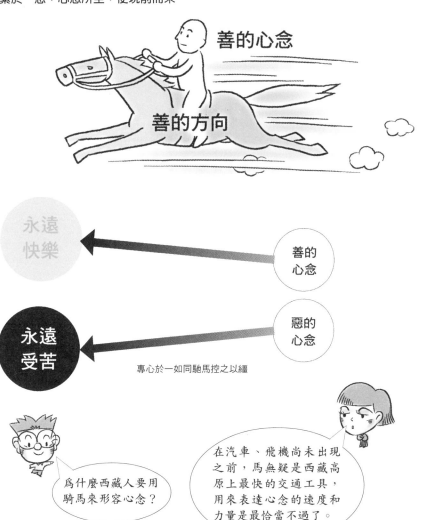

專心於一如同馳馬控之以韁

為什麼西藏人要用騎馬來形容心念？

在汽車、飛機尚未出現之前，馬無疑是西藏高原上最快的交通工具，用來表達心念的速度和力量是最恰當不過了。

第二閉胎法
視歡愛男女爲上師

如果第一閉胎法失敗,男女歡愛的親密情景將會顯現在亡者的面前。這是幻景,亡靈千萬不可介入其中。請觀想歡愛的男女就是自己的上師與他的伴侶。

● 方法1:虔誠祈請上師與他的伴侶前來指引

面對歡愛男女的幻景,亡靈要虔誠祈請上師與他的伴侶前來指引,至誠地膜拜他們,並集中心念,以虔誠的祈禱作為供養。只要能夠至誠地祈請,即可立刻關閉胎門。

● 方法2:觀想雙修的上師,或者雙修的大悲聖尊為本尊守護神

如果依照上法,仍然無法關閉胎門。趕緊觀想上師與他的伴侶是自己的本尊守護神,或者是觀想觀世音菩薩與祂的伴侶。並以虔誠的祈禱作為供養。以熱誠的祈禱祈請**施予精神資糧**(bestow spiritual attainments),依此即可關閉胎門。

歡愛男女是入胎的陷阱

歡愛男女的幻景也是引誘亡靈進入胎門的陷阱,破解方法有二:

❶ 觀想雙修的上師

❷ 觀想雙修的觀世音菩薩
集中心念,以虔誠祈禱為供養。

相關經文

• 頁304, 行22 至
頁305, 行22

第三閉胎法
捨棄愛欲憎恨的情緒

如果仍然無法關閉胎門，亡靈即將投胎轉世。這時將提供第三種指導法：
移轉愛欲憎恨的情緒。

如前所述，男女歡愛的幻景顯現在亡者的面前，此時，一個人如果因為愛
欲與憎恨之情而入胎的話，將生為人道或畜生道。

● **生為男性者，愛母憎父；生為女性者，愛父憎母。**

如果將投生為男性，亡靈會體驗男性的感受，喜愛自己的母親，忌妒、憎
恨父親。如果投生為女性，將體驗女性的感受，喜愛自己的父親，強烈忌
妒母親。有了這樣的愛欲與憎恨，將促成亡靈前往胎門。當精子遇見卵
子，亡靈會產生「**自性存在的喜悅**」的感受（俱生喜，self-existing bliss）。
在這種喜悅的狀態中，亡靈將失去意識，胚胎將逐漸成長，直到身軀成熟
再由子宮誕生。亡靈可能出生在狗窩堆裡，也可能在豬圈、蟻丘、蟲穴等
地方出生，或是出生為牛犢、羔羊。**這是一個無法回頭的地方，來到這裡
將承受極大愚昧與無知的狀態。**

● **亡靈必須透由捨棄愛憎法門關閉胎門**

請亡靈心中唸誦祈請文，提醒自己不再依循愛憎而行：

關閉胎門，一心堅拒不入胎。此刻，必須堅忍不拔，保持純淨的思想。捨
棄嫉妒的念頭，觀想上師與其伴侶。

惡業深重的亡靈，一定要記取勸導，去除愛恨之心，記住愛恨將會使自己
淪陷於六道之中。如果又生起愛恨之心時候，可以做以下的觀想：

唉，我是個帶有惡業的人，因為愛恨相隨，所以迷離飄盪在輪迴之中。如
果持續愛恨的情緒，將永無止境地在六道之中迷離輪迴，並墜入大海深淵
承受永遠的痛苦。現在我要脫離愛恨之情，不要再重蹈覆轍。集中心識，
熱切關注於此思念，如密續（tantra）所言這樣就可關閉胎門。現在，只需
要專心在一個地方，不要散亂，一定可以辦到的。

四生

任何一個眾生在輪迴中流轉，都是經過這四種投生方式而降生的：卵生、胎生、化生以及濕生。其中，卵生與胎生的性質非常接近。

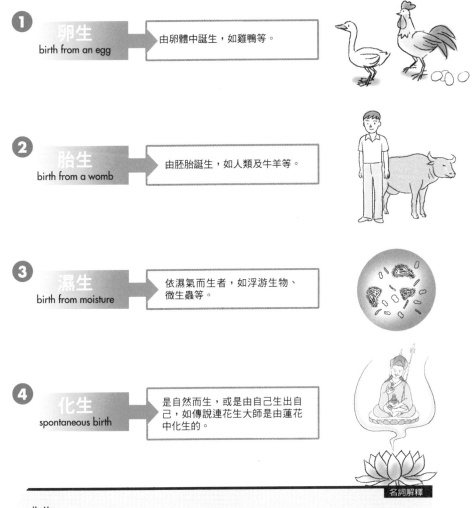

1 卵生
birth from an egg
→ 由卵體中誕生，如雞鴨等。

2 胎生
birth from a womb
→ 由胚胎誕生，如人類及牛羊等。

3 濕生
birth from moisture
→ 依濕氣而生者，如浮游生物、微生蟲等。

4 化生
spontaneous birth
→ 是自然而生，或是由自己生出自己，如傳說蓮花生大師是由蓮花中化生的。

名詞解釋

化生
化生，梵語作upapāduka，是指「無依附任何實體而生」。簡單地說，是自然而生，或是由自己生出自己。化生沒有類似人類懷胎十月的過程，這種誕生是發生在投生中陰階段的特殊現象。這包括精靈、天神與地獄的魔鬼的「突然」誕生方式。

相關經文

• 頁305, 行23至
頁306, 行07

第四閉胎法
不實如幻法

如果依據前述三種閉胎法都沒有成功，這時候就需要啟動不實如幻法：將一切事物的本質都視為不真實（unreal）或是虛幻（illusory）的。

● 視所經歷的一切景象都是虛妄不實

第四個閉胎法門是指導亡靈觀想歡愛的父與母（雙身相）、大風暴、旋風、轟雷巨響與怖畏幻影，所有一切的本質都是虛幻不實的。儘管這些景象是如此逼真，但一切都是表面的，其本質是虛妄不真實的。了悟這一切都是虛妄的，如海市蜃樓，非永恆不變的。

亡靈過去一直將根本就「不存在」的事物以為是「存在」的。其實，所有的一切都是自內心投射出的幻影。它們難道是從外部生起的嗎？因為不了解這個道理而以為不存在的事物是存在的，**將不實的視為真實的，將幻相視為實物。所以，亡靈才會迷離到現在。**

清楚了解一切如同夢境，如同幻景，如同空谷迴音、如乾達婆城（cities of the gandharvas），如同海市蜃樓，如同鏡中之影，如同水中月影，沒有片刻是真實不變的。一切都是來自虛妄，一切都不是真的。了悟所有一切虛妄均來自心中，胎門必可關閉。

四種虛妄夢境

亡靈所經歷的一切幻景都是出自內心的投射，如同這四類虛幻事物：

啊！

這些都是不存在的事物。

❶ 空谷迴音

❷ 乾達婆城
（即海市蜃樓）

❸ 鏡中之影

❹ 水中月影

名詞解釋

乾達婆城

乾達婆城，梵語 gandharvas，原意為尋香城、蜃氣樓，是眼睛看的到但實際並不存在的建物，
有如海市蜃樓。在佛經中，乾達婆城經常被用來比喻事物虛幻無實。

第五閉胎法
觀照明光法

第五個閉胎法是觀照明光法。此法是先要了悟一切萬物都是來自自己的心。而此心是空的，沒有生起，也沒有阻礙。就如同將水倒入水中。反覆持續如此觀想，就可成功地關閉胎門。

觀照明光（meditation on the luminosity）是了悟一切萬物都是源自個人內心的法門。而這個心是空的，無從生起，也沒有阻礙。專心冥想，讓自己的心保持在一種自然、純真無雜的狀態。安在這種自主獨立、控制自如（self-contained）的心境。這如同將水倒入水中，沒有束縛、開放而放鬆。以上已經說明五種關閉胎門的方法，這都是真實奧妙的指示。《中陰聞教救度大法》聲稱只要是能夠依據這些方法，**無論是上等根器、中等根器或低階根器的人一定都可獲得解脫。**

觀照明光的精髓

觀照明光法是先要了悟一切萬物都是來自自己的心，那麼，心的狀態是什麼呢？

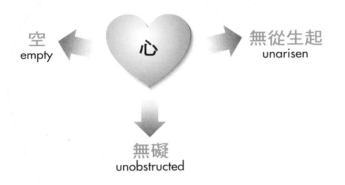

空
empty

心

無從生起
unarisen

無礙
unobstructed

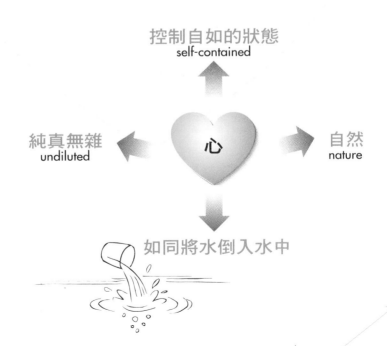

控制自如的狀態
self-contained

純真無雜
undiluted

心

自然
nature

如同將水倒入水中

陰陽兩界的溝通關鍵
亡靈的心識是生前的九倍

或許有人會感到懷疑：冥界亡靈真得可以聽得到人間讀誦者的指示？

● 五種解釋

對於兩個不同世界的溝通，經裡提出以下五種解釋：

解釋1：

意識體在中陰世界中擁有超常的感知能力，可以接受到物質世界的所有訊息。所以可以聽到身邊上師或讀誦者的指導。

解釋2：

即使亡靈生前是個瞎子或是聾子，在中陰世界他的感官知覺俱全，所以可以清楚地聽得到讀誦者的指導。

解釋3：

因為持續受到恐懼的征服與威脅，亡靈已經無力思考該如何是好？因此相較之下，心識反而不會迷離，可以專心聆聽讀誦者的指導。

解釋4：

意識體在中陰世界沒有肉身沒有任何的支撐物，因此意識變得直接，專注力也因而直接，於是更容易指導亡靈。

解釋5：

亡靈的心識比起生前更為清楚，而且是九倍之多。即使原本亡靈的資質愚笨，但是在業力的驅使之下，心識變得明晰靈敏，在此刻亡靈可以進行觀修任何的指導。簡單的說，**因為業力的作用，亡靈的學習能力超凡神速。**
所以，四十九天誦讀《中陰聞教救度大法》是多麼地重要！

亡靈有超強的學習力

亡靈即使生前資質愚笨，來到投生中陰之後，心識卻變得明晰靈敏，可以聽見讀誦者的指導而進行觀修，這是因為《中陰聞教救度大法》裡有以下五種解釋：

解釋 ❶
亡靈擁有超常的感知能力，
可以接受到物質世界的所有訊息。

解釋 ❷
亡靈具有完備的感官知覺，所以可以清楚地
聽得到讀誦者的指導。

解釋 ❸
受到恐懼的征服與威脅，心識不會迷離，可
以專心聆聽指導。

解釋 ❹
亡靈的心識變得直接，
專注力也因而直接，於是更容易指導亡靈。

解釋 ❺
亡靈的心識比起生前更為清楚，
是九倍之多。

18

相關經文
• 頁306, 行25至
頁307, 行13

無法阻止投胎
如何選擇投生胎門？

雖然提供種種閉胎法，阻止亡靈走向胎門，但因惡業力量的牽引，亡靈仍然無法獲得解脫。既然無法阻止投胎，只好教導他慎選投生胎門了。

● 選擇胎門的行前準備

首先，要呼喚諸佛與菩薩，祈請祂們的庇護。接著，呼叫亡靈的名字三次，誦讀以下文章：

尊貴的某某，你已經是死去的人。仔細聽好，儘管先前多次指導，至今尚未領悟，所以無法關閉胎門。此刻，您必須選擇一個肉身了。以下將會提供多種選擇胎門的方法，請仔細聆聽，集中注意力，不要分心。

尊貴的某某，您將投生之處的種種徵象將顯現在您的面前。請務必認出這些地方，仔細審視，選擇一個投胎的地方。

● 認識投生的四大洲

當關閉胎門的方法都失敗，投生景象將會顯現在亡靈的面前。在身旁的讀誦者在此刻開始指導亡靈四種投胎之處，也就是「**四大洲**」。

四大洲位於須彌山的四周，東邊的叫 ❶ 東勝身洲，南邊的叫 ❷ 南贍部洲（就是我們現在所住的地方），西邊的叫 ❸ 西牛貨洲，北邊的叫 ❹ 北俱盧洲。這四大洲的景象分別有：❶湖畔天鵝，❷華麗建物與豐美花果，❸ 雌雄馬匹，❹ 畜生與樹林。

讀誦者提醒並建議亡靈要 前往有華麗建物與豐美花果的「南贍部洲」。至於其他三大洲，雖然充滿快樂、喜悅或是可以長命百壽，但因佛法不興，所以不要前去。

四大洲

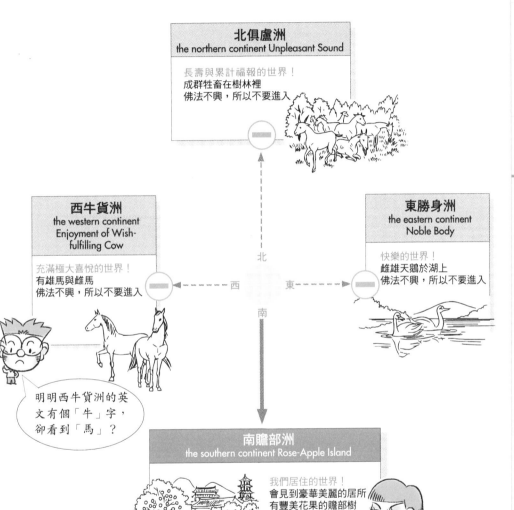

北俱盧洲
the northern continent Unpleasant Sound

長壽與累計福報的世界！
成群牲畜在樹林裡
佛法不興，所以不要進入

西牛貨洲
the western continent
Enjoyment of Wish-
fulfilling Cow

充滿極大喜悅的世界！
有雄馬與雌馬
佛法不興，所以不要進入

東勝身洲
the eastern continent
Noble Body

快樂的世界！
雌雄天鵝於湖上
佛法不興，所以不要進入

北
西　東
南

明明西牛貨洲的英文有個「牛」字，卻看到「馬」？

南贍部洲
the southern continent Rose-Apple Island

我們居住的世界！
會見到豪華美麗的居所
有豐美花果的贍部樹

「贍」（ㄕㄢˋ）意思是充足豐富，說明這個世界的景象。在這個地方可以看到帶有豐美花果的贍部樹，而我們所住的世界，就是在這個洲。

輪迴的世界
六道景象

即將投生了，讀誦者會詳細告訴亡靈投生六道的景象。除了亡靈熟悉的人類世界之外，還有陌生的天道、阿修羅道、畜生道、餓鬼道、地獄道，共有六種景象。

● 天道
如果將投生於天道成為天神，將會看到以珠寶為材的多層神殿，若是能夠前往此處，不妨暫且往生。

● 阿修羅道
如果將投生於阿修羅道成為阿修羅，則將會看到美麗的樹叢，或相背旋轉的火圈，要記住這是個可厭的地方，無論如何，堅決拒絕前往這地方。

● 畜生道
如果將投生於畜生道成為畜生，則將看到充滿霧氣的山岩洞穴和稻草蓋的茅屋，不要前往此道。

● 餓鬼道
如果將投生於餓鬼道成為餓鬼，則看到倒樹殘幹、黑形直豎，還有淺洞黑罩。應該記住這是一個可厭的地方，要遠離它，無論如何千萬不要前往。如果在這裡投生，將承受飢餓與乾渴的痛苦，令人難以忍受。

● 地獄道
如果將投生於地獄道，則會聽到受到惡業折磨的人發出痛苦的歌聲。或者是走入一個令人感到徬徨無助的地方。或者是走進一片黑色大地，在這裡**白屋與紅屋交錯其中，並布滿黑洞與黑路**。投生在其中，會進入地獄，忍受酷寒酷熱，永無盡頭。所以千萬不要靠近這個地方，盡全力避免。

奇幻迷離的六道景象

天道

見到珠寶為材的多層神殿
不妨暫且往生

阿修羅道

會看到美麗的樹叢或相
背旋轉的火圈
這是個可厭的地方
拒絕前往這地方

人道

經中並未特別說明

投生在人道，
有解脫的機會。

在此投生將承受
飢餓與痛苦，令
人難以忍受。

地獄道必須忍
受酷寒酷熱，
永無盡頭。

畜生道

會看到充滿霧氣的山岩
洞穴和稻草蓋的茅屋
不要前往此道

餓鬼道

會看到倒樹殘幹、黑形
直豎、淺洞黑罩

這是可厭的地方，要遠離
它不要前往

地獄道

聽到痛苦的歌聲
走入徬徨無助的地方或走
進黑色大地，白屋紅屋交
錯，布滿黑洞與黑路。

盡全力避免

畜生道、餓鬼道與地獄道三道通稱為三惡趣。

最險迫的境遇
索命惡鬼前來復仇

儘管奇幻迷離的六道景象顯現在眼前，亡靈卻必須告誡自己不可貿然前去，前進不得，也後退不得。不過，最險迫的境遇才開始，索命惡鬼想盡各種方法，前後夾擊，催逼入胎。

● 不停地逃亡

此時的亡靈是非常痛苦的，在無可躲避的險境中飄盪徘徊，忍受飢餓與寒冷。亡靈身旁的讀誦者這時要提醒亡靈：

尊貴的某某，儘管您不願前去，但是自己沒有力量抵抗，只有無助地被迫往前跑。業障的復仇者在後追趕，仇敵與殺手在前拖拉，並且還有黑暗、旋風、暴風、喧鬧聲、雪雨、以及猛烈的電暴，加上暴風雨將您團團圍住，您會產生起想要逃避的念頭。

● 尋求安全地帶躲避

這時候會亡靈會不停逃亡，渴求庇護。於是先前提到的華廈、岩石庇護所、地洞、森林之間，以及蓮花的圓洞內等景象，將隨著念頭顯現在眼前。亡靈會躲入其中藏身，同時內心想著：「現在不能出去。」亡靈害怕出去會面臨中陰世界的恐怖情境，於是隱藏其內，並想要在這裡選擇一個肉身，不管它有多壞。如果這麼做，亡靈將從此承受各種痛苦。這是惡魔與邪惡力量阻礙的徵候。當此之時，仔細聆聽下一單元奧妙的指示，千萬不可分心。

索命惡鬼逼迫的情景

無助又拼命地往前跑！不可以停下來！

業障的復仇者在後追趕，仇敵與殺手在前拖拉，並且還有黑暗、旋風、暴風、喧鬧聲、雪雨、猛烈的雹暴以及暴風雨，將亡靈團團圍住。

尋找避難所

華廈、岩石庇護所、地洞、森林之間，以及蓮花的圓洞內等景象，都是亡靈渴望的躲避處所。

蓮花的圓洞內（round cavities of lotus flowers）指的是什麼？

許明銀由藏文翻成中文爲「蓮花的圓花瓣內」。我在想會不會就是蓮花如同圓盤結構上一個個小圓洞？唯一可以確認的是蓮花象徵純潔，並與觀世音菩薩關係密切，可庇護眾生。

255

對付索命惡鬼
五個必勝法門

這是非常危急的關鍵時刻，面對索命惡鬼的催逼，亡靈有五個必勝法門：

● 第一法：觀想法門

觀想無上赫怒迦聖尊（Blessed Supreme Heruka）、馬頭明王（Hayagriva）、或金剛手菩薩（Vajrapani），或者是自己的本尊守護神。觀想祂們展現巨大的身形與粗大的臂膀，以**怖畏的忿怒相**粉碎所有的邪惡力量，以**慈悲與祈福**避開所有的復仇者。如果這麼做，亡靈將擁有選擇胎門的能量。這個法門真實、深奧而且神祕不可思議，請了悟此法。

● 第二法：大手印法門

這是以三昧定的力量對抗意識體凝聚的負面能量。凡是因觀想而顯現的諸位神祇，都是透由三昧定的力量而誕生的。在中陰世界裡，邪惡的精靈例如餓鬼們，可以任意改變其外貌。他們是來自意識體的多樣變換，可顯現成為餓鬼或邪魔的各種不同幻影。居住在深海的餓鬼們與飛翔穿梭在虛空的餓鬼們，與所有八萬種負面聚集的力量（negative force），都可透由意識體改來變它們的外貌。這時候最佳的應對法門就是觀修「空性大手印」（The Great Symbol of Emptiness）。

● 第三法：觀修如幻不實法

如果不能的話，請觀修如幻不實法，這是視一切萬物都是幻相（maya）。

● 第四法：觀想觀世音菩薩或自己的本尊守護神

如果前兩法還是無法進行的話，這時候不要迷戀任何東西，只可觀想自己的本尊守護神或是觀世音菩薩，這樣就可證得報身佛果。

● 第五法：觀修馬頭明王法

面對亡靈投生，先是提供五種閉胎法，叮嚀亡靈千萬不要進入任何胎門。如果復仇者追趕而來，並且已經到達無法避免入胎的地步，請觀想馬頭明王。來到這個時刻的亡靈，將具備前所未有更不可思議的超自然感知能力，了解可以投生的每一個地方。這時候，亡靈必須做一個選擇。

對抗索命惡鬼五法門

第1法門 觀想無上赫怒迦聖尊、馬頭明王、金剛手菩薩，或自己的本尊守護神。

第2法門 大手印法門，以三昧定的力量對抗意識體凝聚的負面能量。

第3法門 觀修如幻不實，或本尊守護神，或觀世音菩薩。

第4法門 觀想觀世音菩薩或自己的本尊守護神。

第5法門 觀修馬頭明王法。

注意！
到了中陰聞教救度大法的尾聲了。最後是由馬頭明王登場！

257

觀想馬頭明王
遷識往生淨土

亡靈受到復仇者追趕，被逼著一定要投胎時，首先觀想馬頭明王，再做以下選擇：決定轉識前往清淨佛土？或是選擇不淨的輪迴胎門？

假如亡靈決定要往生淨土，那麼要仔細聆聽讀誦者所指導的「遷識往生法」，專心一意前往淨土。

● 前往西方極樂淨土，化生為一朵蓮花

亡靈跟著指導者誦唸：

唉！多麼地可悲啊。直到現在我依然沈陷在輪迴的泥沼中，經過這麼多數不清的日子，無始無終，許多人都已經達到成佛的境界，而我依然無法獲得解脫。我實在無法再忍受這種輪迴的境遇了。我厭倦至極，而且身心疲憊。現在是脫離的時刻了，我已經準備好了。我一定要前往西方極樂淨土，在阿彌陀佛腳邊以一朵盛開的蓮花化生（spontaneous birth）而出。秉持著這種信念，集中一心於西方極樂世界，這是生死攸關的時刻，我必須盡全力達成的。

● 專心一意，可前往任何淨土

專心一意，絕不分心，以這樣的意志前往任何喜愛的國土，如 ❶ 清淨佛土、❷ 妙樂佛國、❸ 密嚴佛國、❹ 柳葉世界、❺ 棕櫚樹山、❻ 烏仗那蓮花亮宮。只要專注於一個心念就可立刻誕生其一。

只想到達彌勒菩薩的住處，一個充滿喜悅的都率天宮，請專注於一在心中唸著「此刻處於中陰境界，正是前往法王**彌勒菩薩喜悅世界**的時候，我願意前去！」當有這樣的心念，就得以在彌勒菩薩世界中的一朵蓮花的心中誕生。

遷識往生，可以前往哪些淨土？

選擇 1
西方極樂淨土

在阿彌陀佛腳邊，化生爲一朵盛開的蓮花。

① 清淨佛土
Pure Realm

② 妙樂佛國
Complete Joy
▶ 東方阿閦佛的淨土

③ 密嚴佛國
Densely Field
▶ 色界十八天的最上層報身佛淨土

④ 柳葉世界
he Realm of
Willow Leaves
▶ 金剛手菩薩與毗沙門天的淨土

⑤ 棕櫚樹山
Palm-tree Mountain
▶ 觀世音菩薩的淨土普陀洛山

⑥ 烏仗那蓮花亮宮
the Palace of Lotus
Light in Urgyan
▶ 蓮花生大師淨土，另一說法是印度西方空行母的住處

選擇 2
喜愛的佛國

選擇 3
彌勒的天宮

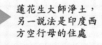

可以在彌勒菩薩淨土裡的蓮花的心中誕生呢。

23

最後真的要投胎了
請慎選胎門！

當遷識前往淨土的方法失敗了，或者是一開始就決定轉世投胎人道，或是
因業力關係必須投胎，都必須注意如何審慎選擇胎門。

亡靈請注意以下的指示，以審慎的心前往不淨的輪迴轉生。

● 審視四大洲佛法興盛的地方，選擇其一投胎

請仔細地聽清楚。請以目前具備超凡的神通力量，詳盡周密地審視四大洲
佛法興盛的地方，選擇其一投胎。不過要小心，假使將要誕生在一個污穢
如糞土之處，可能會將污穢積氣視為甜美的香氣，並受誘惑吸引前去。所
以無論任何事物顯現，都不要輕易相信，將自己的欲念與瞋恨情緒擺在最
後，再仔細選擇一個胎門。(可參見第 250 頁)

● 為利益眾生而轉世

如果將利益眾生而轉生成為宇宙王者(即：轉輪聖王)，或生成婆羅門種
姓如沙羅樹王(sala)，或者轉生成大成就者的兒子，或者是生在純淨法脈
的家族，或是父母擁有正信的家族，**所有一切都是為了利益眾生而選擇一
個優質的身軀**。如果是這樣，只要專注於一，即可進入想要的胎門。請祈
願即將進入的胎門有如一座天神居住的宮殿，並祈請諸佛與十方菩薩前
來，還有本尊守護神，特別是觀世音菩薩，請以殷切的祈求轉世入胎。

● 不會選錯胎門的秘密法門

選擇胎門是有可能犯錯，例如將善胎視為惡胎，或是誤認惡胎為善胎，這
都是因為業力作用的影響。這裡再一次提醒，即使胎門顯現美好的形貌，
也不要輕易地相信它。反之，即使胎門顯現不好的形貌，也不要討厭它。
現在提供一個真實、深奧而且神祕不可思議的秘密法門，即是要進入一種
至高的平衡狀態，在這種狀態之下沒有好與壞(good or bad)，沒有接受
與拒絕(acceptance or rejection)，沒有喜愛或瞋恨(passion or aggression)。

哪些人一定要投胎轉世？

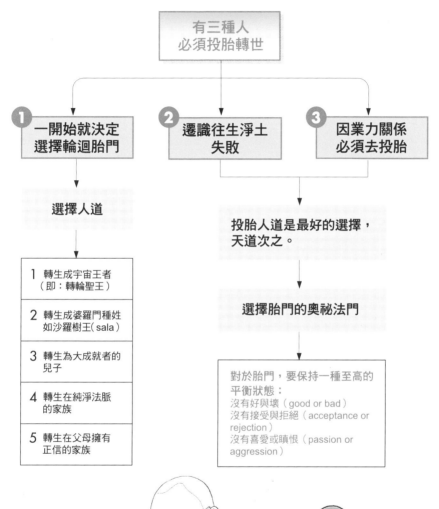

有三種人
必須投胎轉世

1 一開始就決定
選擇輪迴胎門

2 遷識往生淨土
失敗

3 因業力關係
必須去投胎

選擇人道

投胎人道是最好的選擇，
天道次之。

1	轉生成宇宙王者 （即：轉輪聖王）
2	轉生成婆羅門種姓 如沙羅樹王（sala）
3	轉生為大成就者的 兒子
4	轉生在純淨法脈 的家族
5	轉生在父母擁有 正信的家族

選擇胎門的奧祕法門

對於胎門，要保持一種至高的
平衡狀態：
沒有好與壞（good or bad）
沒有接受與拒絕（acceptance or
rejection）
沒有喜愛或瞋恨（passion or
aggression）

什麼樣的人在一開始
便選擇投胎輪迴呢？

像達賴喇嘛或許多
大成就者啊，他們
負有要再來世間教
導眾生的使命。

反敗爲勝
入畜生道者有機會轉生人道

前一單元最後所提避免選錯胎門的秘密法門,只有少數修持很好、不起妄念的人才能有此體驗。一般眾生由於業力和惡習累積,是很不容易排除愛憎、好壞的分別,但是入胎的時刻緊迫,一刻也無法拖延或等待,該怎麼辦呢?

假如亡靈未能斬斷愛憎的情緒分別,缺乏善根,惡業又重,理當墮落入最下等的畜生道,即使能轉生人道,心性也如同畜生一般。這時,身旁的讀誦者必須一再呼喚亡靈的名字,請他格外留意這最後的機會和最後的指導,好讓他能轉世成人,有純良心性,走向解脫之道。

● 最後的指導:呼喚三寶、祈請觀音

讀誦者在死者身旁叮嚀:

尊貴的某某,假想自己無法擺脫愛欲與瞋恨之心,也不明白選擇胎門的方法,前述的種種景象會顯現在亡靈的面前。這時請呼喚三寶,請求他們的庇護。祈請大悲觀世音菩薩,抬頭挺胸前去。此刻,請拋開對親屬、友人或子女的依戀,他們已經無法提供任何的幫助了。請選擇進入天道的白色光芒,或者是選擇人道的藍色光芒,前者可進入綴有珠寶神殿,後者是進入喜悅的花園。

以上的叮嚀請先重複七次(指的是針對下等根器者的叮嚀)。接著讀誦四種偈:❶祈請諸佛菩薩加被偈 ❷祈求護免中陰險難善願偈 ❸六種中陰境界根本警策偈 ❹祈求護免中陰恐怖善願偈。(詳見附錄第311頁),同樣是七次。

最後再讀誦以下兩種偈:《中陰貼身救度大法:五蘊之自發性解脫》(The Liberation through Wearing which Spontaneously Liberates the Skandhas),以及《日常修習:無意識積習之自發性解脫》(The Daily Practice which Spontaneously Liberates the Unconscious Tendencies)。

逆轉情勢的最後法寶

《中陰聞教救度大法》對於無法斬斷愛恨貪瞋、原該投生畜生道的眾生，給予最後一個反敗為勝的機會與提醒，讓他們脫離惡趣。

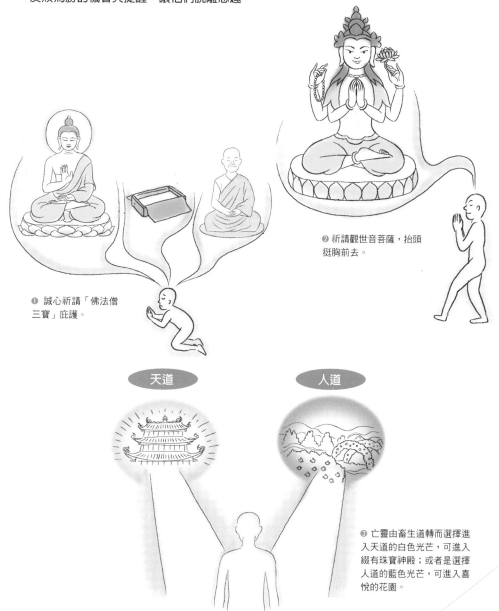

❷ 祈請觀世音菩薩，抬頭挺胸前去。

❶ 誠心祈請「佛法僧三寶」庇護。

天道

人道

❸ 亡靈由畜生道轉而選擇進入天道的白色光芒，可進入綴有珠寶神殿；或者是選擇人道的藍色光芒，可進入喜悅的花園。

結語一
不同根器者有不同的解脫法門

不同根器者所運用的解脫法是不同的可分為六種層級：

最高根器的瑜伽修行者，在臨終中陰階段即可透由遷識法（破瓦法）獲得
解脫，無須在中陰世界迷離飄盪。換句話說，他們完全避開了中陰境相的
險境。

第二層級仍有少數能夠體驗明光者，他們也是在臨終階段時達到佛陀的境
界，同樣也避開了中陰境相的險境。

第三層級的亡靈，隨著業力作用之下，寂靜諸尊與忿怒諸尊顯現於面前。
接連數個星期，幻影會一次又接著一次，終於在實相中陰階段中適當的機
會下獲得解脫。

第四層級，善業少惡業多，因諸多錯誤的蒙蔽，這些人必須在投生中陰迷
離飄盪。但是《中陰聞教救度大法》仍會提供許多指導，從旁協助他們體
認，縱使一次失敗，還會有下一個機會，直到獲得解脫為止。

第五層級的人，會因福報差，無法體認，終被恐懼壓倒擊敗。對這種人，
《中陰聞教救度大法》仍有選擇胎門的指示，依序提供不同的指導，一個接
一個，直到獲得無量功德的最高境界。

最後層級如畜生者，將透由祈請三寶的功德，可由惡趣返回，改以選用一
個人類的軀體，獲得自由與向上的機會。在來世的時候，或許可以遇到尊
聖的上師或精神友人，在他們的指引走向解脫之路。

中陰解脫的六個階梯

《中陰聞教救度大法》最後提及，因應亡靈根
器的差別，共有六種解脫層級，分別能在臨
終中陰、實相中陰和投生中陰獲得解脫。

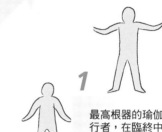

1 最高根器的瑜伽修
行者，在臨終中陰
階段，透由遷識法
獲得解脫。

2 少數能夠體驗明光者，能在臨
終階段時達到佛陀的境界

3 聽聞《中陰聞教救度大法》指導，在實相
中陰獲得解脫。

4 聽聞《中陰聞教救度大法》指導，在投生中陰獲得解脫。

5 聽聞《中陰聞教救度大法》選擇胎門的指示，獲得無量
功德的最高境界。

6 最下層如畜生者，祈請三寶，可由惡趣返回，轉生人道。

結語二
「聆聽」是神奇力量的關鍵

在投生中陰階段，亡靈如果能獲得教導，便可延長善業力量的時效，這如同在斷裂的渠道接上導管。而亡靈獲得教導的關鍵就在聆聽。

所有罪大惡極的人，都可以聆聽《中陰聞教救度大法》而獲得解脫。這是因為中陰世界裡寂靜諸尊、忿怒諸尊的一切慈悲都會前來接引亡靈，在這同時，忿怒與負面能量也會顯現的。在此時，亡靈只要仔細聆聽教誨，即可轉換原有的負面態度而獲得解脫。在中陰世界，這種影響力是特別容易達到的，因為亡靈是一種沒有血肉身軀的意識體，無論在中陰世界迷離多遠，透由業力作用，亡靈具備了不可思議的神通力與超強的感知能力，使得他們可以聆聽到耳邊的指導。因此**讀誦此法，可使亡靈瞬間獲得領悟，並在心識即刻發生影響。**

這種神奇的力量如同控制一匹繫有韁繩的馬；也如同石弩投石機能輕易擲出巨石；更如同無法被人們輕易移動的巨大樹幹，只要置於水中，順水而流，即可在短時間之內運送到任何地方。

聆聽的功效

聆聽的比喻

《中陰聞教救度大法》從頭至尾一再強調：「聆聽」具有扭轉乾坤的神奇力量，是中陰世界解脫的關鍵。透過聆聽獲得教導來延長善業力量，就如同在斷裂的渠道接上導管。

斷裂的渠道接上導管

聆聽的功效

《中陰聞教救度大法》裡說，只要聆聽，就能轉化負面態度為正面結果，獲得解脫。聆聽的神奇力量如同下面三種比喻：

❶ 如同控制一匹繫有韁繩的馬。

❷ 如同將巨木投入水中運送，可以在短時間到達各地。

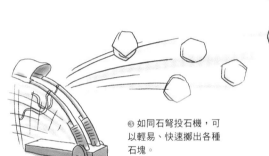

❸ 如同石弩投石機，可以輕易、快速擲出各種石塊。

267

結語三
給亡靈家屬、誦讀者的最後叮嚀

《中陰聞教救度大法》的最後，給亡靈家屬和讀誦者重要的提醒，他們是在中陰過程中能真正幫助亡靈的人：

● 給亡靈家屬的叮嚀

對所有離開人世間的人，都應該在遺體旁安排一位摯友，仔細一次又一次地讀誦指導文，直到血水濃汁由鼻孔流出。

● 不可觸摸遺體

誦法儀式過程中不可以動物祭祀。

在亡靈身旁，家人親屬或友人不可哭泣，不可發出哀悼的聲音。

盡量為亡者進行善行。

● 給誦讀者的叮嚀

❶《中陰聞教救度大法》是非常好的教示，同時可以在指導的尾聲結合其他的教法，來提升效果。

❷ 讀誦者平時應該經常讀誦此法，**在內心熟悉字裡行間的詞義。**

❸ 當死期確定而且死亡徵候明顯，如果狀況允許，臨終者最好能自己大聲讀誦與觀修。如果無法自己讀誦的話，則交由師兄或師姐讀誦，也必可獲得解脫。

❹ 這個教法無需任何特殊的訓練，是一個深奧的秘密大法，**只要看、聽、讀就能夠獲得解脫。** 這個教法可以引導罪惡身大的人走向秘密通道。

❺ 只要不忘記字句含意，哪怕是被七隻惡犬追逐，在臨終中陰時亦可獲得解脫。即使三世諸佛，也無法找到更好的教法。

利益眾生的大法

中陰指示解脫眾生，其不可思議最深處的精華是聞教解脫大法。
這個寶藏是卡瑪林巴在岡波達山發掘的，祈願它能利益佛法與眾生。

中有聞教得度密法 （1945年趙洪鑄譯本）

01 ## 第一卷　命盡中有與實相中有
02

03 **敬禮**

04 稽首法身　不可思議　無量光佛。

05 稽首報身　蓮花安樂　忿怒部尊。

06 稽首應身　護佑有情　淨聖蓮生。

07 稽首本宗　三身上師。

08 **導言**

09 此中敷陳　「中有聞教　得度密法。」　凡智信士　在中有時

10 聞法頓獲　心靈自由。如是密法　計有三分。修道次第　教言如題。

11 最後結述。修道次第。為諸有情　解脫根本。先應循序　實練熟諳。

12 **遷移神識**

13 上智信士　學而時習　修道次第　必能脫去　生死束縛。如不脫縛

14 則當命盡　中有之際　回憶生前　修習遷識　如法而行　自然解脫。

15 凡智信士　修菩提道　亦應能脫　生死束縛。如不可能　應值中有

16 實相當前　恆心領受　「中有聞教　得度密法」

17 所以亡者　應先依照　「觀察一切　死亡表徵　自救教法」周密觀察

18 於將死身　逐漸發現　死亡特徵。觀察完訖　當施遷識。如教回憶

19 即可解縛。

20 **誦法須知**

21 遷移神識　施行有效　念誦本法　自無必要。如屬無效　當旁遺體

22 念誦本法。誦時務須　正確明晰。

23 設無遺體　誦師應佔　亡者生前　曾用床椅。闡明此中　真實法力。

24 次當召喚　亡者靈魂。思維亡者　如在諦聽　然後開誦。毋令親友

25 號泣悲嘆　不利亡魂。遺體如在　則當亡者　氣絕之時　或由喇嘛

26 曾為亡者　生前導師。或為亡者　信仰法侶。或為亡者　生前密友。

27 附耳念誦　但毋觸耳

28 **誦法實施**

29 力若能備　廣大供養　亟應虔誠　敬奉三寶　此如不能　當就所有

不論何物　一心思維　視作廣大　無限供養　敬禮加持　次應念誦
偈文七遍　或廿一遍　懇切祈求　諸佛菩薩　相助成就。次念偈文
護佑亡者　中有之際　勿生恐怖　再念偈文　拯出中有　勿令亡者
因業墮落。同時當誦　六種中有　警策偈語　均應如教　清晰朗誦。
最後方念　本法七遍　或廿一遍　視所需要。初令亡者　目睹自身
死亡特徵。次令明晰　記憶教言　俾在中有　親證實相。亡者如在
中有求生　亦令如教　閉塞胎門。

第一章 命終之時　變化狀態

命盡中有　初期明光

命盡中有　面對明光　導示如次。
或有聞法　未能領悟　或已領悟　不能熟識　然諸有情　如已聆聞
修道次第。再聞本法　頓時面對　根本明光　不入中有　由此偉大
直上途徑
如能延致　亡者生前　灌頂上師　親為誦法　最易成就。如不可能
則可延請　同門法侶　或延本宗　高明大德　如仍不能　則可覓人
照書念誦。正確清晰　念誦遍數　多多益善。於是亡者　定將記憶
前所聞法。頓時證入　根本明光　同時脫去　生死束縛。
亡者出息　已絕之時　身體靈熱　必已沉入　智慧中脈。(肉團心也)
能知之識　立時證驗　本有明光。此時靈熱　既已下沉　必然流入
左右兩脈　中有狀態　於此現前。上來指示　應俟靈熱　經過中脈
突入左脈　方適施用。至于靈熱　流動時間　須視亡者　吸息久暫。
或等常人　餐飯時間。
亡者生前　遷升神識　如已有效　彌留之際　最為有益。如未生效
當向亡者　訓示如次。
尊貴佛裔。(或呼其名)　爾若尋求　真實大道　時期已至。爾氣將絕
上師使爾　面對明光　令在中有　爾將親證　明光實相。明光所被
一切空虛。一如青天　萬里無雲　爾之神識　無瑕無蔽　猶如真空

01　通體透明　無中無邊。　此時爾應　認識明光　於中居住　余亦同時
02　佐爾證入。
03　亡者出息　未絕之際　當附其耳　如是念誦　不計遍數。　深刻印入
04　亡者之心。　出氣將絕　當令亡者　傾臥右側　如為雄獅　睡眠之狀。
05　緊厭喉部　右邊動脈　勿任跳躍。　設或亡者　欲入睡眠　或竟深入
06　睡眠狀態　當令清醒　一面輕壓　喉部動脈　惟勿脫指。　靈熱由此
07　得留中脈　不復下沉　必將經由　梵穴而出。　面對明光　自此實施。
08　此時有情　所見中有　最初明光　即係法身　無垢實相。　出息已絕
09　入息未絕　在此時期　常人以為　識心已滅　其實靈熱　尚停中脈
10　停留久暫　純視體格　脈及靈熱　或強或弱。　亡者生前　如於禪定
11　曾略習練　或具強脈　靈熱停留　為時必久。
12　面對明光　開始之時　上來訓言　應續念誦　非俟亡者　身體各竅
13　黃液流出　不能停止。　如有亡者　生前作惡　或無強脈。　靈熱停留
14　彈指之傾。　或亦等於　餐飯時間。　依照密教　修法普述　停留時期
15　三日有半。　其他密法　大都傳述　四日為期。　遍此時期　導證明光
16　不得中輟。
17　如有亡者　能自覺察　死亡表徵。　同時應能　證入明光　無須人佐。
18　如屬不能　再延上師　或由格西　同門法侶　將應顯現　死亡徵象
19　次第詳述。　活潑印入　亡者之識。　先當密語　重囑如次。
20　地變為水　微象已至。
21　（附註）死亡徵象　主要計三三。「地變為水」　體覺重壓。「水
22　變為火」　體覺寒濕　如浸水中　俄而寒濕　逐漸消失
23　變成潮熱。「火變為風」　此時似覺　體被風吹　成為
24　微塵。每次變象　身體外部　亦然顯現。例如面部　肌
25　肉鬆弛　耳不能聽　目亦矢視　呼吸常喘　知覺旋失。
26　誦法喇嘛　熟諳情形　於中有身　脫離軀殼　所顯現象
27　自能一一　認識無誤。
28　死亡徵象　畢現之際　應即附耳　細聲密語　囑令亡者　一心決定。
29　尊貴佛裔。（如屬僧侶　改稱大德）　心毋狂亂。

亡者如為　同門信徒　或為常人　應呼其名　如是密語。

尊貴佛裔。所謂死亡　令已臨爾。心中應作　如是決定。「令茲報盡

命終之際　余應乘機　如此決定。愛憫普益　無量世界　一切有情

精進不懈。期獲惟一　圓滿佛道」。當在亡後　實證中有　明光法身

普利眾生。心中既已　如上思維　應悟已證　明光法身。定將獲得

大手印地　最大利益。同時應具　如是決心。「縱余不能　實證明光

心已決定　認識中有　并已了悟　中有實相。願於將來　現種種身

利益世界　種種有情。有情不盡　我願不盡。」心持斯願　勿稍游

移。對於生前　日常修持　禮佛功課　亦當一一　記憶勿忘。

念誦之時　務須附耳。清晰囑告　一一深印　亡者之識。俾所持願

剎那不離。出息絕後　緊壓亡者　睡眠之脈。亡者如係　教理湛深

職位較崇　密教高僧　囑告如次。

同門大德　爾正經歷　根本明光　即應安住　明光之中。

亡者如非　同門法侶　則應密語。

尊貴佛裔。(并呼其名)　注意諦聽。實體明光　燦爛四射　已現爾前

爾應認定。復次佛裔。爾所具智　實際本空　如質如色　同屬空幻

毫無具體。此智即係　明光實相　普賢法界。爾智雖空　切莫視作

無體之空。其實此智　不遮不礙　光彩燦然　活潑潑地　愉快安適。

與清淨識　普賢佛性　一般無二。爾所具智　空無體相　不離淨識。

二者契合　即達圓滿　法身境界。如是淨識　光明真空　不離光體

不生不滅　亦即彌陀　無量光佛。上來足證　爾智真空　無非佛心。

亦即自有　清淨本識。自當永久　安住佛心。

清晰念誦　三至七遍。能令亡者　回憶生前　上師秘傳　甚深佛法。

次令得知　清淨本色　即係明光。識光融和　法身亡者　永久契合。

生死束縛　必能解脫。

命盡中有　後期明光

上來念誦　完畢之後。明光顯現　當可認識。生死束縛　亦可解脫。

設有亡者　茫不辨識　尚可證入　後期明光。出現之時　約等亡者

息絕之後　餐飯時間。

01	（附註）	初期明光	即係實相	光亮法身。	如因業力	不能辨識。
02		光色變暗	尚可憑藉。			
03	初步明光	停留久暫	純視亡者	身體各脈	或強或弱	或在生前
04	已否聞法。	依人業力	或善或惡	靈熱下流	或經右脈	或經左脈
05	或自梵穴	或自他孔	脫離身體。	此後心地	豁然開朗。	
06	（附註）	靈熱識體	離身之時	亡者即入	昏沉狀態。	此時已見
07		初期明光。	昏沉略滅	所見明光	光色變暗。	譬之擊球
08		初躍甚高。	再躍三躍	逐漸低落。	終至落地	不能再起。
09		識體離身	亦然如此。	初離上升	逐漸下沉。	終因業力
10		托胎重生。				
11	識體離身	即自設問	「今已死乎	抑尚未死」	大惑不解。	
12	同時似睹	戚屬友侶	一如生前。	慟哭哀悼	並復聽聞。	斯時自身
13	業力所幻	可懼現象	尚未顯現。	地府主宰	所屬鬼魅	恐怖境界
14	亦未出生。	在此時期	亟須指導。			
15	虔誠亡者	有已成就	有尚未成	僅能觀像	如屬前者	三呼其名
16	反復密誦	證悟明光	上來訓語。	如屬後者	則當加誦	生前供奉
17	護佑之尊。	觀想儀軌	囑告如次。			
18	尊貴佛裔	爾應觀想	（某某佛名）	護佑之尊。	心毋應亂。	
19	一意虔誠	觀想佛像。	如水中月	雖無似有	視同具體。	
20	深深印入	亡者之心。	如係常人	則令觀想	觀自在像。	如是誦念
21	縱令亡者	不證中有	決定認識	毫無疑義。		
22	亡者生前	曾聆訓示	面對明光	以未熟習	不能逕自	辨識中有。
23	應由上師	或由同門	如法密語	活潑印入。		
24	或有亡者	業已熟習	因病暴死	心靈不能	抗拒幻相。	如是訓語
25	至極需要。	又如亡者	前雖熟習	宿願未酬	受恩未報	以致墮入
26	可憫境界。	上來訓語	亦不可少。			
27	初地中有	及時悟證	最為上乘。	如不了悟	則當二地	中有期內。
28	亡者可藉	清晰念誦	恢復本智	解脫束縛。		
29	二地中有	亡者之身	純係幻體。	不知自身	生死存亡。	心地則已

01　豁然開朗。上來訓語，念誦有效，子母實相。即時和合。有非業力，
02　所可支配。明光顯現，業力消散，譬如日出，黑暗頓除。即母實相。
03　（附註）禪定所證，係子實相。中有所證，平衡狀態，流動所及，
04　二地中有，亡者之身，無非意識，能知之智。當可到達。
05　尚有範圍，此時念誦，如能奏效，所期目的，被迫流蕩
06　蓋因此時，業力幻境，尚未現前，亡者不致
07　捨離覺性。

第二章　實相中有　業力幻相

11　初地明光，雖未證入，如能辨別，二地明光，生死束縛，仍可解脱。
12　如再不解，實相中有，立即顯現。應即念誦，所需訓語，效率頗巨
13　實相中有，業力幻象，自此現前。所設供享，業已撤除。返顧自身
14　利樂亡者，此時亡者，己能目睹，同時聽聞，親屬友好，哭泣哀悼
15　裸無衣著。生前臥室，亦在掃除，若未聽聞，中心懊惱，廢然引逝。
16　目擊親友，并聞呼名，試喚彼等，體復疲勞，應令亡者
17　此時所觸，聲色光線，心生畏怖，念誦如次。證入三地
18　中有實相。並呼其名，清晰正確
19　尊貴佛裔，注意諦聽。心母慮亂。
20　中有境界，可別爲六。初名處胎。二爲夢境。三爲禪定。四係命盡。
21　五爲實相。六即投生。
22　尊貴佛裔，爾應經過，命盡中有，實相中有，投生中有。
23　爾已經歷，命盡中有，明光雖顯，茫不辨識。本日之前，流動不定。
24　今當面對，實相中有，併須經歷，是以爾心
25　心母狂亂。諦聽念誦。及時悟證。投生中有。
26　尊貴佛裔，所謂死亡，今兹已臨，爾已身離，婆娑世界。世界眾生
27　難逃死亡，爾亦如是。切毋貪愛，意志不堅，執著生存，縱令得生
28　不能久存，流轉生死，毫無所得，是以塵世，不可留戀。意志堅定。
29　敬持三寶。

01 尊貴佛裔。實相中有　如現任何　恐怖境界。下文偈語　永久勿忘。

02 心解其意。切勿畏縮　認識中有。根本秘訣　即在於是。

03 「實相中有　今現余前。余已證知　恐怖幻象　無非自識

04 反映而成。亦即中有　自然現象。畏怖之念　今已盡去。是以值此

05 期求成就　重要時際　對於一切　自識變現　安樂忿怒　佛菩薩尊

06 余已決定　不復畏懼。」

07 尊貴佛裔。爾應清晰　背誦偈文　心解其義　勇進不退。不論任何

08 恐怖顯現　決可認識　中有實相。如是秘法　憶持勿忘。

09 尊貴佛裔。身心分離　爾應已觸　真實曙光。微妙陰細　光芒射目

10 心為之悸　恰如春天　無邊景色。海市蜃樓　閃動其中。爾應鎮定

11 心母驚恐。應知即係　自心發光。此時實相　本有聲音　自光淺出。

12 有如萬千　雷鼓齊鳴。此亦自身　所發之聲　切勿驚懼。

13 爾現具身　純係習氣　意生之體。此時既無　血肉具體　聲色光線

14 不復傷爾。如是現象　自識所成。爾應認識　此即中有。

15 尊貴佛裔。爾如不明　自識幻象。縱令生前　曾習禪定　禮佛修持

16 此項誦法　如未聽聞　現時所遇　聲色光線　定生怖畏。如復不明

17 本法要訣　不能認識　聲色光線　原有實相　決定流轉　生死海中

18 不可得出。

19 **初週證入　安樂部尊**

20 假令亡者　雖經迭次　導示本法　一如常人　為業所縛　歷盡中有

21 四十九日。最初週內　安樂部尊　次第現前　逐日所見　或須克服

22 苦難危急　有如下述。依照經文　最初一日　約自亡後　三日有半

23 或自四日　以後計算。在此期內　亡者已悟　身死離世　將求重生。

24 **第一日誦法**

25 尊貴佛裔。爾已昏沉　三日有半　識覺恢復　爾將尋思　究在何處。

26 已入中有　應即安之。斯時生死　正在流轉　所睹現象　無非光燄

27 無非佛像。此時天空　蔚藍晴明。大日如來　遍體白色　身登獅座

28 手持法輪。（計有八幅）天空佛母（●按：依據邱揚・創巴仁波切

29 的新譯版本，此處譯為「金剛虛空佛母」。）兩手抱持。出自中央

法界種土　現臨爾前。此即色蘊（●按：依據邱揚‧創巴仁波切的
新譯版本，實相中陰第一天出現的五蘊已更正為「識蘊」。）

法爾藍光　大日如來　現報身像。胸射藍色　法界智光　遍照爾身。
目為之眩。同時天道　黯淡白光亦臨爾身。

如因惡業　目觸藍色　法界智光　即生畏怖　而欲逃避。對於天道
慘淡白色　反生喜悅。

爾應對於　閃耀明亮　藍色佛光　勿驚勿駭。當知此即　法界智光。
堅定信仰　向光祈求。心中思維　此光係自　大日如來　胸中發射
中有危阱　藉是可出　此光可謂　如來恩光。

天道白光　慎勿貪愛。如稍貪戀　爾將立時　身遊天宮。終淪六道
輪迴之中。解縛之道　自此即止。是以爾應　堅具信心　目睹藍光
觀想如見　大日如來。隨同誦者　虔誠祈禱。

無明束縛　流轉生死　法界智光　炳然照耀。謹懇如來　導引在前。
天空佛母　護佑於後。安全經過　中有陷阱　終入究竟　圓覺佛地。
虔誠稽首　如上祈禱。爾身將在　霓光輪中　交融流入　如來胸中。
立時獲得　報身佛道。住入中央　不退轉土。

第二日誦法

最初一日　雖已導示　亡者或因　瞋怒業力　懾於佛光　而欲逃避。
惑於幻相　祈禱失效　則第二日　金剛薩埵　率領一切　隨從菩薩
顯現接引。生前所造　應墮地獄　一切惡業　於時亦現。此時應呼
亡者之名　念誦如次。

尊貴佛裔　心無煩亂　一心諦聽。第二日者　水火淨相（●按：此
處之「水火」應是「火大」之筆誤。）發射白光。不動如來　現報
身像金剛薩埵　遍身藍色　持金剛杵　身登象座。藍衣佛母（●按：
依據邱揚‧創巴仁波切的新譯版本，此處更正為「佛眼佛母」。）

雙手抱持。地藏菩薩　彌勒菩薩　嬉舞女神　持花女神　前後擁護。
出自東方　最勝樂土　現臨爾前。

金剛薩埵　現雙身像。胸射白色　圓鏡智光。透明燦爛　普照爾體
目為之眩。此光即係　識蘊實相（●按：依據邱揚‧創巴仁波切的

01　新譯版本，此處應為「色蘊」。）大圓鏡智。同時地獄　發射暗淡
02　灰色光線　亦來勾攝。
03　如因瞋業　目觸白光　爾將畏怖　意欲逃遁。對於地獄　暗淡灰光
04　反生喜欲。
05　應知白光　透明耀目　無非識蘊（●按：此處應為「色蘊」。）
06　大圓鏡智。金剛薩埵　恩光接引。勿須恐怖。虔誠信仰　心求庇護
07　禮拜祈禱。爾應了悟　金剛薩埵　白色佛光　前來接引。光端如鈎
08　鈎爾出離　中有陷阱。
09　對於慘淡　地獄灰光　慎毋貪愛。此爾生前　忿怒惡業　積集成力
10　吸入地獄。如為所惑　定墮地獄。受諸苦難　永不得出。解縛之道
11　終為遮止。是以爾應　心意堅定　目避灰光　勿生瞋怒。
12　（附註）亡者目睹　戚屬後嗣　爭奪遺物。或見僧侶　誦經爭酬
13　　　　　必生瞋怒。文中所戒　即係指此。
14　對於白光　應生信心。觀想如見　金剛薩埵。祈禱如次。
15　「生前瞋業　流轉生死　大圓鏡智　照耀途次。如來報身　金剛薩埵
16　接引在前。藍衣佛母（●按：此處更正為「佛眼佛母」。）護佑於
17　後。安全使渡　中有陷阱。終入究竟　圓滿佛地。」
18　虔誠稽首　如是祈禱。爾身將在　霓光輪中　交融流入　如來胸中。
19　立時成就　報身佛道。住入東方　最勝樂土。

20　**第三日誦法**

21　或有亡者　惡業障重　我慢覆蓋。雖聞誦法　目擊光鈎　戰慄逃避
22　則第三日　寶生如來　與其隨從　菩薩神祇　在前接引。人道發光
23　同時照耀　再呼其名　念誦如次。
24　尊貴佛裔。一心諦聽　三日已臨　地大本質　將發黃光。寶生如來
25　周身黃色　手持寶物　身登馬座　慧眼佛母（●按：依據邱揚‧創
26　巴仁波切的新譯版本，此處已更正為「佛母瑪瑪基」。）雙手抱持。
27　來自南方　光榮佛土　照耀爾身。
28　空藏普賢　兩大菩薩　念珠女神　持香女神　六位共現　菩提之身
29　自霓光圈　顯臨爾前。如是黃光　具足光球。球之四周　眾星環拱。

光芒四射　燦明閃爍　目爲之眩。　此光即係　受蘊本質　平等性智。
旁有暗藍　人道黃光　並行發射　遲觸爾心。
我見深故　睹此黃光　光耀眩目　定生戰慄　意欲逃避。　對於人道
暗藍黃光　反生喜悅。
應知黃光　透明耀目　受蘊實相。　心母緊張　虔誠仰受。　爾雖未發
虔信祈禱　須知此光　即係自身　本識發射　佛體與光　流入爾體
不可分離　自此爾可　獲得佛道　縱未辨識　自識之光　爾應信仰
思維即爲　寶生如來　所發恩光。　並應祈禱　求其護佑。　應知此係
寶生如來　恩光之鈎　亟應信仰。
慎毋貪愛　人道所射　暗藍黃光。　此係我見　強力積聚。　如爲吸引
復生人道　生老病死　束縛仍存。　永不脫離　污濁塵世。　解縛之道
亦即終止　切勿注視。　消除我見　斷盡習氣　勿爲誘惑。　同時應信
眩目黃光。　一心無二　觀想如見　寶生如來。　祈禱如次。
「我見業盛　流轉生死　平等智光　途次照耀。　寶生如來
接引在前　慧眼佛母　（●按：此處已更正為「佛母瑪瑪基」。）
護佑於後　安全使度　中有陷阱。　終入究竟　圓滿佛地。」
虔誠稽首　如是祈禱　爾身將在　霓光輪中　交融流入　如來胸中
成就南方　光榮佛土　報身佛道。

第四日誦法

縱令亡者　智力薄弱　上來誦法　當使得度　毫無疑義。　間有亡者
雖已聞法　或因生前　罪業深重　未發宏願　或無慧根　不能領悟
貪癡重業　幻成鉅聲　可怖烈光　亡者畏懼　定欲逃避　在此情景
彌陀如來　第四日間　與其隨從　菩薩神祇　現前接引。　同時並有
貪吝所變　餓鬼道光　照臨爾身　再呼其名　誦念如次。
尊貴佛裔。　一心諦聽。　今屆四日　火大本質　將發紅光。　彌陀如來
周身紅色　手持蓮花　乘孔雀座　白衣佛母　雙手抱持　復有觀音
文殊菩薩　伽陀女神　持燈女神　現正覺身　來自西方　極樂世界。
自霓光中　照耀爾身　彌陀如來　與其佛母　胸發紅光　光球四周
眾星環拱。　光體透明　閃爍耀目　直入爾心　不敢逼視。　應知此係

01 想蘊本質　妙觀察智。勿生畏懼。

02 同時復有　餓鬼道光　暗紅爲色　並行發射。勿生喜悦。慎毋貪愛。

03 貪業重故　見此智光　心爲之悸　意欲逃遁　反於暗紅　餓鬼道光

04 心生歡喜。

05 紅光透明　閃爍眩目。應知此係　無分別智。心毋畏懼。應即辨識

06 虔誠信受。爾身與光　交融不離　立可成就　圓滿佛道。

07 如不證悟　應作思維　彌陀恩光　余應皈依　稽首祈禱。應知此係

08 彌陀如來　恩光之鈎　信受勿遁。縱爾逃避　光鈎追隨　不離爾身

09 切勿畏怖。暗淡紅色　餓鬼道光　勿爲誘惑。此係自身　貪著積業

10 反照爾身。如再執著　爾將墮入　餓鬼道中　饑餓奇渴

11 苦不能忍　超脫難期。解縛之道　自茲終止。是以對於　暗淡紅光

12 慎勿貪戀。摒除一切　積集習氣　決定信受　眩目紅光。一心敬仰

13 彌陀如來　與其佛母。祈禱如次。

14 「貪業熾盛　流轉生死。無分別智　光現途次。彌陀如來　接引在前

15 白衣佛母　護佑於後。安全使度　中有陷阱。終究成就　圓滿佛道。」

16 虔誠稽首　如是祈禱。爾身將在　霓光輪中　交融流入　彌陀如來

17 佛母胸中。成就西方　極樂世界　報身佛道。

18 **第五日誦法**

19 上來誦法　亡者聽聞　決定脫縛。或有有情　累世積習。未能摒除。

20 或因惡業　或因嫉妒　聞法之後　目擊強光　耳聞鉅聲　定生戰慄。

21 恩光之鈎　不能追及。四晝夜後　迷惘下墜。不空如來　與其隨從

22 菩薩神祇　發射恩光　前來接引。瞋業所感　阿修羅道　同時發光

23 亦來吸引。應再呼名　誦念如次。

24 尊貴佛裔。一心諦聽。現屆五日風大本質　將發綠光　照耀爾身。

25 不空如來　周身綠色　手中持有雙金剛杵　身登鵬座。救苦度母

26 (●按：依據邱揚・創巴仁波切的新譯版本譯為「貞信度佛母」，而

27 《中有大聞解脫》的譯者許明銀認為就是綠度母。)　雙手抱持。

28 金剛手尊　除蓋障尊　散香女神　供養女神　六位俱現　菩提之身。

29 來自北方　無上妙行　成就佛土。於霓光中　顯臨爾前。不空如來

與其佛母　胸發綠光　具足光球　四周復有　眾星環拱　透明閃爍

目爲之眩　直射爾心　不敢逼視。當知此係　行蘊轉變　成所作智。

亦即自身　本有之智。勿生畏心　安住其中。

阿修羅道　暗綠瞋光　同時發射　心毋偏倚　勿迎勿拒。慧根如淺

切勿貪愛。

瞋業重故　目擊綠光　心生戰慄　意欲遁匿。反於暗綠　修羅道光

心生喜愛。

綠色智光　透明耀目　亟應認定　安住其中　勿生畏怖　心中或作

如是思維　此光即係　不空如來　恩光之鈎　應即信受　勿畏勿懼。

縱爾逃遁　光亦追隨　不離爾身　切勿恐怖　對於綠色　修羅道光

勿生喜愛。此係嫉妒　甚深業力　發光反照　如爲吸引　則將永墜

阿修羅道　戰爭不已　苦不可耐。解縛之道　自茲終止。是以對於

暗綠之光　慎勿貪戀。摒除積習　決定信仰　眩目綠光　一心禪定

祈仰如來　與其佛母　祈禱如次。

「瞋業力重　流轉生死。成所作智　光現途次　不空如來　導引在前。

救苦度母（●按：此處應譯為「貞信度佛母」或「綠度母」。）

護佑於後。安全使度　中有陷阱　終究成就　圓滿佛道。」

如是虔誠　稽首祈禱。爾身將在　霓光輪中　交融流入　不空如來

度母胸中。立即獲致　報身佛道。居住北方　無上妙行　成就佛土。

第六日誦法

上來五日　逐日導示。縱有輕微　業力牽引　應能證入　任何一尊

立登彼岸。然有眾生　迷聞誦法　終因強盛　妄執習氣　並於正智

素乏諳習　或乏愛樂。將為自己　惡習所阻　懦縮不前。誦法導示

不暇顧及。恩光之鈎　亦不能及。反於綠光　畏懼驚怖。徘徊歧路

更復下墜。

五方禪佛　現雙身像。各有隨從　諸大菩薩。旋即放光　協力加被。

同時六道　輪迴業光　亦復放射　再呼其名　開始導示。

尊貴佛裔　迄至日昨　五方佛尊　逐一放光　加被爾身　以爾宿業

聞法不悟　見光畏懼　因循徘徊　至於此時。若爾了悟　五佛智光

01	自識流出	應已融入	五方禪佛	任何一尊	虹霓光輪	頓時證得
02	報身佛道。	令茲爾應	一心諦視	五佛四智	合體之光	前來接引。
03	應善辨證。	尊貴佛裔。	今已六日	地水火風	四大本質	齊放光明。
04	大日如來	與其佛母	隨從菩薩	來自中央	法界種土。	發光照耀。
05	金剛薩埵	與其佛母	隨從菩薩	來自東方	最勝樂土	發光照耀。
06	寶生如來	與其佛母	隨從菩薩	來自南方	光榮佛土	發光照耀。
07	彌陀如來	與其佛母	隨從菩薩	來自西方	極樂世界	發光照耀。
08	不空如來	與其佛母	隨從菩薩	來自北方	無上妙行	成就佛土
09	霓光輪中	發光照耀。				
10	尊貴佛裔。	大圓光內	五禪定佛	與其佛母	大圓光外	四忿怒尊
11	四門守護	勝利明王。	大威德尊	馬頭明王	甘露明王。	各有明妃
12	持鈎持索	持鏁持鈴	天道之佛	無上威權	修羅道佛	堅甲佛尊
13	人道之佛	釋迦雄獅。	畜生道佛	不動獅子	餓鬼道佛	名曰燄口
14	地獄道佛	號為法王。	上來守門	雙身八尊	六道導師	與夫一切
15	勝利之尊	同時放光	照耀爾身。			
16	普賢佛父	與其佛母	十方諸佛	源所自出。	二尊亦來	放射光明。
17	如是具足	光榮威權	四十二尊。	出自爾心	淨菩提性。	放光來攝
18	善自辨認。					
19	尊貴佛裔。	此諸勝境	非在身外	出自爾心	心之四隅	與心中央
20	形成五方。	自彼放光	照耀爾身。	彼之諸尊	亦非外來	法爾存藏
21	自識體內。	是以爾應	如是了悟	尊貴佛裔。	諸尊之體	非大非小
22	隨感而現。	各有莊嚴	各陳光色	各具坐姿	各登寶座	所持標幟
23	亦自各別。	如是諸尊	分成五聚。	每聚五尊	各現雙身	五聚周圍
24	有五光圈	男身菩薩	形同佛父	女身菩薩	形同佛母	如是五聚
25	佛菩薩聚	集成整個	大曼陀羅	向爾密集	放光攝照	諸尊係爾
26	護佑之尊。	是以爾應	如是了悟	尊貴佛裔。	五部雙身	諸佛菩薩
27	各從胸間	放射四智	聯體之光。	極度清淨	有如日光	搓織成線。
28	照耀加被	并觸爾心。				
29	四智光線	今當詳述。	法界性智	發射藍光	形同光球	有如反照

各小光球
爲數亦五
照臨爾前。
大小光球

層層圍繞
胸間發放
一一光球
照臨爾前。

勿爲吸引。
自與爾體
不相應故。

引攝趣入

當己辨識
又如遊子

舉體投合
四智聯光
蓋即天道
畜道所射
如是劣光
住於禪定
反生愛著
如是流轉
未經上師
慎勿如此。

燦爛閃明。
同色星光
眩耀無比
閃明眩耀。

大小光球
彌陀如來
層層圍繞。
極度明耀

自心映變
所見各光

猶未發達
金剛薩埵

如憶其義
深信不疑。

住於禪定
尊貴佛裔。
彼光如何
淡黃之光
煙霧之光
但自鎮靜
所射穢光
輪迴痛苦
如在生前
反生貪著

較小光球
外層尚有
光線邊際
白色光線
照臨爾前。

黃色光線。
照臨爾前
爲數各五
與其邊際

非自外來
所現各相

爾之智能
由是得達

甚深密法。
一望即知

心念平靜
不復退轉
同時亦射
人道所射
地獄道射
毋爲所動。
而於六道
歷盡生死
尊貴佛裔。
六道穢物

周圍各有
其數有五
光線中心
大圓鏡智
如鏡反照。

平等性智
金色之杯
大小光球
光線中心
逕射爾心

照臨爾身
攝心入定
證得佛道。

綠光照攝
四智合光。

上師口授
如見故友

性無變異
報身佛道
不淨幻光
暗綠之光。
淡紅色光
切勿恐懼
心生怖畏。
任何一道
不能得出
定生怖悸。

一一光球
更小光球
周匝圍繞
胸間發放
一一光球
胸間發放
形如反照
紅亮光線
珊瑚之杯
同時如是
各各光線
亦毋畏懼
證得佛道。
成所作智
此即名爲

憶念生前
由心反映。

淨聖實相
立時證得
六道輪迴
修羅之道
餓鬼道射
同時集射
四智之光
六道之中
飽受苦惱
於淨智光

青藍玉杯。
并復繞有
如此層層
金剛薩埵
層層圍繞。
寶生如來
一一光球
妙觀察智
形如反照
四色光線
尊貴佛裔。
不可懦怯
融合爲一
此時獨無
尊貴佛裔。
真空密道。
此時爾應
各各光線
歸認其母。
若爾信解
圓滿覺性。
發射之時
微白之光。
藍色淡光
與四智光
如對清淨
爾將投生
生死海中
傳授密法。

01	竭誠信仰	眩耀智光	堅爾信心	并作思維	五方佛尊	大悲智光
02	前來攝引。	悲願度余	自當皈依。	心毋爲彼	六道不淨	幻光牽引
03	一心敬禮	五方五部	佛父佛母	祈禱如次。		
04	「五毒宿力	流轉生死。	四智合光	炳耀途次。	勝利五尊	接引在前
05	五部佛母	護佑於後。	拯離六道	不淨幻光	安全使渡	中有陷阱。
06	亟願往生	五淨佛土。」				
07	如是祈禱	爾能認識	內心光明	與之融合	無二無別。	頓證佛果。
08	尋常行者	虔誠信仰	亦可辨識	終獲解脫。	根性下劣	藉祈禱力
09	即能閉塞	六道之門。	瞭然四智	合體實相	藉是攝入	金剛薩埵
10	眞空密道	立證正覺。	經過如是	詳細指導	應解脫者	證入實相
11	獲得解脫。	如有最極	下劣根性	惡業過重	不喜奉教	復有劣根
12	於戒多犯。	終因業力	幻相爲障	雖聆導示	不辨實相	漂泊下墜。

13 第七日誦法

14	茲值七日	持明部尊	自聖樂土	前來接引。	瞋業所感	畜生道光
15	亦來鈎攝。	此時誦法	應呼其名	囑告如次。		
16	尊貴佛裔。	一心諦聽	此第七日	諸淨識種	各色光明	向爾放射。
17	持明部尊	同時接引。				
18	曼陀羅中	霓光輪內	無上持明	蓮花舞主。	亦可稱爲	成熟業果
19	無上持明。	同時放射	五色光明	并有紅色	空行天母	雙手抱持。
20	無上持明	右手高舉	持偃月刀。	（●按：偃月刀指金剛鉞刀。）		
21	左手平托	人腦蓋骨	（●按：人腦蓋骨應指人頭顱缽。）		滿盛血液	
22	且舞且作	調伏定印	前來攝引。			
23	曼陀羅東	地居持明	身爲白色	笑容可掬。	亦有白色	空行天母
24	雙手抱持。	地居持明	右手高舉	持偃月刀。	左手平托	人腦蓋骨
25	滿盛血液	且舞且作	調伏定印	前來攝引。		
26	曼陀羅南	司壽持明	身爲黃色	笑容可掬。	亦有黃色	空行天母
27	雙手抱持。	司壽持明	右手高舉	持偃月刀。	左手平托	人腦蓋骨
28	滿貯血液	且舞且作	調伏定印	前來攝引。		
29	曼陀羅西	紅色持明	號大手印	笑容可掬。	亦有紅色	空行天母

雙手抱持。持明之尊　右手高舉　持偃月刀。左手平托　入腦蓋骨

滿貯血液。且舞且作　調伏定印　前來攝引。

曼陀羅北　綠色持明　號自生成　半瞋半笑　亦有綠色　空行天母

雙手抱持。持明之尊　右手高舉　持偃月刀。左手平托　人腦蓋骨

滿盛血液。且舞且作　調伏定印　前來攝引。

曼陀羅外　持明之神　四周繞有　八處寒林　空行天母　四部三處

空行天母　三十聖地　二十有四　朝參之地　空行天母　無量數眾

空行天母。男女勇將　天界甲士　護法神祇　各各具足　六種骨飾

并懸大鼓　腿骨號筒　腦蓋法鼓　羅刹皮幡　人皮傘蓋　人皮旗幟

人脂香膏。無量數種　樂器齊鳴　大地震動　發聲之鉅。腦爲眩暈。

作種種舞　接引正信　懲治不信。

尊貴佛裔　清淨識種　俱生之智　五色光芒　爛爍迷眩。如五色線

燦爛透明　蕩漾天際　心爲之悸。將自持明　胸間放射　逕觸爾心。

光芒之銳　不敢正視。

淺藍色光　來自畜道。隨同智光　照臨爾身　妄執力故　於五色光

心生悸慄　意欲逃避　將爲畜道　淡光吸引　是以爾應　於彼智光

勿生怖畏。須知即爾　本智光明。智光明中　實相播音　千倍雷鳴

如轉鉅石　四處響應　音中且聞　喊殺之聲　又若眞言　令人心驚。

勿畏勿遁　慎毋驚懼　應知聲即　內光智能。

對於畜道　淡藍色光　勿爲吸引　亦毋懦怯　若爲所惑　將墮畜道。

癡毒勢盛　受盡勞役　聾啞愚闇　無限苦楚　非俟報盡　無法求出。

慎毋爲惑　惟應信仰　耀明智光　虔誠心向　持明諸尊　一意思維。

持明諸尊　勇武諸尊　空行天母　自聖樂土　前來接引。余應懇求

垂聽祈禱　迄於本日　五方五部　三世諸佛　雖經放射　恩悲之光

仍失救度。余何愚哉　現時惟願　持明部尊　攝以悲鉤　不復下墜。

引余往生　聖極樂土。

如是思維　祈禱如下。

「持明諸尊　垂聽祈禱。願藉慈恩　得入正道。宿業障重　流轉生死。

俱生之智　炳然照耀　持明勇武　導引在前　空行天母　護佑於後。

01　拯余出離　中有陷阱。再令往生　聖極樂土。」

02　如是恭敬　虔誠祈禱。爾身將在　霓光輪內　交融流入　持明胸中。

03　決定往生　聖極樂土。

04　一切邪說　異教之徒。能於此日　如實認識　自離生死。即具惡業

05　定亦得度。

06　中有教法　命盡中有　明光訓示。實相中有　導示證入　安樂部尊

07　令已誦訖。

08　次週證入　忿怒部尊

09　**概說**

10　令當開示　忿怒諸尊　證入方法。

11　安樂部尊　顯現中有　共有七次　危險境界　每次誦法　亡者應於

12　任何一次　如實辨悟　并已得度。

13　無量數眾　如實認識　自獲解脫。如是解脫　為數雖眾　塵世有情

14　無窮無盡。惡業熾盛　蓋障亦重　執著復深　因此之故　無明妄念

15　如輪常轉。雖不疲竭　亦不加速。雖盡令聞　詳細誦法　仍有極大

16　無量數眾　漂泊下墜　不可得度。安樂部尊　持明諸尊　一度接引

17　不能證入。五十八尊　住火輪中。忿怒吮血　當即現前　諸尊即係

18　安樂部尊　依照方位　變易相狀。（安樂諸尊）出自亡者　中有之身

19　（心神經樞）不復相似。

20　令茲顯現　忿怒諸尊　中有境界。亡者頓生　戰慄怖畏　認證較難

21　其識墜入　昏迷狀態。迷而復醒　醒而又迷。如是循環　不能自主。

22　亡者苟能　稍有所悟　即易得度。所以然者　顯現諸光　驚悸可畏。

23　一光方收　一光隨放。務使亡識　一心警覺　毋任馳亂。

24　在此情境　如有亡者　未經傳法。生前縱聞　猶如大海　甚深佛理

25　亦徒無益。縱有比丘　持戒清淨。又如法師　善宣玄理。中有情境

26　迷惑莫辨　亦必淪轉　生死海中。

27　普通世俗　不須煩述　戰慄怖畏　倉皇逃遁。必自懸崖　翻落惡趣

28　受苦無量。但在密乘　修持行人　極少數中　縱極少數　一經面對

29　吮血諸尊　自能辨識　即其自身　護佑之尊。如在人間　重逢舊友

經文所示
此時目擊
復次亡者
無論如何
圓寂火化
蓋因生前
不識聖像。
視若仇讐
宣法之師
良有以也。
不善應付
慎勿輕蔑
可得度故。
一種瑞相。

依儀修習
男女勇將
萬里無雲。
天樂遍作

實屬必需。
證取法身
實相中有
投生中有
將因前生

有情縱有
已聞密法
密法加被

修習觀想
塑造諸像。
即在於是。
當其在世
未聞密法
殊勝舍利。
密法灌頂
可怖相狀
持戒比丘
不生舍利
不勤修持
不能奏效。
惟藉密法
至少呈顯

如文觀像
持明部尊
譬如天空
異香盈空

中有教法
必識明光
認識明光
亡靈如在
如生人道

即可解縛。
此法對於
是故有情

因在生前
觀瞻圖繪
密教勝法
善闡妙理
徒以生前
遺體不現
復因未經
生平未見
以此而論
骨無異徵
舉止粗鄙
依其所教
中有境界
火化之時
不思議故。
或較高深。
命盡立為
種種具徵
奇異霞彩。

普通世俗。
命盡之時
死亡之時
證得報身
修羅人道

一經聞法
密乘大道
立致圓覺。

獲致佛果。
至少或曾
藉以得度
或為法師
辯才無礙。
霓虹光圈
輕蔑毀謗。
驟然目睹
悲慘苦境。
不見霓光
最極少數
不修邊幅
所具密法
縱有不檢
密法恩波
或為普通
實相中有。
似此將有
日光發射
舍利呈現。
犯戒喇嘛
大手印法
無須誦念。
亦必辨識
轉生天道
瑜伽正法。
不須禪定。
攝行進入
此法玄妙

證合一體
供養讚嘆。
自即能識。
持律精嚴
善巧說法
火端不見
心不信仰
自難辨識。
因此淪入
火化之際
極少數中
動違誓願
應敬禮彼
生前行為
或為舍利。
心靈發越
不致降落
淨樂聖土。
霓虹光圈
遺體之上
比丘法師
大圓滿道
中有教法
諸尊顯現
證得應身
得值密乘
遄致佛果
藉此教法
立顯差別。

信恃不疑。
吮血諸尊
諸尊現前
如屬比丘
虔誠修習
並無異徵。
對於密法
中有陞現
心生抵抗。
不修密法
密乘行者
生活起居
疑慮其人
敬信密法
或為霓光
密乘行者
並念心咒。
導引前往
亡靈融入
瑞光四射。
是以對於
如有修習
如是等人
安樂忿怒
認證明光
慧業持續
中有教法
極大惡業
或未聞法

01 不墮惡趣。

02 中有教法　中有密咒　同時念誦。有如黃金　大曼陀羅　寶物莊嚴

03 尤顯勝妙。

04 上來開示　必不可少　玄妙教法。茲當誦念　忿怒部尊　顯現情景。

05 **第八日誦法**

06 如是再呼　亡者之名。

07 尊貴佛裔。一心諦聽。中有顯現　安樂部尊　未能辨證。跚�徘徊

08 以至於此。茲已八日　忿怒部主　吮血之尊　前來攝引。應即辨認。

09 心母散亂。

10 尊貴佛裔。大光榮佛　裸體化身。深褐爲色　三首六臂　四足穩立。

11 右臉白色　左臉紅色　中臉深褐　周身發光　猶如火燄　九目圓睜

12 怒視可怖。眉毛閃動　如電發光。巨牙外露　上下榫合。口發巨吼

13 「阿」「拉」「拉」聲　「哈」「哈」之聲　音調尖銳。髮紅黃色

14 豎立放光。冠飾骷髏　象徵日月。腰繫黑蛇　懸有人首　以爲身飾。

15 右首三手　上手持輪　中手持刀　下手持斧。左首三手　上手執鈴

16 中持腦蓋　下持犁頭。身爲佛母　大忿怒母（●按：此處應翻譯為

17 「大力忿怒佛母」。）雙臂抱持。佛母右手　緊持佛頸。左手奉佛

18 紅色蚌殼　滿貯鮮血。舌顎相接　磋磨作聲。繼而隆隆　有如雷鳴。

19 兩尊放射　智火光燄s　出自毛孔。大燄各具金剛之杵　熊熊有光。

20 兩尊抱持　各以兩腿　一屈一伸。立於壇上鵰鳥俯伏　支持其下。

21 一切皆爾　腦中出生。活躍生動　向爾照射。勿驚勿懼。須知是爾

22 自識具體。又爲爾身　護佑之尊。勿怖勿畏。兩尊實乃　大日如來

23 雙身化成。一經辨識　即自得度。辨認之後　爾身將與　護佑之尊

24 契合一體　勝妙報身。

25 **第九日誦法**

26 設生恐怖　意圖引避。則第九日　金剛部主　吮血之尊　前來攝引。

27 當呼其名　誦法如次。

28 尊貴佛裔。一心諦聽。金剛部主　吮血之尊　金剛薩埵　裸體化身。

29 身暗藍色　三面六臂　四足穩立。右首上手　持金剛杵　中持腦蓋

下手持斧。左首三手　上手持鈴　中持腦蓋　下持犁頭　身爲金剛

大忿怒母　兩臂抱持。佛母右手　緊持佛頸。左手奉佛　紅色蚌殼

滿貯鮮血。一切皆自　爾腦東隅　變現出生　放光照爾。忽驚勿悸。

復勿戰慄。當知係爾　自識具體。亦即爾身　護佑之尊。故勿怖畏。

兩尊實乃　金剛薩埵　雙身化成。信之識之　即得解縛。既自辨識

立與合體　獲致佛果。

第十日誦法

然因惡業　覆蓋過甚　不能證入　反生悸懼　意欲逃遁。則第十日

寶生部主　吮血之尊　前來攝引。當再呼名　念誦如次。

尊貴佛裔。一心諦聽。今爲十日　寶生部主　吮血之尊　寶生如來

裸體化身。身爲黃色　三面六臂　四足穩立　右臉白色　左臉紅色

中臉暗黃。臉後呈現　火燄光輪。右首上手　持有寶物　中持鋼叉

（●按：鋼叉應指「帶人頭的三叉戟」。）　下持短棍。左首三手

上手持鈴　中持腦蓋　下持鋼叉　身爲寶生大忿怒母　雙臂抱持。

佛母右手　緊持佛頸。左手奉佛　紅色蚌殼滿貯鮮血。一切皆自

爾腦南隅　出生放光　勿驚勿悸　復勿戰慄。須知即爾　自識具體。

又爲爾身　護佑之尊。故勿怖畏。兩尊實乃寶生如來　雙身化成。

信而證入　度脫自能。既自辨識　立與合體證得佛果。

第十一日誦法

上來念誦　設因宿惡　不能證入　護佑之尊。戰慄欲遁。第十一日

蓮花部主　吮血之尊　前來接引。當再呼名　誦法如次。

尊貴佛裔。第十一日　蓮花部主　吮血之尊　彌陀如來　裸體化身。

深紅爲色　三面六臂　四足穩立　左面白色　右面藍色　中爲深紅

右臂三手　上持蓮花　中持鋼叉　下持錫杖　左上持鈴　中持腦蓋

滿貯鮮血　下持小鼓　身爲蓮花　大忿怒母　雙臂抱持。佛母右手

緊持佛頸。左手奉佛　紅色蚌殼　亦貯鮮血。兩尊合體　皆自爾腦

西隅出生　放光接引。勿驚勿悸　復勿戰慄。極應信樂。當知爲爾

自識變生。又爲爾身　護佑之尊。故勿怖畏。兩尊實乃　彌陀如來

雙身化成。信之證之　解脫隨之。既自辨識　即與合體　獲得佛果。

第十二日誦法

縱已聞法　仍因宿業　戰慄不前。不特不識　甚欲逃遁。第十二日
當有業部　吮血之尊。寒林女神　獸首女神　「莪萊孟母」與「汪鳩
母」隨從擁護　前來接引。仍恐不識　反增悸懼　當再呼名　誦念
如次。

尊貴佛裔。第十二日　業部之主　吮血之尊　不空成就　裸體化身。
身深綠色　三面六臂　四足穩立　右面白色　左面紅色　中面深綠
具足威儀。六手之中　右手持刀　中持鋼叉　下持錫杖　左上持鈴
中持腦蓋　下持犁頭。身爲業部　大忿怒母　兩臂抱持　佛母右手
緊持佛頸。左手奉佛　紅色蚌殼。兩尊合體　無非出自　爾腦北隅
放光加被　勿驚勿悸　復勿戰慄。當知即爾　自識變幻　又爲爾身
護佑之尊。故勿畏懼。兩尊實乃　不空成就　雙身化成。是以爾應
虔誠信樂。一經辨識　隨即得度。既已辨識　護佑之尊　即與合體
證得佛道。

上師開示　至爲玄妙。依教證知　所見諸尊　自識變現。依據平日
觀想而成。例如有人　見雄獅皮　一見即識　不生怖畏。設有不知
物蒙獅皮　悸懼頓生　經人告知　實非雄獅　恐懼自消。令茲所見
吮血部眾　體相絕鉅　四肢龐碩　大如天空。戰慄之心　不期自生
理無二致。若經宣示　便知即係　護佑之尊。亦即自識　變現所成。
此時忽有　明光顯現　名母明光。亡者以往　一度經歷　明光之上
復附明光　名子明光。子母明光　同時顯現　如遇熟識　交融不離。
由此出現　自度之光。自覺自證　即得解縛。

第十三日誦法

上來誦法　設仍未悟。縱有善行　心靈發越　亦將後退　淪入輪迴。
於是八位　忿怒女尊　寒林女神。（●按：寒林女神亦可譯爲「高麗
女神」。）復有八位　莪萊孟母　獸首女神。（●按：弗萊孟母獸首
女神亦可譯爲「琵薩希女神」。）出自腦部　前來攝引。當呼其名
念誦如次。

尊貴佛裔。一心諦聽。第十三日　寒林女神　共有八位　將自爾腦

東隅出現　放光如被。切勿畏懼。爾腦東隅　白寒林神。右手持屍　01
如持錫杖。左持腦蓋　滿貯鮮血。放光加被　切勿畏懼。爾腦南隅　02
黃寒林神。名「周利瑪」。手持弓箭　意欲放射。爾腦西隅　紅寒林神　03
「普拉摩哈」。手持旗幟　海獅所成。爾腦北隅　黑寒林神　名「白　04
達利」。右手持杵　左持腦蓋　滿貯鮮血。腦東南隅　紅寒林神名　05
「普喀斯」。右手提有　人體臟腑。左手取食。腦西南隅　深綠寒林　06
「喀喜瑪利」。左手腦蓋　滿貯鮮血。右手持杵　攪血而飲　如飲瓊漿。07
腦西北隅　黃白寒林　名「藏達利」。方取屍身　撕裂其首。右手摘心　08
左手提屍　就腔吸血。腦東北隅　深藍寒林　名「斯瑪夏」。亦撕屍首　09
就腔吸血。如是八方　寒林女神　出自爾腦　圍繞五部　吮血諸尊　10
前來接引。慎勿怖畏。　11

尊貴佛裔。寒林圈外　爾腦八方　出生八尊　「蒂菜孟母」。　12
獸首女神　亦來攝引　東有深褐　獅首之尊　雙手十字　交叉胸前。13
口嚼屍身　振搖頭顱　南有紅色　虎首之尊　雙手下垂　十字交叉。14
嗌牙裂嘴　怒目而視　西有黑色　狸首之尊　右手匕首　左提臟腑　15
且嚼且吮。北有深藍　狼首之尊　雙手撕屍　怒目注視　東南黃白　16
鷲首之尊　肩荷巨屍　手持骨骼　西南深紅　鷲首之尊　亦荷巨屍　17
西北黑色　鴉首之尊　左手腦蓋　右手有刀　摘食心肺　東北深藍　18
梟首之尊　右手持杵　左手有刀　割取嚼食　八方八位　獸首女神　19
亦然圍繞　吮血部尊　出自爾腦　前來接引　勿須畏懼。當知即爾　20
自識變現。　21

第十四日誦法

尊貴佛裔。第十四日　四門守護　女忿怒尊　出自爾腦　放光照射　23
爾應識之。爾腦東隅　虎首持鈎　白色女神　左手腦蓋　滿貯鮮血。24
爾腦南隅　豕首持索　黃色女神。爾腦西隅　獅首持鐐　紅色女神　25
爾腦北隅　蛇首持鈴　綠色女神。均持腦蓋　滿貯鮮血。四尊皆自　26
爾腦出現　放光加被。爾應視若　護佑諸尊。　27
尊貴佛裔。忿怒女尊　層層圍繞　五方五佛　裸體變身　外層圈外　28
復自爾腦　顯現女神　異類面首　二十八尊。(●按：此處稱為「二　29

291

01	十八獸首瑜伽女」。）	手中各持	異樣兵刃	前來攝引。	亦毋悸懼。
02	無論何光	應即認爲	自識幻形	在此關頭	極爲重要。	亟應憶念
03	生前上師	所傳妙法。
04	尊貴佛裔。	爾腦東隅	深褐牛首	羅刹女神。	一手持杵	一手持鈴。
05	紅黃蟒首	梵天女神。	手持蓮花。	墨綠豹首	巨大女神。	手持鋼叉。
06	藍色猿首	司判女神。	手中持輪。	紅色瑜珈	雪山熊首	童貞女神。
07	手持短矛	白色熊首	帝釋女神。	手持串腸。	如是六尊	瑜珈女神。
08	手持東隅	出現放光。	毋須畏懼。
09	尊貴佛裔。	爾腦南隅	黃色蝠首	喜樂女神。	手持匕首	紅海獅首
10	安樂女神。	手托土缽	紅色蠍首	甘露女神。	手持蓮花。	白色鶿首
11	月明女神。	持金剛杵	深綠狸首	持棍女神。	隻手舞棍	黃黑虎首
12	羅刹女神。	手持腦蓋	滿貯鮮血	如是六尊	瑜珈女神。	爾腦南隅
13	出現放光	毋須畏懼。
14	尊貴佛裔。	爾腦西隅	墨綠鵰首	肉食女神。	手中持棍	紅色馬首
15	喜樂女神。	手持屍體	四肢全無。	白色鷹首	大力女神。	手持錫杖
16	黃色犬首	羅刹女神。	一手持杵	一以刀割	紅野馬首	欲望女神。
17	以弓搭箭	綠色麛首	守財女神。	手持土缽	如是六尊	瑜珈女神。
18	爾腦西隅	出現放光。	毋須畏懼。
19	尊貴佛裔。	爾腦北隅	藍色狼首	司風女神。	手展旗幟	紅色羊首
20	妙鬘女神。	手持木挺	黑野豕首	野豕女神。	手中持有	牙根串索。
21	紅色鴉首	霹靂女神。	手持嬰屍	墨綠象首	大鼻女神。	手提巨屍
22	自蓋飲血	藍色蟒首	入水女神。	手持蛇索。	如是六尊	瑜珈女神。
23	爾腦北隅	出現放光。	毋須畏懼。
24	尊貴佛裔。	尚有四門	瑜伽女神	出自爾腦	前來接引。	爾腦東隅
25	黑杜鵑首	秘密女神。	手持鈇鉤。	爾腦南隅	黃山羊首	秘密女神。
26	手中持索。	爾腦西隅	紅色獅首	秘密女神。	手持鈇鋼	爾腦北隅
27	墨綠蟒首	秘密女神。	手中持鈴。	如是守門	四瑜珈神	出自爾腦
28	前來接引。	二十八尊	忿怒女神	一一出自	忿怒諸尊	自性之身。
29	爾應領悟。	尊貴佛裔。	安樂諸尊	出自法身	眞空之性。	爾應領悟。

01　忿怒諸尊出自法身悲智之光。亦應領悟。上來吽血五十八尊
02　出自爾腦攝照之時。設若知爲自識之光。爾將融入吽血諸尊
03　與之合體證得佛道尊貴佛裔。令如不識忿怒諸尊懼欲逃避。
04　苦難之來不堪忍受此並不悟目擊諸尊戰慄頓生終至昏迷。
05　此後自識輸成幻相墮入輪迴不可得出。依教辨識戰慄不生
06　自能超出輪迴生死。

07　復次安樂忿怒諸尊最大體相高齊天際其次體相大如須彌。
08　最小之體亦等爾身十有八倍層叠之高如是目繫不須戰慄。
09　宇宙萬象雖然轉成神聖相狀神聖之光設若了悟爾識變現
10　一經辨識即證佛果。妙義相傳「刹那之間頓成佛道」即此是也。
11　如是緊記不釋於心。與彼法身與彼智光融合一體立證佛果。
12　尊貴佛裔。是故所見無論任何怖畏幻相。應即認爲自識變現
13　尊貴佛裔。爾若不悟畏縮不前。安樂諸尊即時交融轉變成爲
14　「大黑天相」。忿怒諸尊亦即轉成冥府主宰閻摩之狀。自識所變
15　盡成幻相。淪入輪迴不能自拔。

16　尊貴佛裔。設人不悟自識實相。任爾精諳顯教經論密乘修法。
17　縱令苦修一劫之久不成佛道。若悟實相即藉一法或藉一字
18　均可證果。

19　亡者經歷實相中有不悟相狀自識幻成。冥府主宰閻摩獄卒
20　立時現前。最大身量高及天際其次體相大如須彌。最小之體
21　亦等人體十有八倍層叠之高。其爲數量充塞宇宙來時相狀
22　齜齒錯唇雙目閃燿巨腹細腰束髮結頂。手持記錄善惡業簿。
23　自口發出「擊」「殺」之聲。吮腦飲血撕裂屍身取其首級
24　復摘其心蜂擁而至空間爲塞。

25　尊貴佛裔。如是幻狀出生之時。勿畏勿怖。爾今具身宿業所感
26　意生之體。縱爲殺別不能減無。爾體性空毋庸畏懼。閻摩獄卒
27　亦爾自識變幻而成毫無實體。空如壞空無有是處。爾識所幻
28　相狀而外安樂忿怒飲血諸尊異類面首霓虹光圈閻摩惡相
29　均非實有。不必疑慮。如是了悟怖畏自消與之合體佛果自證。

01	上來教法	如實了悟	爾應竭誠	篤信敬仰	護佑諸尊。在此中有
02	陷阱之中	前來救應。	心作思維	「我當皈依」。憶念三寶	信樂三寶
03	不論修何	護佑之尊。	心應觀想	并念佛號。	祈禱如次。
04	「護佑慈聖。	施恩加被。	飄泊中有	拯我出離。」	
05	復次口呼	上師法號。	祈禱如次。		
06	「徘徊中有	拯我出離。	願師殊恩	永不捨棄。」	
07	復次信樂	吽血諸尊。	並向祈禱。		
08	「無明驅使	流轉生死。	光耀途次	恐怖捨除。	安樂忿怒 諸尊前導。
09	忿怒佛母	蜂擁護佑。	安全使度	中有陷阱。	終令成就 圓覺佛果。
10	棄親背友	踽踽獨行。	唯識所變	空性孤身。	惟願諸佛 慈恩加被。
11	在是中有	畏懼不生。	五智之光	炳然照耀	願能辨識 無悖無怖。
12	安樂忿怒	聖尊現前。	確信無畏。	了悟中有。	惡業牽引 痛苦備嘗。
13	諸尊護佑	消途災苦。	實相本聲	千雷隆隆。	願得轉成 六字大明。
14	宿業隨行	無怙無恃。	護我唯仰	聖觀自在。	宿業所感 苦難不堪。
15	願藉明光	消苦得樂。	願彼五大	勿起爲仇。	願入五佛覺尊之土。」
16	竭盡虔誠	如是祈禱。	一切恐怖	自能消除。	報身佛道 證入無疑。
17	一心念誦	三至七遍。	至極緊要	切記母忘。	
18	但得了悟	無論惡業	如何深重	無論善業	如何微弱 其不解脫
19	實不可能。	若在中有	縱經一一	詳細導示	而仍不悟 則將下墜
20	投生中有。	念誦之法	詳見下卷。		

21 **結述中有教法重要**

22	無論依何	教宗修習	或為淵博	或為淺薄	死亡之時 種種迷惑
23	頓自出生。	中有教法	自不可少。	禪定成就	神識甫離 實相顯現
24	生前經驗	實屬需要。	有已了悟	自識實性。	具是經驗 命盡中有
25	明光現前	奏效甚鉅。			
26	復次生前	禪定觀想	密乘諸尊	有所成就。	實相中有 安樂忿怒
27	諸尊接引	尤具助力。	生前修習	中有教法	既有特要。亟應信奉
28	隨誦隨記	如實記憶。	誦念三遍	習以為常。	每字每義 務求明晰。
29	縱環群仇	身瀕危急。	教法大意	不應忘失。	

此法名為「聞教得度」。縱有造作　五無間業。耳聞此法　亦必得度。
應向群眾　念誦講解。聞法之人　即或未解。中有之際　必能記憶
一字不失。中有憶力　強於生前　九倍之多。應向世人　廣為宣說。
病榻之旁　亦應誦讀。亡靈之前　尤宜念誦　廣傳世間　咸蒙聖澤。
有緣值法　實堪慶幸。非具積善　並有慧根　極難過法。縱或遇法
不可得解。惟有聞法　信受奉行　自得超度。如是希有諸法之王。
珍之寶之　憶恃勿釋。
中有經歷　實相誦法　又可名為　聞法得度　依咒得度　第一卷竟。

第二卷　投生中有

敬禮
虔誠稽首　諸佛菩薩　護佑諸尊　一切上師。慈悲加被　超度中有
開誦偈語
中有教法　實相部份　上來誦竟。令當詳示　投生中有　栩活易憶。

第一章 亡後境界
上來關於　實相中有　詳細導示　猶如目睹　除已熟諳　真實法相
並具善業　當可了悟。餘因惡業　不解實相　或因業力　戰慄怖畏
了悟自難。此輩下沉　已十四日。當誦下文　深印其心。
中有之體如何生起以及所具超常官能
已敬三寶　誦偈祈請　諸佛菩薩　慈恩普被　呼亡者名　三至七遍
念誦如次。
尊貴佛裔　一心諦聽　緊記勿忘。人於死後　淪入地獄　或生天道
乃至轉成　中有之身。如是名為　超常之生。當爾經歷　實相中有
安樂忿怒　諸尊智光　不自了悟　懼而昏迷　其為時間　約等亡後
三日有半。迨爾甦醒　爾智必已　重復原狀　同時轉成　發光之體
類似生前　所具之身。一如密教　修法所示。
「忽自賦得　如幻色身　類似前身。當生之身　六根齊全　行動無阻

01	具有業感	神變殊能。	業感同趣	中有之體	所具天眼得見其形。」
02	經文云何	令當詳說。			
03	發光之體	經文解爲	「類似前身　當生之身。」	意指亡者	
04	將賦之身	恰如前世	宿業所感	血肉之體。	其身亦具　圓滿相好。
05	有如人類	福報所感。			
06	似此之身	生自意識	中有境界	結想所幻。	是以名爲　意生之身
07	此時爾若	當生天趣	天趣境界	立即現前。	無論何趣　爾當受生
08	或生修羅	或生人趣	或生畜道	或爲餓鬼	或淪地獄　各趣情景
09	隨感而現	理無二致。	「前身」二字	是以隱指	三日半前　爾曾
10	思維	爾所具身	仍爲前生	業力所感	血肉舊體。「當生」二字
11	則指所感	將來投生	處所情景	是以經句	「類似前生　當生之身」
12	應即解爲	已棄色身	與夫將來	重復受生	應賦色身。此時於彼
13	生起情景	不論爲何	勿起貪求	勿爲吸引	勿示怯弱。設因怯弱
14	忽生喜愛	爾將淪入	六道之中	受苦無盡。	
15	迄至昨日	爾仍不悟	實相中有。	漂流下墜	以至此極。今爾若期
16	信持眞實	爾應依據	上師所傳	心不散亂	善自安住　無作無念
17	自識元明	光照空寂	法爾性境。	果能如是	自必得度。不再進入
18	受生胎門。	若爾不能	了悟自識	則應信樂	虔誠觀想　任何上師
19	護佑之尊	如在頂門	慈悲庇蔭。	如是要法	一心信持。
20	如是念誦	亡者若悟	自得超度。	不再淪入	生死海中。設因惡業
21	牽引所致	猶未了悟	續誦如次。		
22	尊貴佛裔。	再事諦聽。	「六根齊全　行動無阻」其意若謂		爾於生前
23	或爲目盲	或重於聽	不良於行。	今在中有	爾自能視　耳亦善聞
24	六根無損	敏銳不缺。	中有之身	是以說爲	「六根齊全」。爾令具身
25	六根不缺。	所以證明	爾已離世	漂泊中有。	了悟此理　憶持勿釋。
26	尊貴佛裔。	「行動無阻」	其意殆指	爾識業離	塵世色身。令爾所受
27	意生之身	非復前此	粗礙色體。	是以爾令	忽具殊能。諸如磐石
28	山陵丘壟	地土房屋	乃至須彌	爾能任意	穿行無阻。除爲佛座
29	母胎而外	縱如須彌	中山之王	往來穿過	毫無質礙。即此亦證

爾正徘徊　投身中有。　至切憶念　上師教法。　虔誠祈禱　聖觀自在。

尊貴佛裔。　爾今實具　神變殊能。　然此非為　等持之效。　僅為中有

自然具有。　業力性故。　爾今能於　一刹那間　環行須彌　遨遊四洲。

或於手臂　伸屈之傾　隨念而至　任何地方。　力能至故。　如是種種

神變幻力　切毋貪求。　切毋企有。

任爾意欲　顯何神通　無有神通　爾不能顯。　神通之能　具在爾身。

任爾顯現　無有妨阻。　惟爾仍應　了悟正教　祈禱上師。

尊貴佛裔。「業感同趣　中有之體　具有天眼　得見其形」

其意明示　中有境界　有諸亡者　業力感故　同生一趣　自能一一

互見其形。　譬因福報　同生天界　天人身形　彼此自見。　其生他趣

亦同此理。　是以爾於　現前各形　慎毋希企。　惟應觀想　聖觀自在

「具有天眼　得見其形」　意示顯示　福報受生　天道身形　惟習禪定

具有天眼　始可得見。　然天趣身　非可常見。　一心觀想　始見其形

否則不見。　間有習禪　心神外馳。　亦不能見。

中有之身特殊狀態

尊貴佛裔。　爾將藉是　中有之身。　目睹塵世　熟諳地方　在彼親屬。

如在夢中　彼此相逢。

爾睹親友　就之而語　蔑若無聞。　目睹彼等　目睹爾家　正在舉哀。

爾心思維「余其死乎　余將何為」至極悲痛。　如魚離水　擲諸烈爐。

苦痛之慘　爾正親歷。　然徒悲痛　亦復何益。　應即祝告

素所供奉　超人上師。　同時祈禱　護佑之尊　聖觀自在。　縱於親友

愛戀不捨　於爾無助。　萬勿依戀。　虔誠祈禱　聖觀自在。　悲痛自止

怖畏不生。

尊貴佛裔。　業風吹動　永無止息。　爾在中有　往復漂泊　心不自主。

將如羽毛　風中起落。　又若身騎　喘急病馬　馳騁不定　誠非得已。

忽又聽聞　哭泣悲哀。　不禁口呼「余在勿悲」迫彼不理　爾又思維

「余已死乎」此時爾復　悲痛不勝。　注意切莫　如是悲痛。　日以繼夜

隨時皆是　灰白曙光。　爾將如是　逗留中有　一週二週　三週四週

五週六週　乃至七週　四十九日。　投生中有　悲慘時期　有謂不出

01 二十二日。然因宿業　各各不同。隨業所感　期難確定。

02 尊貴佛裔。約在此時　業力狂風　不勝猛烈。自爾身後　疾馳而來。

03 陣陣推送　足不能停　自識所幻　勿須悸懼。無間黑暗　今臨爾前。

04 如入重霧　毛髮爲豎。此時忽自　黑暗出生　「擊」「殺」之聲。

05 復有種種　恫嚇之聲。肝膽俱裂。於彼種種　勿畏勿懼。

06 另有亡者　惡業熾盛。惡業所感　啖人羅刹　各持兵刃　口呼「擊」

07 「殺」　紛擾洶湧　狀至怖畏。爭先狂撲　惟恐不及。或復幻現

08 種種凶惡　肉食之獸　追逐前來。或復幻現　狂風暴雨　大雪深霧。

09 或復幻現　群眾迫逐。或聞巨響　有如山崩　有如海嘯　如火噴轟

10 如風怒吼。巨聲之來　驚怖欲絕。四竄逃奔　不擇去路　終遇絕壁

11 一爲白色　一黑一紅。懸崖千丈　望而生畏。生路愈窮　勢將下墜。

12 尊貴佛裔。三絕壁者　即貪瞋癡。非爲實質。此時當知　不幸身處

13 投身中有。竭誠祝告　聖觀自在。并念佛號　祈禱如下。

14 「聖觀自在。上師三寶。慈悲加被。拔我諸苦。」

15 如是祈禱　憶念勿釋。

16 或具積善　至誠奉教　感得喜樂　愉快安逸　滿分福報。或無積善

17 與未作惡　所感之報　非樂非苦　凡愚庸迂　漠然無情。尊貴佛裔。

18 今生所受　不論何報　或因善業　感受何樂　勿爲吸引。慎毋貪著

19 應作思維

20 「積善所感　一切喜樂。謹以供養　上師三寶。」

21 摒棄一切　愛欲貪求。

22 縱爾感得　非樂非苦　漠然無情。禪定心住　大手印法。心中不作

23 禪定之念　至爲切要。

24 尊貴佛裔。此時如遇　橋口寺廟　八大靈塔。爾欲稍憩　不能久停。

25 蓋以爾識　業離四大　質礙色體　不能勾留。爾輒慎喪　煩惱悲痛。

26 能知之識　恍惚不定　稍縱即逃　失所憑藉。不禁自思「吁余已亡

27 余將何爲。」　此念一起　悲不自勝　萬念俱灰　無限愁苦。

28 爾既不能　任意停留。似被驅使　流徒無定。當摒離念　調伏安住

29 不動心境。所備供品　爲爾特設　始得享受。其他供物　無法嘗食。

此時朋類　無一可以　引爲己助。

凡此皆爲　投生中有　意生之身　漂泊之證。此時苦樂　均屬業力。

忽如返家　目睹僕役　以及戚屬　自己屍身　心復思維　「余今已死

余將何爲」　不勝悲苦　忽復妄想　「如得復生　任何不惜。」

如是作念　往復流蕩　覓取色身　縱入屍體　九次以上。然因經歷

實相中有　爲時過久。爾之屍身　在冬凍結　入夏靡腐。或爲親屬

用火焚化　或埋土中　或投諸水　或擲山崖　鳥獸啄食。無處可棲

意不滿足。頓覺自身　似爲推入　山崖石穴　隙縫之中。投生中有

所嘗苦楚　即係如是。縱爾覓得　四大之身　除苦而外　毫無所得。

應毋再起　投生妄想。令心安住　不生膠著。亟應如是　令心安住

上來誦法　依示而行　中有境內　即得解脱。

冥判情景

間或尚有　惡業力故　仍不了悟　舟呼其名　誦示如次。

尊貴佛裔　一心諦聽。爾之受苦　業力所感　純係自業　不屬他人。

是以爾應　一心至誠　祈禱三寶　護佑加被　設不祈禱　亦不心注

大手印法　復不觀想　計爾善業　當有生前　與爾俱生　司善神祇

現臨爾前　以白石卵　計爾善業　復有生前　與爾俱生　司惡神祇

以黑石卵　計算惡業　爾將驚懼　全身戰慄　試爲謊言　「生前未作

任何惡業。」

地府主宰　於是宣示　「我有業鏡　鑑照不爽。」

言畢視鏡　善惡映現　歷歷如繪。縱欲掩飾　亦徒無益　地府主宰

於是派遣　凶惡獄卒　以索繫頸　拖曳下堂　斷爾之首　剖爾心肝

抽爾臟腑　吮爾腦汁　飲爾之血　食爾之肉　嗷爾之骨

爾雖痛苦　仍不得死　爾身雖碎　復又完整　反復受刑　不勝苦楚。

縱有神祇　計算石卵　勿驚勿怖　亦毋謊語　復勿畏懼　地府之主。

當知爾身　意生之身　首斷股割　不能減無　爾身實係　眞空之性

不須畏懼　即彼閻摩　亦係爾識　自所變幻　意生之身　習氣結體

空無所有　空不壞空　猶如無質　不傷無質。

爾身以外　諸如閻摩　判官獄卒　鬼怪幽靈　或爲牛首　威德明王

01	除爲爾識	自所變現	實皆無有。	爾應善自	如實了知。
02	此時當知	已處中有。	爾應心住	大手印定。	設爾不知	如何住定。
03	祇須推究	恐怖實性	本無有生。	僅爲法身	眞空之性。
04	此空非即	空無所有。	如實性空	方可爲空	爾對空性	不免畏懼。
05	爾識當空	照映益明。	識明照耀	報身之境。	爾處此境	忽自經歷
06	空明交融	強烈難忍。	空性本明	明實性空	明空不離	此爲本性
07	第一義身，	到處放射	映耀無阻	是即應身。
08	尊貴佛裔。	心毋散亂	靜聽宣示。	設能了悟	上述四身。	於任何身
09	定必解脫。	心勿外馳	但聽我言	佛與有情	以此分界。	此一刹那
10	極爲重要。	心如不定	重墜苦海	無量數劫	不得出離。
11	經文所示	「一刹那間	界限分明。	一刹那間	圓覺可證。」
12	其意眞實	恰合此際。
13	今前所經	中有現象	以心狂亂	爾未能證	徒因此故	枉受恐怖。
14	如再散亂	聖觀自在	大悲恩波	中途阻斷	爾將沉淪	永不得度。
15	是以爾應	非常謹慎	前此聞法	雖未了悟	今如辨識	仍可得度。
16	亡者生前	無知無識	不解禪定	當更念誦。
17	尊貴佛裔。	設爾不明	如何禪定。	爾當憶念	聖觀自在	并及三寶
18	懇切祈禱	思惟一切	恐怖之相	不寘自己	護佑之尊。	或竟視作
19	聖觀自在。	回憶生前	上師灌頂	錫爾法名。	同時復憶	上師法名。
20	一一告知	冥府主宰	判官獄卒	依教而行	縱墜絕壁	無有傷害。
21	幸自振作	勿怖勿畏。
22	**心念所至無不感應**
23	前此聞法	縱未超脫。	此際亦可	令其得度。	然仍未可	必其得度。
24	當須懇摯	繼續導示。	再呼其名	念誦如次。
25	尊貴佛裔。	此時頓覺	刹那歡樂	刹那愁苦	緊張情狀	猶如弩砲
26	張馳自如	任憑機力。	歡樂之時	勿稍貪愛	愁苦之來	亦毋憎惡。
27	設爾業感	受生上界	人天修羅。	上界情景	立即現前	生前眷屬
28	爲爾設祭	殺害生物	修作佛事	并事佈施。	因爾此時	意根未淨。
29	目擊彼等	一切舉動	由慳生瞋。	因爾瞋念	立墮地獄。	無論遺眷

設見生前
意志薄弱
影響心念。
所遺財寶
是以切應
享用爾財
堅爾意志

拔離苦趣。
違犯戒律
爾已賦有
爾復能睹
妄行儀軌
疑慮聖教
必淪苦趣。
不合儀軌
寧能有誤
至彼僧侶

修作佛事
切記勿忘
與爾親屬
身語意三
即此歡心
是以勿生
極端注意。
體量之微
勿起非淨。
懇切祈禱

敬愛之念
爲所專用
彈指之頃
或爲餓鬼
爾所享受
任爲何人
與爾上師。

消爾惡業
心不專注
蓋在中有
退失正信
褻瀆正教
憤慨之餘
影響心靈
修法之時
我佛垂示
豈非如是。
」

家族爲爾
至爲重要。
賴爾嗣續
深邃佛理。
心大歡喜
較樂之地
至爲重要
無所憑藉。
是以心中
至誠皈命。

心應住於
已屬他人
此念一生
淪入地獄
亦不再爲
毫不置念。
供養三寶

或修佛事
間有昏睡
爾均目睹
心疑聖教
追荐之法
心極沮喪。
彈指之頃
任彼僧侶
一至於是
心之不淨
余當皈依。
虔誠敬愛
心存敬愛
即來勾攝
喇嘛之眾
目睹如是
改生上界
不加分別
中有境界
感應極易
心應歡喜

勿令生起
或見財物
享用之人
亦必因此
復爲爾有
棄之如遺
觀想如同

如持食物
修法僧侶
輕慢正法
因此爾或
竟用黑教
彼等欺罔
並失敬仰
抑且有害
余心不淨
鏡亦反映
其心實佛
當具信心
是以爾應
苦趣之光
所延上首
不失儀軌
縱感惡道
喜愛敬信
爾識現在
淨或非淨
設未修持

壓止瞋心
貪戀不捨。
或竟怒及
上方樂土
此時不能
慎勿貪著。
心存布施。

誦念眞言
不合儀軌。
乃至一切
少分漏通
驚怖不安
「噫余竟爲
心不隨喜
於爾無益
心惟作念
面呈斑點
其語爲法
於彼僧侶
實有裨助。
當墮苦趣
不染邪巫
虔修功德
轉移爾業。
當於一切
綜上所示
任爾起念
任何修持。

有何造作
所積財物
貪戀不已。
縱爾應生
爾縱貪戀
堅定意志
心勿吝惜
心母執著。

設供之時
誦咒修法
淨行有虧
業力所感
修法僧侶
爾必思維
退失正信
如是思維
缺乏淨行
譬諸攬鏡
其身爲僧
思維至此
於爾利樂
又爾業感
淨修佛事
一一專注
剎那之善
不淨之心
尊貴佛裔
流動無停
但憶生前

01　聖觀自在　護佑諸尊。禱文如次。

02　「捨離親摯　踽踽獨行　唯識所映　空性孤身。惟願諸佛　慈悲加被。

03　在是中有　畏懼不生。惡業牽引　備嘗諸苦。護佑諸尊　消災除苦。

04　實相本聲　千雷隆隆。願得轉成　六字大明。宿業隨行　無怙無恃忘。

05　護我惟仰　聖觀自在。宿業所感　苦難不堪。定力明光　攝引得樂。」

06　虔禱上偈　必獲導引　決非謊語。爾應安心　如是祈禱　至為要妙。

07　一再念誦　憶念隨生。自獲證入　自獲解脫。

08　**輪迴六道劣光現前**

09　一再導示　亡者惡業　熾盛難消　仍未了悟忘。可再反覆　開示多

10　次　極有裨助。當再呼彼　亡者之名　誦念如次。

11　尊貴佛裔。以爾不悟　前有身形　逐漸消散　至不可辨。後有之身

12　將益明顯。愁苦之餘　心作思維　「余何傷哉　苦痛備嘗。任投何身

13　余將住覓。」如是思維　往來四處　奔馳不停　不知所之。六道輪迴

14　即於此時　發光勾攝。爾業所感　當生何道　彼道之光　愈益強烈。

15　尊貴佛裔。設爾欲知　六道之光　其色何若。一心諦聽。天道之光

16　其色灰白。阿修羅道　其色淺綠。（●按：此色應為暗紅。）人道之光

17　其色暗黃（●按：此色應為暗藍。）畜生道光暗藍為色。（●按：

18　此色應為淺綠。）餓鬼道光　色為暗紅。（●按：此色應為暗黃。）

19　惟有地獄　光如煙霧。爾因業力　當生何道　爾身將染　彼道光色。

20　尊貴佛裔。如是教法　殊妙無比。於此時際　尤為重要。任為何光

21　現前勾攝　觀想光為　聖觀自在　任彼光線　來自何道。觀想如若

22　聖觀自在　來自彼方。此法玄妙　藉是可免　投身彼道。或曾修持

23　護佑諸尊。任擇一尊　觀想身形　持久不散　似有實無。猶如術者

24　所變幻相。此即所謂　淨幻之相。次觀彼尊　自外向內　逐漸隱斂

25　至不可見。次觀自身　忽在光明　真空之境　心無執著　安住片時

26　再觀彼尊　再觀明光。如是反復　依次觀想　末觀自識　亦然如此

27　自外向內　逐漸隱斂　至不可見。空遍一切　識遍一切　識遍一切

28　即是法身　遍一切處。安住法身　不生之境。在此境界　即證無生

29　即證圓覺

第二章 轉生法門

閉塞胎門

亡者生前　修持不力　不親正法　仍未了悟　妄念難制　徘徊胎門。
閉塞胎門　導示極要　呼亡者名　誦念如下。

尊貴佛裔　設於導示　仍未領悟　迄於此時　因爾業力　不由自主
或往上升　或向前進　或竟下墜　應即觀想　聖觀自在。　切記勿忘。
此時忽有　如上宣示　疾風暴雨　冷徹骨髓　冰雹交加　無間黑暗
有如群眾　追逐加害　意欲逃避　以無善業　反墜苦趣　具諸善行
自得往生　上界樂土。　尊貴佛裔　爾在此時　業感何道　彼道境界
立時現前。　於此關頭　一心諦聽　甚深微妙　重要法門　以往導示
縱未能明　今茲宣說　當能了悟　即於聖教　修持不力　亦可證入。
是以爾應　靜聽念誦。

此時如用　閉胎法門　極為重要　極堪注意。　主要法門　被分兩步
一為制止　勿入胎門　一為閉塞　當入胎門。

制止亡者勿入胎門

尊貴佛裔　（並呼其名）安住觀想　不論爲何　護佑之尊　譬諸觀想
水映月輪。　雖無有月　了了分明。　恰如術者　所變幻相。　設未曾修
護佑之尊　應即觀想　聖觀自在。　或竟觀想　誦法之人　心作是念
安住觀想。

次應觀想　護佑之尊　自外向內　逐漸隱歛。　次再觀想　眞空明光。
心無執著。　如是甚深　微妙法門　藉此法門　決不入胎。

第一閉胎法門

如彼觀想　設爾未能　制止爾身　進入胎門。　則當爾正　入胎之時
尚有妙法　閉塞胎門。　諦聽指示。

「投身中有　今已現前。　心當善持　純一意念　中有境內　善業相續。
閉塞胎門　以爲敵故。　虔誠敬愛　今茲需要　於彼嫉妒　捨除無餘。
一心觀想　雙身上師。」

上來偈語　反復念誦　口齒清晰　憶持其義　如義觀想　依此修習
實屬必需。

01	上來偈語	意義如下	「投生中有	今已現前」	其意明示	爾正徘徊
02	投生中有。	如爾矚水	或爾照鏡。	其中不映	爾貌爾身。	爾身亦不
03	投射影形。	蓋爾已捨	粗礙爲質	血肉色身。	此即中有	顯著象徵。
04	亦即證明	爾正徘徊	投生中有。			
05	此時爾應	純一意念	心不狂亂	純一意念	極爲重要	恰如馳馬
06	控之以韁。					
07	此時爾作	任何意欲。	意欲之境	當即現前。	是以不應	心起惡念。
08	誠恐念起	前途轉變	心應繫念	中有教法	誦法僧侶。	生前如荷
09	上師説法	爲爾灌頂	許爾修習	密教經典。	亦應憶念	心神繫合。
10	「善業相續」。	切要之圖。	此時不應	心起妄念。	上升下墜	界限分明。
11	如再躊躇	一刹那間	長劫受苦。	在此關頭	「心中善持統一意念。」	
12	務使「善業	相續」不絕。	爾今已值	閉胎之時。	「虔誠敬愛	
13	今兹需要。」	偈文暗示	閉塞胎門	共有五法	此爲最先	閉胎法
14	門善自憶念	持久不釋				

第二閉胎法門

16	尊貴佛裔。	爾將目睹	男女居室	幻狀如眞。	設有所見	心母妄想
17	置身其間。	應即視爲	超人上師	與其佛母	觀想不釋。	敬禮信仰
18	心觀供養	至極虔誠	決定祈求	佛法加被。		
19	即此決定	胎門必閉。	設仍不閉	頓覺自身	墜入堪虞	立即觀想
20	超人上師	與其佛母	或竟觀想	護佑之尊	或觀雙身	聖觀自在。
21	觀想不釋	心作供養	虔誠決定	祈求加被。	如是行之	胎門自閉。

第三閉胎法門

23	縱經上示	胎仍未閉。	爾覺自身	墜入堪虞。	今將示爾	抑制愛憎
24	第三法門。					
25	受生種類	計共有四。	卵生胎生	遷識往生	乃至超生。	四生之中
26	卵生胎生	性質相似。				
27	上來宣示	男女居室	幻狀現前。	此時設起	愛憎之念。	立入胎中
28	受生爲馬	或爲雞犬	或爲人類。			
29	當感男身	能知之識	忽起妄念	自覺爲男。	即於所見	男女兩者

01　深憎其男　愛悦其女　當感女身　能知之識　亦起妄念　自覺爲女。
02　即於所見　男女兩者　深憎其女　愛悦其男。當彼男女　坎離相合
03　沉醉之傾　能知之識　妄念增上　俱感欲樂　頓入昏迷　無所知覺。
04　追及甦醒　已在卵中　或在胎中。出胎張目　已成犬子　生前爲人
05　今已變犬　犬窩之中　飽經苦痛　或變小豕　在欄生活　或變爲蟻
06　爲穴勤忙　或爲昆蟲　泥孔蠐螬　或爲羔羊　或爲牛犢　如是身形
07　歷劫難換　橫骨梗喉　愚蠢可憐　且復備受　種種痛苦　其落地獄
08　或感惡趣　或竟偏甩　六道輪迴　亦復如是　受苦難言。受苦難言。
09　世人不乏　執迷不悟　妄圖生死　不知畏懼　一何可悲　一何可嘆
10　間有未聞　上師說法　頓即如是　墜落懸崖　沉淪生死　受苦不堪
11　永無停息。若爾不願　如斯遭遇　幸聽導示　憶持在心。
12　爾應過止　愛憎之念　並應記取　今茲所示　閉胎之法　上偈所謂
13　「閉塞胎門　以爲敵故。虔誠敬愛　今茲需要。於彼嫉妒　捨除無餘。
14　一心觀想　雙身上師」即指此時　上不云乎。當感男身　愛女憎男。
15　當感女身　愛男憎女。隨起妄念　於彼男女　頓生嫉妒　此時教法
16　甚深玄妙。尊貴佛裔。愛憎妄念　生起之時　應即觀想　思維如下。
17　「惡業熾盛　至於此極。因著愛憎　迄淪生死　設不自拔　猶著愛憎。
18　自陷生死　苦海無休　長劫不出　余於今日　當棄愛憎　嗟乎余身
19　自茲而後　愛憎妄想　永不滋生。」
20　如是觀想　堅爾心意　勿渝爾志。密教修法　如是諦示。「惟立此志
21　胎門方閉。」
22　尊貴佛裔。心毋散亂。一心決定　勿渝此志。

第四閉胎法門

24　縱依上示　未閉胎門　亡者自覺　躍入堪虞　第四法門　不實如幻。
25　依法而行　胎門應閉。善自作意　諦觀如次。
26　「嗟彼男女　狂風暴雨　霹靂巨聲　可怖相狀　一切現象　究其實際
27　無一非幻。雖似有相　實無自性。如幻不實　如夢如寐　無常無定
28　何愛之有　何懼之有　非爲實有　見爲實有　一切本從　自心變幻。
29　能幻之心　既非實在。所幻現象　何能獨有。

01 「以往迄今　迷而未悟　認無爲有　以假作眞　視幻爲實　至令沉淪
02 生死海中。　如再不悟　一切皆幻。　余將長劫　流轉輪迴　淪入惡趣
03 備受痛苦。
04 誠哉一切　如夢如幻。　又如回聲　陽焰化城　海市蜃樓　鏡花水月
05 幻燈映景。　無一刹那　有其實在　惟虛不實。」
06 一心推求　了知非實　能知相續　如是了達　不再迷惑　如倦思還。
07 了達無實　胎門自閉。

第五閉胎法門

09 如上導示　觀幻之法　未能澈悟　萬象實無　胎門未閉　投入堪虞。
10 應再導示　第五法門。　觀想明光　閉塞胎門　善自作意　觀想如下。
11 「觀彼一切　即我自心　心即是空　不生不滅」
12 如是觀想　令心安住　無生之境。　譬諸傾水　入於水中　自然和合。
13 令心自在　入於本來　不可變易　動盪自如　明淨之境。　保持如如
14 無生狀態。　四生胎門　定自閉塞。　持久觀想　以待成就。
15 閉塞胎門　甚深妙法　廣如上述。　上智中智　下愚人士　如不得度
16 應無是理。　云何如是　因緣有四。　一因有情　中有境內　各具漏通。
17 遇有導示　率能了悟。　二因生前　雖屬盲聾　令在中有　六根齊全
18 遇有導示　善自能聞。　三因有情　中有境內　怖畏迫逐　善自為計
19 性自驚覺。　有所導示　自願聽聞。　且彼識體　已夫憑藉　無論何處
20 隨念可至。　四因有情　記憶明晰　九倍生前　生前魯鈍　然在中有
21 業力使敏。　有所導示　善能觀想　易於成就。　具足四因　自易得度。
22 以是四因　如為亡者　修作佛事　必能奏效。　中有教法　繼續念誦
23 四十九日　是以重要。　一次導示　縱未得度　再次導示　自能解脫。
24 以此備有　如許種種　導示法門。

選擇胎門

26 間有眾生　雖經囑令　專一心念。　惡業障重　歷劫乏善　不習淨行
27 仍不得度。　設在眼前　胎門未閉　今當教以　擇胎之法　普諳諸佛
28 菩薩加被。　並誦三皈　再呼其名　導示如下。
29 尊貴佛裔。　一心諦聽。　上來教法　詳爲爾說。　爾仍不悟　胎門未閉。

爾令已屆　受生之時。　令再導示　甚深妙法　依此教法　選擇胎門。
注意諦聽　信受毋忘。

受生景象　提示警覺

尊貴佛裔。　諸受生處　各有特徵　令將現前　應即了悟　何洲較勝。
善自鑑別。

爾若感生　東勝身洲。　將見湖中　雌雄鴻雁　水面追逐。　萬勿往生
一心憬悟　勿往求生。　如生彼洲　雖得安樂。　佛法不聞　故不可往。
爾若受生　南贍部洲。　其處宮室　壯麗輝煌。　如必求生　此洲較可。
爾若受生　西牛貨洲。　將見湖濱　牛馬放牧　牝牡合群　但應速返
不可前往　洲雖富饒　佛法不聞　亦不可往。　爾若感生　北俱盧洲。
將見湖濱　樹木四周　成群牲畜　往生此洲　享壽雖高　並受福報
以無佛法　是以勿往。　上來四洲　受生徵兆　一一提示　令爾警覺。
應即了悟　慎毋輕往。

若生天道　將見宮殿　眾寶莊嚴　福感此土　可往受生。若感修羅
爾將目睹　悅目林樹　或見火圈　相向旋舞　一心憬悟　勿往求生。
如論如何　不可前往。　如感畜道　目所能擊　山穴石窟　地有深洞。
煙霧瀰滿　決不可往。　如感餓鬼　將見原野　荒無人煙　林木不生
地裂淺孔　或睹空林　衰草枯根　若生此道　饑渴慘苦　曷有既極。
一心憬悟　勿往受生。　努力振作　切勿前往。　若感地獄　將聞歌聲
惡業所感　悲哀淒切。　身墜其中　不可抗拒。　所囑之地　黑暗無間。
屋宇散布　黑白交錯　遍地阱穴　道路昏黯　如往彼處　即淪地獄
烈火寒冰　不堪其苦。　一入此中　求出無期。　是以不應　置身其中。
上來所示　努力振作　今尤需要。

追命惡鬼　防護法門

尊貴佛裔。　業力所感　追命惡鬼　身後追逐。　身不由主　逕自前進
唯非所願　誠非得已。　爾前亦有　追命惡鬼。　如為創手　導赴刑場。
同時忽起　迷目黑霧　業感旋風　雨雪交加　電石狂擊　冰刀旋舞
心頭驚悸　思欲逃遁　正在畏怖　急求棲避　忽見宮殿　岩穴地窟
草莽荒漠　涸池枯蓮　廣如上述　急思逃避　不加細擇　任入一處

01	潛伏不動	懼不敢出。	心中思維	「今如外出	災苦不免。」
02	既因畏懼	不敢復出	於彼棲所	心生貪著。	憶彼棲所	竟爲母胎。
03	設因畏懼	逃避中有	可怖相狀。	任擇棲所	或擇母胎	隱匿不出。
04	自必取得	下劣生身	受諸苦難。	上來情景	不會顯示。	惡鬼夜叉
05	橫加滯難	阻生善土。	此時亦有	甚深妙法。	諦聽導示	注意勿忘。
06	此時若有	追命惡鬼	自後迫逐。	種種恐怖	於焉生起	立即觀想
07	無上裸身（大黑天王）	馬頭明王	金剛手尊。	或竟觀想	素所供奉
08	護佑之尊。	圓滿莊嚴	身肢俱偉	怒容可怖	將彼惡鬼	一一摧滅。
09	一剎那頃	觀想成就。	藉有恩波	藉有威力	追命惡鬼	不敢近身。
10	於是爾得	從容擇胎。	此爲重要	微妙法門。	信持在心	勿得忘失。
11	尊貴佛裔	禪那諸佛	菩薩諸尊	所現相狀。	等持之力。	至於餓鬼
12	某類惡魔	乃係亡魂	經歷中有	心念變易	身隨心變	保持不失。
13	頓成餓鬼	惡魔羅刹	具有神變	易形之力。	一切餓鬼	上下空間
14	稠密充塞。	並有惡鬼	八萬種類。	均屬中有	意生之身。	變易心念
15	遂具此體。	此時若憶	大手印法	入定觀空	最爲上乘。	若未習此
16	推究一切	如幻不實。	此並不能	心母爲動。	一意觀想	護佑之尊
17	聖觀自在。	自能證得	報身佛道。
18	**遷識往生**	**人道轉生**	**兩法門中**	**任擇其一**
19	尊貴佛裔。	設因業力	必須入胎	令當詳說	擇胎妙法	諦聽勿忘。
20	爾所見胎	任爲何種	爾不應入。	追命惡鬼	若迫令入。	即應觀想
21	馬頭明王。
22	爾既賦有	漏通神力。	受生處所	各有幻境。	一一現前	善自辨識
23	善自選擇。
24	遷識往生	佛國淨土	或擇不淨	人道胎門。	兩法門中	任擇其一。
25	成就之道	詳示如次。
26	**遷識往生**	**佛國淨土**
27	佛國樂土	往生法門	觀想如次。
28	「余何苦哉。	無始劫來	以迄今日	淪轉生死	苦海之中。	余何痛哉
29	迄仍未悟	識我不二。	未能解脫	轉成佛道。	今於輪迴	已生嫌惡。

可怖可厭　時機已至　亟應捨離。此後誓當　勇往直前。　01

求生西方　極樂世界。虔誠祈求　彌陀如來。佛力加被　蓮花化生。」　02

如是觀想　堅持爾願　往生彼土。或願往生　最勝樂土」或願往生　03

不退轉土　或願往生　無上妙行。成就樂土　或願往生　無量蓮花　04

光焰國土　早夕得親　淨蓮花生。或願往生　任何佛土。堅持爾願　05

一心不亂　自能感應　立生彼土。亦當同此　堅持爾願　心作思維　06

或願往生　覩史內院　親近彌勒」我今當生　覩史內院　親見慈尊。」　07

「雖處中有　時機已熟。我令當生　花開見佛。　08

佛力加持　投入蓮胎　花開見佛。　09

轉生人道　　復入塵世

10

遷識往生　若不可能　爾並喜欲　投入人胎。或因業力　必須入胎。　11

今將導示　選擇非淨　輪迴胎門　甚深妙法。　　　諦聽勿忘。　12

以爾漏通　周察四洲　見有佛法　應即往生　13

身若出自　坎離和合。鼻觸香味　即為吸引　黏附坎離　胎中受生。　14

此時所起　任何景象　於彼景象　勿視為實　勿生喜愛　勿生憎惡　15

善胎自得　具願往生　極為重要　此際心述　爾願如次。　16

「余當生為　世間之王。或為梵門　偉大猶如　娑蘿之樹　或生瑜伽　17

行者之門　或生世系　淨無玷瑕　或生家族　信奉聖教。如是受生　18

具足福報　利樂眾生。」　19

如是思維　如是具願　始入胎門。同時發射　恩波淨光　加持其胎」　20

觀想入時　轉成天宮」敬信十方　諸佛菩薩　護佑諸尊。尤為重要　21

聖觀自在　慈恩加持　懇切祈求。擇胎之際　舛失難免。蓋因業力　22

善胎輒被　認作惡胎　惡胎間亦　誤為善胎　今再導示　重要妙法　23

諦聽如下　縱令胎善　勿起貪愛　如為惡胎　亦毋憎嫌。心無愛憎　24

念離取捨　不生分別　是為妙法　除彼少數　素習等持　妄念不起。　25

其餘有情　業感積習　不易排除。　26

亡者設未　捨棄愛憎　既無宿慧　惡業又重。必致落入　畜生道中。　27

縱生人道　心性如畜　再呼其名　示令避免。　28

尊貴佛裔　設爾未能　捨離愛憎　或爾不悟　擇胎妙法　任何景象　29

01 現於爾前。祝告三寶　敬求皈依　虔誠祈禱　聖觀自在　昂首前行。

02 善自了知　已落中有。身後所遺　子女眷屬　已非所有。貪戀之念

03 應即遣除。進入天道　白光途徑　或趨黃光　重生人道。見彼宮殿

04 象室莊嚴。見彼園林　賞心悅目　逕入其中　不須顧慮。

05 反復念誦　上文七次。然後舉誦「虔請諸佛　菩薩偈文」。「祈護中有

06 險難偈文」。「六種中有　警策偈文」。「護免中有　恐怖願偈」。

07 以上四偈　各誦三遍。然後殿以「五蘊之身　解脫靈咒」。「常誦自

08 度　儀軌法頌」。

09 **最後結述**

10 誦念教法　如屬得當。瑜伽行者　智力進展　命終之時　遷移靈識

11 奏效極鉅。不須經歷　中有境界。將由偉大　直上途徑　頓證法身。

12 密法修習　成就較次。如在亡後　實相中有　藉是教法　辨認明光。

13 亦由斯徑　證取報身。成就更次。亡後二週　實相中有　安樂忿怒

14 諸尊現前。各依功候　各依根器　一一得度。此中關捩　歷歷可數。

15 何處證悟　何處得度。根器滯鈍　惡業障重　一再下沉　投生中有。

16 教法多門　逐步導示　如登梯級。任何一步　當得了悟　超脫生死。

17 即彼業重　根器極劣　不能辨識　恐怖橫生　經示種種　閉塞胎門

18 擇胎方法。任擇一法　當能領悟　依法觀想　佛力加持　轉劣為勝

19 縱具惡根　心性似畜　一心皈依　能免諸苦。並獲圓滿　具足八勝

20 人身利榮。復在後有　得值大德　上師說法　如願超脫。

21 亡者已落　投生中有　得聞教法　善因相續。猶溝淤塞　疏之使通

22 教法之妙　可以概見。

23 縱有眾生　惡業太盛　聞法悟證　亦能得度。所以然者　蓋因此時

24 安樂忿怒　諸尊接引。魔王魔軍　亦來勾攝　一聞教法　心隨法轉

25 自可得度。亡者已棄　血肉之體　惟具意身　感應自易。亡者具有

26 少分漏通　聞法回憶　頓即領悟　心隨法轉　此時誦法　具大功用。

27 譬諸弩砲　發石中鵠　如大樑木　百人莫負　設浮水面　任意曳行。

28 又如馳馬　以轡馭之。

29 亡者遺體　如尚在室。當傍其體　反復念誦　清晰動聽。迨至血液

黃色分泌　流自鼻孔。此時慎毋　移動其體。欲期誦法　發生效果。
尤當遵守　下列數事。勿為亡者　殺害牲畜　切忌眷屬　傍屍哭泣。
盡力布施。修諸功德。

此外應在　亡靈之前　講解教法　任何經典。教法誦竟　如能繼誦
修道次第　尤具靈效。復次平時　朗誦教法　常恆不斷。人人記憶
教法文義　一旦命盡　死象已著。彌留之際　應自背誦　深味其義。
精力已盡　則由友伴　為之朗誦　栩活動聽。自能得度　真實不虛。
教法之妙　不藉禪定　不假修法　一度閱讀　亦將超脫　如是妙法
讀者聞者　均可得度。惡業障重　亦藉教法　秘密加持　解脫生死。
是以教法　語句文義　切應記憶。七燹吠逐　亦勿忘失。
藉是妙法　命終證果。三時諸佛　擇法應機　無逾於此。中有聞教
得度密法　至是已竟。

中有聞教得度密法附錄

本書原稿之末。緊接正文。有偈文十三頁。為木刻本所無。誦法喇嘛口授耳傳。應用之時卒能背誦。譯出如下。

（一）虔請諸佛　菩薩偈（●即：祈請諸佛菩薩加被偈）

彌留之際　虔請諸佛　菩薩加被。其文如下。
應由自身　或其眷屬　盡所能備　供養三寶。心復觀成　廣大供養。
手持妙香　竭誠致敬。唱偈如下。
常住十方　諸佛菩薩。大慈大悲　具足漏通　慧眼觀照。慈佑有情
悲願不捨　降臨享受　方便獻供　心觀供養。慈悲諸尊　具一切智
具有悲願　具足聖行。護恃有情　無量無邊　不可思議。慈悲諸尊。
有情（某某）。出生入死　棄絕塵寰　險難當前　無伴獨行　孤苦無極。
無護無佑　無助無依。離鄉別井　日暮途窮　如入重霧　如墜懸崖
亦如奔林　業力追逐　如落大荒　如漂大海。業風吹蕩　身不能停
間爲仇執　間遇惡鬼　閻摩使者　望之可怖。業感生死　循環不已。
掙扎力盡　顛沛堪憐。

01　慈悲諸尊。有情（某某）。無護無恃。懇祈悲愍　垂救護持。慈恩加

02　被　如護愛子。助之消除　中有愁苦。遮止業風　遮離惡鬼。安全

03　拯出　中有險境。

04　慈悲諸尊。不捨悲愍　不捨宏願。護之知之　勿趨諸苦。諸佛菩薩

05　普惠加被　攝以光鉤。勿任淪入　業感苦趣。敬懇三寶　恩垂加被。

06　護離中有　無盡痛苦。

07　主法唱導　眾人隨念　至極虔誠　反復三遍。

08　**（二）祈護中有　險難偈文**（●即：祈求護免中陰險難善願偈）

09　十方三世　諸佛菩薩。普賢如來　安樂部尊　忿怒部尊　海會勝眾

10　上師諸天　空行天母　慈悲垂聽。敬禮上師　天母之眾　垂愍導引。

11　不悟幻妄　淪入生死。願傍光明　聞思修道。灌頂上師　導引在前。

12　諸部佛母　護佑於後。惟願拯離　中有險難。惟願證得　圓滿佛果。

13　瞋恚為因　淪入生死。大圓鏡智　炳然照耀。金剛薩埵　導引在前。

14　藍衣佛母（●按：此處應更正為「佛眼佛母」。）護佑於後。惟願

15　拯離　中有險難。惟願證得　圓滿佛果。驕慢為因　淪入生死。平

16　等性智　炳然照耀。寶生如來　導引在前。慧眼佛母（●按：此處

17　應更正為「佛母瑪瑪基」。）護佑於後。惟願拯離　中有險難。惟

18　願證得　圓滿佛果。貪欲為因　淪入生死。妙觀察智　炳然照耀。

19　彌陀如來　導引在前。白衣佛母　護佑於後。惟願拯離　中有險難。

20　惟願證得　圓滿佛果。嫉妒為因　淪入生死。成所作智　炳然照

21　耀。不空如來　導引在前。救苦度母（●按：此處應更正為貞信度

22　佛母」或「綠度母」。）護佑於後。惟願拯離　中有險難。惟願證

23　得　圓滿佛果。無明為因　淪入生死。法界智光　炳然照耀。大日

24　如來　導引在前。天空佛母（●按：此處應更正為「金剛虛空佛

25　母」。）護佑於後。惟願拯離　中有險難。惟願證得　圓滿佛果。

26　幻妄深執　淪入中有。願傍光明　恐怖消除。忿怒諸尊　導引在前。

27　大忿怒母　護佑於後。惟願拯離　中有險難。惟願證得　圓滿佛果。

28　積習為因　淪入生死。俱生智光　炳然照耀。勇武持明　導引在前。

29　空行天母　護佑於後。惟願拯離　中有險難。惟願證得　圓滿佛果。

惟願空大	勿起爲敵。	惟願親見	藍光佛土。	01
惟願水大	勿起爲敵。	惟願親見	白光佛土。	02
惟願地大	勿起爲敵。	惟願親見	黃光佛土。	03
惟願火大	勿起爲敵。	惟願親見	紅光佛土。	04
惟願風大	勿起爲敵。	惟願親見	綠光佛土。	05
惟願霓光	勿起爲敵。	惟願親見	一切佛土。	06
惟願中有	一切音聲。	如實了知	惟爲自音。	07
惟願中有	一切光燄。	如實了知	惟自光燄。	08
惟願三身	眞實自性。	中有境內	如實辨證。	09

（三）六種中有　警策偈文（●即：六種中陰境界根本警策偈）　10

處胎中有	境象現前。	精進修持	懈怠當捨。	心住實相	聞思修道。	11
色心自性	悟證三身。	一度獲得	暇滿人身。	刹那不懈	免虛此生。	12
睡夢中有	境象現前。	長睡如屍	無明當捨。	願識安住	本然之境。	13
睡夢自性	神變明光。	勿效畜類	慵懶可鄙。	觀夢禪定	雙修堪貴。	14
禪定中有	境象現前。	散亂妄念	悉當排除。	久住等持	心不散馳。	15
觀想不變	成就堅定。	一心參禪	無作無念。	邪緣愚痴	勿來相擾。	16
命盡中有	境象現前。	貪著愛欲	劣意應捨。	惟願契合	正覺光明。	17
惟願證入	無生法忍。	血肉之體	此時應捨。	了知此身	非常虛幻。	18
實相中有	境象現前。	一切現象	恐怖當除。	任何幻相	自識所變。	19
中有形相	惟幻不實。	千鈞一髮	正在此時。	安樂忿怒	識幻何懼。	20
投生中有	境象現前。	一心具願	堅持勿失。	善業相續	精進無間。	21
惟願胎閉	憬悟不入。	努力隨喜	令爲其時。	觀想雙身	棄絕愛憎。	22
大限已至	何猶踟躕。	所爲無益	徒負此生。	時機消失	何得謂智。	23
如入寶山	空回堪嗟。	既知佛法	爲爾所需。	於彼教法	何不修習。	24

偈文結示						25
大成就師	曾作開示。	上師傳法	不善憶恃	無異自害	學人應戒。	26
基本偈文	重要須知。					27

（四）護免中有　恐怖願偈（●即：祈求護免中陰恐怖善願偈）　28

余今已屆	報盡之時。	生前眷屬	於我無益。	孑然一身	徘徊中有。	29

01	安樂忿怒	諸尊垂愍	無明愚闇	消除無餘。	捨離親愛	孑身徘徊
02	所見幻相	自識變現。	惟願諸佛	慈恩加被。	威力解除	中有恐怖。
03	五智之光	炳然照耀。	願無恐怖	證爲自體。	安樂忿怒	諸尊顯現。
04	得悟中有	幻相無懼。				
05	惡業力重	備嘗諸苦。	安樂忿怒	消災除苦。	實相之聲	千雷隆隆。
06	願悉轉成	大乘法音。				
07	業障纏身	無怙無恃。	安樂忿怒	諸尊護佑。	業障結習	備受諸苦。
08	明光等持	現臨我前。				
09	投生中有	遷識往生。	天魔邪光	願毋臨前。	具願往生	任何樂土。
10	願得消除	業幻恐怖。				
11	荒野猛獸	吼聲可怖。	願得轉成	六字大明。	雨雪交加	風霧狂捲。
12	當藉天眼	智光燭照。				
13	中有共業	一切有情。	各無猜忌	往生勝土。	餓鬼饑渴	地獄寒熱。
14	願得免除	如是苦楚。				
15	未來父母	居室幻相。	視同安樂	忿怒雙身。	隨處轉生	利樂有情。
16	獲圓滿身	具諸相好。				
17	惟願轉生	具得男身。	見我聞我	悉令解脫。	遮除惡業	毋再追隨。
18	任何福報	其福倍增。				
19	惟願轉生	任何處時。	得值安樂	忿怒諸尊。	生而能言	生而能行。
20	智通宿命	善憶前生。				
21	上中下士	菩提道次。	見聞思道	無不精邃。	任生何處	具大吉祥。
22	一切有情	均獲利樂。				
23	安樂忿怒	莊嚴妙身。	眷屬壽命	無邊國土。	乃至諸尊	聖善佛號。
24	我與眾生	願同證得。				
25	安樂忿怒	普賢佛光。	滿淨實相	法身恩波。	瑜伽行者	密法修持。
26	凡有所願	無不成就。				

27 **書後迴向**

28 本書稿本之末。有編集者某喇嘛之迴向偈文。如下列。密義。世人

29 應自卑。獨經文巍然在上。世所共仰。某喇嘛謹守此義。不稱其名。

今我立意　滿分清淨　編集教法。藉是善因　惟願各世　無護無佑生身之母　同證佛道。妙吉祥光　遍照人道。並願此書　同致吉祥。具足福善　我願圓滿。

圖解佛學系列 JL0001

圖解西藏生死書—認識中陰聞教救度大法

作　者	張宏實
美術總監	邱梁城
版面構成	舞陽美術・張淑珍
插　畫	劉鎮豪
圖表繪製	張淑珍・吳家俊
責任編輯	劉昱伶
印　刷	韋懋實業有限公司
業　務	顏宏紋

發行人	何飛鵬
事業群總經理	謝至平
總編輯	張嘉芳
出　版	橡樹林文化
	城邦文化事業股份有限公司
	115台北市南港區昆陽街16號4樓
	電話：(02)25007696＃2736　　傳真：(02)25007579
發　行	英屬蓋曼群島商家庭傳媒股份有限公司城邦分公司
	115台北市南港區昆陽街16號8樓
	24小時傳真專線：(02)25001990：25001991
	服務時間：週一至週五上午 09:30-12:00；下午 13:30-17:00
	客服服務專線：(02)25007718：25001991
	郵撥帳號: 19863813；戶名：書虫股份有限公司
	讀者服務信箱：service@readingclub.com.tw
香港發行所	城邦（香港）出版集團有限公司
	香港九龍土瓜灣土瓜灣道86號順聯工業大廈6樓A室
	電話: (852)25086231　傳真：(852)25789337
	E-mail：hkcite@biznetvigator.com
馬新發行所	城邦（馬新）出版集團【Cité (M) Sdn. Bhd. (458372 U)】
	41, Jalan Radin Anum, Bandar Baru Sri Petaling,
	57000 Kuala Lumpur, Malaysia
	電話: (603) 90563833　傳真：(603) 90576622
	E-mail：services@cite.my

初版01刷　　2005年 9 月
初版29刷　　2024年 6 月
ISBN：986-7884-45-0
定價：420元

城邦讀書花園
www.cite.com.tw

國家圖書館出版品預行編目資料

圖解西藏生死書：認識中陰聞教救度大法 /
張宏實著.—初版.—臺北市：橡樹林文化出版
：家庭傳媒城邦分公司發行, 2005〔民 94 〕
336 面；17*22 公分. – (圖解佛學系列 ； 1)
ISBN 986 - 7884 - 45 - 0 (精裝)

1. 藏傳佛教　2. 死亡 – 宗教方面
226.961　　　　　　　　　　　94013389

《探索西藏唐卡》
認識唐卡的最佳入門書

——收藏西藏唐卡藝術專書，更是解讀唐卡的秘笈

唐卡是藏傳佛教修行人所使用的圖解教科書，它的藝術表現是為協助修行者達到證悟而服務的。本書介紹了「守護神」、「本尊守護神」及「曼荼羅」，都是藏傳佛教特有的修行概念；同時選用一流之唐卡收藏精品，其中包括了國寶級的藝術極品及百萬美金以上的珍貴收藏品，以圖像解析方式詳細剖析介紹。作者張宏實是知名的藏傳佛教藝術與唐卡研究專家，針對每一幅唐卡，分析畫中主導神祇的信仰來源、演變故事以及面容身軀特徵。讀者不僅能從中解讀每一張唐卡的奧祕，更能獲得藝術欣賞的樂趣。

張宏實著　　全彩精裝　　25.6cm × 25.6cm　　180頁　　定價：1500元

本書特色

快速掌握─辨別唐卡諸尊特徵的要訣

歸納整理─唐卡圖像語彙規則

破解密法─雙身相如何表現佛法的修行次第

收藏必修─唐卡的技法與修復

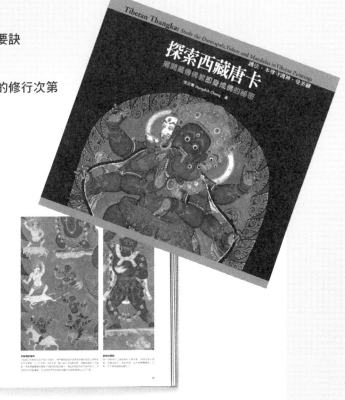